현장적용을 위한

자기주도학습

송인섭 저

현장적용을 위한

자기주도학습

송인섭 저

학지사

이 책은 장미디어 자기주도학습연구소의 지원에 의해 만들어졌음.

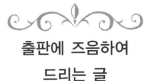

출판에 즈음하여
드리는 글

한국의 사교육 시장에 대한 걱정은 오랫동안에 걸쳐 지속되어 온 일입니다. 학원을 가야만 하고, 학원을 가지 않으면 불안을 느끼는 것이 현재 한국 교육의 한 단면이라고 볼 수 있습니다. 이런 문제를 해결하는 것은 간단한 문제가 아닐 뿐만 아니라 단순화될 수 없는 우리의 당면 과제입니다.

송인섭의 자기주도학습모형은 학생 스스로 공부할 수 있는 자기주도적 학습의 가능성을 개념화하고 자기주도학습관에 적용을 위한 이론적 체계입니다. 이 모형은 학습자에게 스스로 학습할 수 있는 자기주도학습 절차를 제시한 하나의 시도입니다. 이런 주장이 물론 하나의 이론 수준에 그칠 수도 있겠지만, 짧은 시간임에도 그 가능성을 충분히 검증할 수 있는 경험적 결과를 얻고 있어 희망을 갖고 이 일을 계속하고자 합니다.

숙명여자대학교 송인섭 교수님을 중심으로 한 연구팀이 '교육실험 프로젝트: 공부의 기술을 알면 세상이 달라진다'에서 성공적인 자기주도학습의 가능성을 검증하고 제시한 것은 우리에게 새로운 용기를 부여하고 있습니다. 이 실험을 통하여 확인된 결과를 근거로 하여 자기주도학습의 하드웨어뿐만 아니라 소프트웨어를 완벽하게 개발하여, 21세기에 필요한 자기주도적이고 창의적이며 자생적인 인간을 만드는 데 일익을 하고자 합니다.

바쁜 시간을 내어 본서의 송인섭의 자기주도학습의 이론과 실제, 그리고 현장 적용 가능성에 관한 논의를 제시해 주신 숙명여자대학교 송 교수님과 그 연구진에게 깊은 감사를 드립니다. 이 책을 통하여 한국사회의 자기주도학습이 뿌리내리기를 바랍니다.

2006년 12월

장미디어 대표이사 전용하

저자 서문

　한국의 교육이 어디로 가고 있느냐는 교육에 관심 있는 교육자나 일반인 누구에게나 교육적인 화두다. 이 질문 속에는 한국교육이 제대로 가고 있느냐라는 질문과 아울러 문제는 없느냐 하는 두 가지 내용이 포함될 수 있다. 한국의 성장 역사의 그 힘은 교육에서 나왔다는 사실을 그 누구도 부인할 수 없다. 교육이 있기에 한국의 오늘이 있고 내일의 한국도 오늘의 교육이 어떠하냐에 달려 있다고 볼 수 있다고 말한다면 지나친 과장일까. 이런 생각이 들 정도로 개인 차원을 넘어 국가적인 차원에서도 그 무엇과 비교할 수 없는 것이 교육이다. 이는 아무리 강조하여도 부족할 정도로 교육이 중요하다는 점을 강조하고자 하는 뜻이다.

　교육은 무엇인가? '바람직한 방향으로 인간행동을 계획적으로 변화시키는 것이다.' 라는 것이 일반적인 교육학적 대답이다. 한국의 교육은 어떤 방향과 방법으로 인간행동을 변화시키느냐에 대한 관심을 논의 선상에 놓아야 할 때가 되었다. 변화하되 그 변화가 미래지향적이고 21세기에 필요한 인간의 행동으로 변화하느냐 하는 것은 우리의 당면 과제다. 21세기는 어떤 인간상을 요구하느냐의 질문에 대한 대답은 많은 미래학자의 이름을 빌릴 것도 없이 창의적이고 자생적이며 스스로 무엇을 새롭게 만드는 창의적 능력을 가진 한 인간이다. 21세기는 무한한 정보를 어디서나 획득할 수 있다는 사회구조 특성으로 인하여, 얼마나 알고 있느냐보다 무엇을 창의적으로 스스로 만들 수 있느냐가 중요한 문제다. 이 같은 스스로 새로운 무엇을 만든다는 것은 자율적이고 자생적인 한 인간의 사고에서 나온다.

이런 교육이 현재 현장에서 진행되고 있는가라는 질문을 우리는 자주한다. 실제로 현장을 보면 우리 교육은 타인 지향적이고 접수적이며, 누군가가 시키는 것을 그대로 받아들이는 교육이 팽배해 있다. 특히 한국의 사교육 시장은 억지로 지식을 주입하는 식의 타인 지향적이고 타인에 의해 주어진 지식을 단순히 접수하는 식으로 교육이 가고 있다. 교육의 이런 문제를 어떻게 해결해 나아갈 것인가의 방향 제시가 이 책에 주어진 과제다. 이에 대한 대답 중 하나는 '자기주도학습'에 의한 학습법이다.

자기주도학습과 자기조절학습은 상호 유사한 개념으로 논의의 맥락과 강조점에 따라 스스로 자기학습을 조절하는 학습, 자기주도학습 또는 자기관리학습으로 명명되고 있다. 자기주도학습의 개념이 나타나게 된 계기는 1960년대 초 시카고 대학의 호울(Houle)이 성인 교육을 위한 책인 『탐구정신(*The inquiring mind*)』을 출간하면서부터다.

그러다가 노울스(Knowles)에 의해 이론적 기반이 본격적으로 다져지면서 오늘날 평생교육의 중심개념으로 부각되기에 이르렀다. 우리나라도 교육개혁이 일면서 자기주도학습에 대한 관심이 고조되게 되었다.

자기주도학습은 한국교육 현장의 패러다임을 바꿀 수 있는 21세기 한국사회의 새로운 교육적 접근이다. 자기주도학습의 핵심적 내용은 개별학습자가 스스로 자신의 학습에서 주도권을 갖고 자신의 학습요구를 진단한다. 또한 자신의 학습목표를 설정하고 학습에 필요한 인적·물적 자원을 확보하며, 적합한 학습전략을 선택, 실행하여 성취한 학습결과를 스스로 평가하는 과정과 활동이라고 할 수 있다.

자기주도적 학습자는 학습에 영향을 미치는 여러 요인에 크게 영향을 받는다. 그들은 자기주도학습을 위한 최적의 조건을 설정하기 위하여 자기주도학습을 방해하는 장애를 제거한다. 이들은 자기주도학습자 이외에도 자기조절학습자, 능동적 학습자 등 다양한 용어로 명명되어 왔다. 어떤 용어로 불리든 간에 이들은 학습하는 방법을 발견하고 스스로에게 적용해 보는 학습자다. 교사가 형편없는 강의를 하더라도, 교재가 구조화되어 있지 않더라도, 주변이 시끄럽더라도, 한 주에 치러야 할 시험이 여러 개 있을지라도 자기주도적 학습자는 장애요인을 극복할 방법을 발견한다.

이 같은 21세기에 요구하는 한 개인의 학습방법은 자생적 사고를 촉진시킬 뿐만 아니라 창의적 생산성을 낳는 접근방법이다. 이를 위한 안으로 스스로 공부하고 스스로 지식을 생산하는 자기주도적 학습은 현재의 한국 사회에 던져지는 화두임에 틀림없다.

자기주도학습은 자신에 대한 이해, 교육환경의 조화로운 상호작용에 의해서 그 소기의 목적을 달성할 수 있다. 그래서 그 출발점은 자신에 대한 이해를 통하여 자신의 강점과 약점이 무엇인지를 인지하는 것에서 시작할 수 있다. 자신에 대한 이해는 지적, 정의적 그리고 행동특성적인 측면에서의 이해를 의미한다. 뿐만 아니라 학습자 자신과 상호 작용하는 주위의 교육환경에 대한 충분한 이해를 통하여 학습자를 돕는 활동도 동시에 전개해야 한다. 이와 같은 과정을 통하여 학습자는 학습의 극대화를 성취할 수 있다. 더 나아가 학습활동은 목적지향적인 활동으로, 현재 학습이 무엇을 성취하는가뿐만 아니라 미래에 대한 비전과 자신의 적성에 대한 정확한 이해를 해야 한다. 이에 이런 문제를 계속적으로 논의하고 그 답을 생각하고자 하는 뜻에서 이 책을 집필하게 되었다.

이 책은 6개의 장으로 되어 있으며, 제1장의 '자기주도학습의 정의 및 역사'에서는 자기주도학습에 대한 이론적 장으로 자기주도학습의 이론과 역사는 어떤 맥락에서 논의되고 연구되고 있느냐를 설명하고 있다. 자기주도학습은 이론적으로뿐만 아니라 연구와 실제에서도 많은 결과를 제시하고 있다. 이런 문제를 분석적으로 다루고자 한다. 이 장을 통하여 한국사회에 자기주도학습이 정착하게 하기 위한 이론적 출발점을 찾고자 한다. 제2장 '자기주도학습의 구성요인'은 자기주도학습을 실제 현장에서 실행하고자 할 때 어떤 과정과 구성요소가 내포되어 있고 작용하고 있는지를 보고자 한다. 행동변화에서 자기주도적으로 학습할 수 있는 다양한 요소를 설명함으로써 자기주도학습의 가능성을 높일 수 있는 변인을 설명하고 있다. 제3장 '송인섭의 자기주도학습모형'은 송인섭의 자기주도학습 개념모형으로 자기주도학습의 이론과 실제의 개념모형을 제시함으로써 자기주도학습의 실체적 접근을 이해하도록 하였다. 실제 자기주도학습방을 운영하고 있는 현재의 현장적용의 실제를 정리하고, 현장적 기능성을 이론과 실제적 측면에서 논의하고자 한다. 이 장을 통하여 송인섭의 자기주도학습방식이 시도하는 학습방의 접근방법과 이론을 접할 수 있다.

제4장 '자기주도학습을 이끄는 방법'은 자기주도학습의 실제로 자기주도학습의 실행을 어떻게 하고 구체적인 예는 무엇이 있는지를 논의하는 장이다. 실제 학생이 자기주도학습을 어떻게 하고 있으며, 관련된 자료와 계획은 어떤 것이 있느냐를 구체적으로 제시하고자 한다. 제5장 '자기주도학습을 통한 행동변화'는 현재 한국에서 이루어지고 있는 사교육의 실태를 분석하여 사교육의 문제는 무엇이고 과연 사교육을 통하여 학생이 만족하고 학업성취를 이루고 있느냐를 논의한다. 부모 입장에서 학원을 보내지 않으면 생기는 불안의 실체는 무엇인가? 학원만 가면 그들은 소기의 목적을 달성할 수 있는가? 이런 문제에 대한 대답은 간단하지 않지만 이에 대한 논의와 대답을 얻고자 하는 노력을 하고자 한다.

제6장 '인재교육과 창의력 그리고 자기주도학습'은 자기주도학습의 목적이 21세기에 필요한 우수한 인재를 발굴하고 만드는 데 있다고 말한다. 우수한 인재의 핵심 개념은 창의적 특성을 가진 한 인간이다. 자기주도학습을 통하여 스스로 학습할 수 있는 창의적 특성을 개발시키는 창의력 개발을 위한 환경은 어떻게 구축할지를 논함으로써, 21세기에 필요한 자생적이며 창의적 인력은 자기주도학습을 통해서 만

들 수 있다는 다양한 논의를 하는 장이다.

이 책을 기획하고 출판하는 작업에 물질적 지원과 격려를 아끼지 않으신 장미디어의 정용하 사장님과 관계자 여러분께 깊은 감사를 드린다. 이 책은 자기주도학습에 참여하였던 숙명여자대학교 박사과정의 김누리, 한윤영, 김효원, 안혜진 그리고 김희정의 도움으로 완성되었고 성소연은 편집과정에 도움을 주었다.

끝으로 이 책의 출간을 맡아 주신 학지사 김진환 사장님과 편집과정에 수고해 주신 학지사 편집부 여러분께 지면을 빌려 감사의 마음을 전한다.

2006년 12월
숙명 청파골에서
송 인 섭

차 례

자기주도학습의
정의 및 역사

우리나라 초 · 중 · 고 학생이 하루 동안에 공부한 시간을 살펴보면, 학교 · 학원 · 과외시간과 숙제하는 시간을 제외하고 자기 스스로 공부하는 시간이 하루에 단 1시간도 되지 않는 경우가 대부분일 것이다. 이는 21세기에 요구되는 한 개인의 성장과정에 필요한 자생적 사고를 불식시킬 뿐만 아니라 창의적 생산성을 저해한다고 볼 수 있다.

현재 시행하고 있는 학교교육과정은 자기주도적인 학습 능력과 창의성을 갖춘 인간 양성을 교육목표로 삼고 있다. 그러나 우리나라의 교육목표가 아무리 자기주도적인 학습능력을 지향한다고 해도, 막상 우리의 교육현실을 들여다보면 학생 스스로 공부할 시간조차도 주어지지 않고 있다.

자기주도학습능력이란 21세기가 요구하는 가장 중요한 능력이다.

급변하는 사회 속에서 살아가기 위해서 요구되는 지식, 기술, 정보를 습득하고 자신의 아이디어를 정확히 표현하고, 어떤 과제가 주어졌을 때 스스로 해결하는 능력을 가져야 경쟁력을 갖추었다고 말할 수 있다. 21세기 사회는 학교교육과 같은 형식적 교육에서의 우수한 능력을 갖춘 자, 즉 공부를 잘했던 학생을 원하기도 하지만, 대학을 졸업하고 사회에 나가서도 자신이 갖고 있는 우수한 능력을 펼칠 수 있는 평생학습자를 요구하는데, 이에 필요한 접근방법이 자기주도학습이다.

지식이 기반되는 개방적 학습사회에서는 자신에게 필요한 정보와 지식을 선별하여 스스로 학습할 수 있는 능력이 필요하다. 이에 따라 자기주도학습은 성인뿐만 아니라 학생을 대상으로 하는 학교교육에서도 그 필요성이 증대되고 있다. 특히 학교현장에 교육개혁 실천운동의 하나로 열린 교육을 위한 학습의 장이 마련됨으로써 학생에게 자기주도학습력의 함양은 주요한 교육 과제로 부각되었다(박영태 외, 2002).

이처럼 자기주도학습이 매우 이상적이라고 알고는 있지만 우리의 교육현실은 주로 타인에 의한 공부에 길들여진 학생이 많다. 학원과 과외에만 의존해서 공부하는 학생은 현재의 성적에는 만족할지 모르나, 대학이나 앞으로의 직업세계에서의 성공을 장담하기는 어렵다. 직업세계의 성공은 타인에 의한 것이 아니라 자기 스스로가 얼마나 창의적으로 일을 잘 해내는가가 성공의 열쇠이므로 앞으로의 성공을 위해서라면 지금부터 자기주도적으로 학습하는 방법을 익힐 필요가 있다.

미국 10개 명문대에 동시 합격해 세간의 이목을 끌었던 박 양이 공개한 공부비법은 '자기 스스로 계획해서 공부하기'와 '시간관리를

철저히 해서 자투리 시간도 낭비되지 않도록 체계적인 계획 세우기'
라 하였다. 한국과학영재학교를 수석 졸업하고, 미국 프린스턴 대학
교에 특차 합격한 김 군의 경우에는 가정형편이 어려워 학원과 과외
수업을 받은 적이 한 번도 없었지만 그가 미국 프린스턴 대학교에 특
차 합격한 이유도 몇몇 친구의 도움을 받으면서 혼자 스스로 밤을 새
워 공부했기 때문이라고 말하였다. 이 두 명의 학생의 공통점은 머리
가 뛰어난 영재가 아닌 남처럼 평범한 학생이지만, 자신의 목표를 향
해서 스스로 계획을 세워서 꾸준히 공부한 것이다. 즉, 이 두 학생은
스스로 공부하는 법을 아는 자기주도학습자인 셈이다.

그렇다면 자기주도학습이 무엇이며, 자기주도학습의 역사적 배경
은 어떠한지 알아보고자 한다.

1. 자기주도학습의 정의

자기주도학습(Self-directed Learning)을 지칭하는 용어는 매우 다양
하게 사용되고 있다. Brookfield(1985)는 자기주도학습에 대한 용어
의 다양성은 자기주도학습 분야의 제반 현실을 규정하기 위하여 사용
된다고 지적했다. 때때로 동일한 용어가 현상의 여러 국면을 언급하
기도 하고, 다양한 용어가 동일한 현상의 표현에 사용되기도 한다.
'자기 계획적 학습', '자기조절학습', '자기교수', '자기조정학습',
'자기규제학습' 등 학자마다 다양한 용어로 사용되고 있으나, 학자의
이론적 관점에 따라 다르게 표현되었을 뿐 의미는 같기 때문에 여기

서는 자기주도학습이란 용어로 개념화하고자 한다.

그러나 자기주도학습의 구체적인 개념정의는 학습 과정이나 방법으로서의 역할에 초점을 두느냐, 교육 프로그램으로서의 역할에 초점을 두느냐, 개인이 가진 특성으로서 보느냐에 따라 다양하게 정의를 내리고 있다.

Knowles(1975)는 자기주도학습이란 타인의 도움 없이 자기 스스로가 주도권을 가지고 학습목표를 설정하고, 효율적인 학습전략을 사용하며, 학습결과를 스스로 평가하는 일련의 과정이라 말한다. Knowles(1975)는 자기주도학습의 의미를 명백히 하기 위해 교사주도(teacher-directed learning)와 비교하여 다음과 같은 다섯 가지 가정을 설정하였다(박영태 외, 2002).

표 1-1 **교사주도학습과 자기주도학습에 대한 가정**

가 정	교사주도학습	자기주도학습
자아개념	본질적으로 의존적인 존재	자기주도성을 가지기 위한 능력과 욕구를 가진 존재
경험의 역할	학습자 경험은 학습자원으로서 교사와 학습자료 제작자의 경험보다 가치가 미흡	학습자의 경험은 전문가의 자원과 함께 학습의 풍부한 자원이 될 수 있도록 개발되어야 함
학습의 준비도	성숙수준이 동일한 학습자는 학습준비도가 같음	자신의 삶의 문제를 좀 더 적절하게 해결해야 할 필요성에 의하여 자기주도학습이 이루어지므로 개인에 따라 학습준비도가 다름
학습지향성	교과중심 지향으로 학습경험은 내용의 단위에 따라 조직되어야 함	문제중심 지향으로 학습경험은 문제해결 학습과제의 형태로 조직
학습동기	외적인 보상(점수, 실패에 대한 두려움)에 의해 학습이 일어남	내재동기(자아존중감, 성취욕구, 호기심)에 의해 자기주도학습이 일어남

Gibbons(2002)도 자기주도학습과 교사주도학습을 비교하면서, 자기주도학습이란 언제, 어디서, 어떤 방법을 사용하든지 학습자 스스로의 노력으로 자신의 지식, 기술, 성취감 혹은 개인적 발달을 향상시키는 것으로, 이는 학습자 자신이 선택하고 스스로 초래한 결과라 정의하였다. 반면 교사주도학습은 교사가 주도하여 학생의 지식과 기술을 향상시키는 것으로 학습목표 설정, 학습과제 제시, 학습활동, 평가에 대한 선택권이 교사에게 있는 것이라 정의하였다.

Zimmerman(1986, 1989, 1990)은 자기주도학습을 아동이 학습할 때 동기적·초인지적·행동적으로 자신의 학습에 적극 참여하는 것을 의미하며, 자기주도학습이 학업성취를 촉진하는 실제적인 촉진자라고 정의하고 있다. 여기서 초인지적으로 학습에 적극 참여한다는 것은 학습자가 학습과정 중에 학습을 계획하고, 목적을 설정하고, 자기점검과 자기평가의 과정을 의미하는 것이다. 쉽게 말해서 자신의 공부계획을 세워서 자신에게 맞는 학습방법을 사용하여 공부하고, 제대로 알고 있는지를 점검하는 과정이다.

그리고 동기적으로 학습에 적극 참여한다는 것은 자기주도학습자가 높은 자기효능감과 과제의 흥미를 가지고 자발적으로 학습에 접근하게 된다는 것이다. 다시 말해서 다른 사람의 도움 없이도 스스로 공부할 수 있다는 자신감을 보이고, 외부의 압력에 의해 공부하기보다는 재미와 흥미가 공부의 원인이 되는 것이다.

또 행동적으로 학습에 적극 참여한다는 것은 학습자가 자신의 학습을 성공적으로 이끌기 위해 가장 적합한 환경을 선택하고 구조화하는 것을 의미한다. 공부환경을 조성하기 위한 것으로는 조용한 곳을 찾는다든가, 모르는 것을 알려 줄 수 있는 친구나 선생님을 적극적으로 활용하는 것을 포함한다.

효과적인 학습을 하기 위해서는 지적인 능력, 동기와 더불어 어려운 과제를 해내려는 의지가 있어야 한다. 또한 실패에 직면하였을 때도 좌절을 극복하고 학습을 지속할 수 있는 힘이 있어야 한다. 이런 자기주도에 필요한 여러 특성을 갖추기는 어렵지만 일단 획득하고 나면 주변 상황이나 학습 환경이 아무리 불리해도 환경적인 제약을 극복할 수 있는 원천적인 에너지가 된다.

따라서 자기주도학습능력을 개발하고 향상시키는 일은 일차적으로는 인지적인 교육을 중시하고 더불어 정의적인 교육을 포함시켜야 한다. 그러므로 자기주도학습자는 자신의 학업성취를 향상시키기 위해 학습할 때 인지적·동기적·행동적 전략을 체계적으로 사용한다. 특히 오늘날과 같은 정보화 시대에 이르러서 학습에 적극적으로 참여하여 자신의 학습을 독립적으로 진행해 나가는 능력에 대한 요구는 더욱 절실해졌다. 따라서 스스로 자신의 학습을 조절해 나가는 자기주도학습능력은 이 시대가 요구하는 중요한 개인의 특성 중 하나라고 할 수 있다.

Pintrich와 De Groot(1990) 역시 일반적인 입장에서 자기주도학습에는 다양한 정의가 존재하지만, 학교 교실상황에서 학업성취에 특히 중요하다고 간주되는 요인에는 세 가지가 있다고 본다. 첫째, 학생의 인지를 계획, 점검 그리고 조절하기 위한 상위 인지적 전략이다. 둘째, 교실의 학업적 과제에 대한 학생의 노력을 관리하고 통제하는 요인이다. 셋째, 학습자가 학습하고 기억하며, 이해하기 위해 사용하는 인지전략 요인이다.

이들은 자기주도학습의 구성요소를 사용하도록 동기화되는 것이 무엇보다 중요하다고 보고 자기주도학습과 동기적 특성과 관련성에 대한 집중적인 탐구를 수행하였다. 이런 연구 결과를 통해 그들은 동기적 특성과 자기주도학습 간의 밀접한 관계를 지속적이고 반복적으로 입증하였다. 그리고 이들의 연구를 토대로 동기적 특성이 자기주도학습 모형에 자리 잡을 수 있도록 하는 실제적인 기틀을 마련하게 되었다.

Long(1992)은 자기주도학습을 학습자가 다른 사람의 지도를 받는지 여부에 상관없이 학습자 스스로의 통제와 관리에 의하여 학습에 임하는 일련의 초인지적인 행동을 수행하는 과정이라 하였다. 그리고 더 나아가 학습의 여건이 정규교육이든 비정규교육이든 혹은 개별화된 학습이든 집단 속에서의 학습이든 간에 학습자가 학습활동에 참여하고 계획하고 자료 및 자원을 동원하여 학습활동을 수행해 나가는 것을 말한다. 또한 학습의 시작부터 결과를 평가함에 이르는 일련의 학습과정 속에서 학습자의 자유의지와 자율적인 통제가 미치는 영향이 학습에서의 자기주도적인 성향을 결정하는 기준이 된다고 하였다.

Garrison(1997)은 자기주도학습이 내적인 책임, 외적인 통제 그리고 과제에 대한 동기 등 세 가지 요인의 상호작용에 의해 형성되는 것이라 하면서 [그림 1-1]과 같은 통합모델을 제시하였다.

이런 자기주도학습의 모형은 교육의 경험의 환경적 · 인지적 · 동기적 요인의 통합을 시도한 모형이다. 이 모형에서 볼 수 있듯이 자기주도학습이란 깊이 있고 의미 있는 방식으로 학습을 장려하는 협동

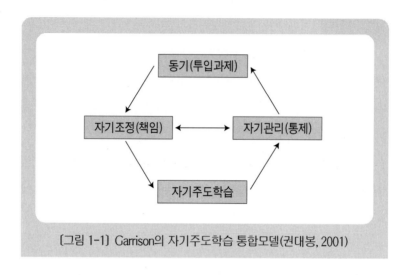

〔그림 1-1〕 Garrison의 자기주도학습 통합모델(권대봉, 2001)

적·구성적 관점의 학습으로 학습의 결과가 의미 있는 것이 되기 위해서는 학습자는 자기주도적이 되어야 한다는 것이다. 즉, 개인적 의미를 구성하는 데 대한 책임이 자기주도학습의 핵심이 되는 것이다. 차갑부(1997)는 자기주도학습이란 자신의 학습욕구진단, 학습목표설정, 학습을 위한 인적 및 물적 자원 파악, 적절한 학습전략의 선택 및 실행, 학습결과의 평가 등에 다른 사람의 도움을 받거나 혹은 받지 않고 개인이 주도권을 가지는 과정이라 정의하고 있다. 이는 자기주도학습이 고립적인 상태에서 이루어지는 개인학습을 의미하는 것이 아니라 교사나 개인교사, 지도자, 동료, 교재, 교육기관 등 다양한 형태의 조력자와의 협력하에 이루어지는 것이며, 학습자 자신이 학습전체를 기획하고 실행하며 평가하는 등의 일차적인 책임을 지는 학습이라고 언급하였다.

정미경(2003)은 자기주도학습이란 학습자가 자신의 학습활동의 주인이 되어 학습목표와 학습동기를 진단하고, 학습에 필요한 인적 · 물적 자원을 관리하며, 학습의 모든 과정에서 의사결정과 행위의 주체가 되는 자기학습으로 정의하고 있다. 국내 · 외 자기주도학습 검사를 분석하여 동기조절, 인지조절, 행동조절을 자기주도학습의 이론적 구인으로 가정하고, 초등학생용 · 중학생용 · 고등학생용 자기주도학습 검사를 개발하였다. 중학생용 자기주도학습 검사의 구성요인을 살펴보면, 동기조절에는 자기효능감, 내재적 가치, 목표지향성, 시험불안 등의 요인이 있고, 인지조절에는 정교화, 점검, 시연의 3요인이 행동조절에는 시간과 공부조절, 노력조절, 학습행동조절의 3요인이 있음을 증명하였다.

자기주도학습을 구성하고 있는 요인은 연구자의 관심과 강조점에 따라 다양한 요인이 제기되고 있으나, 공통적으로 제안되는 것은 크게 동기적 요인, 인지적 요인, 행동적 요인의 세 가지로 분류됨을 알 수 있다.

결론적으로 자기주도적학습의 핵심적 개념은 개별학습자가 스스로 자신의 학습에서 주도권을 갖고 자신의 학습요구를 진단하고 자신의 학습목표를 설정하며, 학습에 필요한 인적 · 물적 자원을 확보하고 적합한 학습전략을 선택 · 실행한 학습결과를 스스로 평가하는 과정과 활동을 통하여 학습의 극대화를 가져오게 하는 것이다.

자기주도학습의 정의를 종합해 보면, 다음과 같이 자기주도학습의 네 가지 관점과 견해로 분류해서 정의내릴 수 있다(정소영, 2001).

첫째, 조작주의적 관점은 행동주의의 조작적 조건화 원리에 기초를 두고 있으며, 학습활동에 있어서 자기주도의 동기가 외부에서 주어지는 강화자극에 의해 작용한다고 보고 있다. 이 관점에 따르면 외부에서 주어진 자극이 학습자에게 영향을 미치고 학습자를 동기화시키므로, 학습방법으로는 주변 환경을 조작하여 자기주도학습자가 되도록 하는 모델링, 언어적 교수, 강화를 사용한다.

둘째, 현상학적 관점은 자기지각을 중시하는 관점이며, 학습활동에 스스로 지속적인 참여를 하도록 동기를 유발하는 것을 강조한다. 학습 활동과 과정에서 학습자를 참여하게 하는 의지와 동기를 유발하는 것이 자아며, 학습자가 자기주도를 하게 하는 동기는 자아개념 증진 또는 자아실현에 있으며, 자기주도는 자아의 발달에 따라 자연스럽게 발달한다고 본다. 이 관점에서 중요한 자기주도 과정은 자기평가, 계획, 목표설정, 자기점검, 부호화, 인출전략이 강조된다.

셋째, 의지적 관점은 독일 철학자 Kuhl의 이론에서 나왔으며 의지는 충동과 의도를 통제한다고 보았으며, 자기주도학습은 아동의 의지를 관심, 동기, 정서를 통제하는 것이라 보았다. 그래서 이 이론은 학습자의 의지적 조절을 중시한다. 이 관점에서는 자기주도학습에서 중요한 하위과정으로 주의통제, 약호화 통제, 환경통제 등을 들고 있다.

넷째, 사회인지적 관점에서는 인간의 행동은 개인, 환경, 행동의 역동적인 상호작용에 의하여 일어난다고 보고 있다. 대체로 아동은 학습의 초기에 독자적으로 학습하기보다는 주의의 환경적인 요인의 영향을 받으며, 학습의 형태는 타인의 행동을 관찰한 후에 대리학습을 함으로써 시작된다. 따라서 개인의 사고가 행동화되기 위해서는 주위 사람의 기대나 자기효능감이 동인의 역할을 하게 된다. 그러나 개인은 발달과정 속에서 개인이 처한 환경과 자신의 행동과 상호작용을 하면서 발달한다. 점차 외부 환경의 영향을 강하게 받는 초기의 학습 형태에서 자신의 행동에 대해 스스로 더 많은 조절을 하기 시작하면서 자기주도학습을 하게 된다.

Paris와 Newman(1990)의 자기주도학습능력의 발달적인 측면에 따르면 7세 이전의 아동은 자신의 학습능력에 대해 지나치게 낙천적이며, 교과학습 과제에 무엇이 포함되는가에 관한 모호한 이해를 하면서 학교생활을 시작한다고 하였다. 즉, 아동은 자신의 수행능력을 생각해 보지도 않고 열심히 노력하면 충분히 성공할 수 있다고 믿는다고 여겨진다. 그럼에도 불구하고 이런 신념이 교실에서의 자신감과 인지전략을 사용케 하는 동기를 불러온다고 말한다. 이런 연구결과는 자기주도학습이 적어도 초등학교 입학한 후부터 서서히 발달하기 시작한다는 것을 의미한다.

Zimmerman(1990), Zimmerman과 Martinez-Pons(1990)에 따르면, 자기주도학습 기능은 초등학교 중학년에서 시작하여 초등학교 고학년에서 두드러지게 나타나며, 중·고등학교 때에 더욱 두드러지게 발달하고, 자기주도적 기능 측정에서 5학년보다 8학년이, 8학년보다 11학년이 점수가 더 높았다는 것을 발견했다. 또한 학년이 높아짐에 따라 복습활동에서 교재에 대한 의존경향성은 감소하고 자기공책 기록에 대한 의존은 증가했다고 보고하고 있다.

일반적으로 자기주도학습전략은 초등학교 저학년에서 발달하기 시작하여 초등학교 고학년에서 두드러지게 발달하고, 중·고등학교로 진학해 감에 따라 더욱 풍부하게 발달하며, 학업에 대한 스트레스로 인한 불안, 우울은 학년이 증가할수록 심해진다(김만권, 이기학,

2003). 이런 관점에서 볼 때 자기조절 학습전략의 훈련은 초등학생 때부터 필요하며, 청소년에게는 더 효과적일 수 있다. 초등학생부터 자기 스스로 공부하는 방법을 학습하게 된 아동은 중학교 또는 고등학교에 진학하더라도 계속적으로 스스로 공부하는 학생이 된다. 또한 이를 통해 학업성취가 향상될 가능성이 높고, 더불어 자신감, 불안, 우울 등과 같은 심리적인 상태가 안정될 수 있다.

자기주도학습자의 특성을 규명하기 위하여 다양한 시도가 있어 왔다. 학습자의 내면적인 특성을 연구하거나, 학습자가 교사의 도움 없이 혼자 학습하는 과정을 관찰하기로 하였으며, 교수-학습전략의 하나로 자기주도학습의 특성을 파악하기도 하였다. 이런 연구를 토대로 학원과 과외에 의존하지 않고 자기 스스로 공부하는 자기주도학습자의 특징을 살펴보면 다음과 같다.

첫째, 자기 자신의 능력에 대해 긍정적인 자아개념을 갖고 있다. 자아개념은 자기 자신에 대한 지각과 가치평가로서 자기가 어떤 인간인가에 관한 그 자신의 인식 혹은 개념을 의미한다. 긍정적인 자아개념이란 혼자 스스로 무엇이든지 할 수 있다는 자신감을 갖고 있고 학습에 대한 자신의 능력을 믿으며, 자신에 대한 긍정적인 평가를 하는 것으로, 긍정적 자아개념은 자기주도학습에서 중요한 학습특성이라 하겠다.

현정숙과 박영태(1997)는 「아동의 자기주도적 학습능력에 영향을 미치는 관련변인 분석」 연구에서 자기주도학습력의 구성요인 중 하나로 긍정적 자아개념을 꼽고 있으며, 긍정적 자아개념을 다음과 같이 설명하고 있다. 긍정적 자아개념은 자기 자신에 대한 지각과 가치

평가로서 자신을 진보의 가치를 지닌 실체로 파악하여 자신의 가치에 긍정적 평가를 하는 것을 의미하며, 자신의 능력을 믿고 긍정적인 평가를 할 때 자기주도학습은 가능하다고 보고 있다.

둘째, 자기주도학습자는 타인의 의지나 간섭에 따르기보다는 자신의 의지를 표현하며, 충동이나 주위의 방해환경에 스스로를 통제하는 경향이 강하다. 즉, 자발적으로 학습을 계획하고 실행하는 자율적인 성격특징을 갖고 있다. 자율성이란 어떤 사람이 자신의 규칙을 세우고 스스로의 힘으로 자신의 규범을 선택할 수 있음을 뜻하는 것으로 무엇이 가치 있는 것인지를 스스로 선택할 수 있는 능력을 의미한다. 그래서 자기주도학습자란 자신의 계획을 스스로 짜고, 자신이 계획한 시간에 집중을 다하며, 주위의 방해요소를 적절히 차단할 줄 아는 학생이다.

셋째, 자기주도학습자는 외적 보상이나 벌 때문에 학습을 하는 것이 아니라 그 활동수행 자체에서 오는 기쁨이나 만족감 때문에 하게 되는 내재 동기에 의해 학습하는 것이다. 학습에 대한 내재 동기는 학습자로 하여금 자발적·능동적으로 학습을 이끄는 원동력이 되며, 외재 동기로 인한 학습의 효과성보다 더 좋은 학업성취를 이끈다는 연구결과가 입증되고 있다.

넷째, 자기주도학습자는 학습의 준비상태에서부터 결과의 평가에 이르는 전 과정에 걸쳐 자신의 학습상태나 행동을 평가하여 바람직한 결과가 유지되고 발전될 수 있도록 학습방법을 개선하고 조절하는 일련의 과정인 자기평가자의 특징을 지니고 있다. 항상 공부한 내용을 정확히 알고 있는지를 지속적으로 점검하고, 끊임없이 효율적인 자신만의 학습방법을 찾는 학습자라 볼 수 있다.

이상으로 살펴본 바와 같이 자기주도학습자는 학습을 긍정적으로 바라보고 있으며, 이런 태도는 학습에서뿐만 아니라 자신의 삶 속에서도 그대로 적용된다고 볼 수 있다. 학습자가 자기주도학습을 잘하기 위해서는 학습자 개인적인 특성도 중요하지만, 외부적인 환경이 잘 뒷받침되어야 한다.

2. 자기주도학습의 역사

자기주도학습이란 개인 학습자가 자주적으로 행하는 학습활동을 의미하는 것으로 오래 전부터 독학이라는 이름으로 친숙하게 알려진 용어다. 독학의 의미로서의 자기주도학습은 고대부터 존재해 왔다고 할 수 있다. 예컨대 소크라테스, 플라톤 그리고 아리스토텔레스 등과 같은 그리스 철학자는 대표적인 자기주도학습자라 할 수 있다. 이후로도 형식적인 교육제도가 보편화될 때까지 많은 사람이 자기주도학습을 해 왔다고 할 수 있다. 오늘날 서구 사회에서 자기주도학습은 형식 교육을 전제로 하는 학교교육에서보다 먼저 성인교육에서 보편화되었다(소경희, 1998).

자기주도적 학습과 관련된 연구는 이미 1960년대 이후 성인학습의 관점에서 발달해 온 자기주도학습(self-directed learning)과 1980년대 이후 사회인지주의적 관점에서 발달해 온 자기조절학습(self-regulation learning)이 있다. 이들은 서로 다른 배경 속에서 발전되어 왔지만 그

가정이나 개념 및 구성요인은 거의 일치하고 있다. 즉, 학습자를 능동적 · 주도적 존재로 파악한다는 점, 그리고 학업성취의 중요 변인인 인지 및 상위인지 전략, 행동전략 그리고 동기전략이 거의 일치하고 있는데, 다만 자기조절학습은 자기주도학습전략 중심인 반면에 자기주도학습은 학습자의 인성적 특성까지 좀 더 폭넓은 관점이라 볼 수 있다(양명희, 2000; 홍기칠, 2004).

자기주도학습에 대한 연구는 북미 지역의 사회교육학계에서 1961년 태동된 이래, 1960년대부터 1970년대에 걸쳐 캐나다, 미국 및 영국 등에서 기본체계가 개발된 후 성인교육 관계자의 관심을 집중시켜 왔다. 자기주도학습은 1961년 시카고 대학의 C. Houle 교수가 『The Inquiring Mind』라는 성인교육을 위한 책을 출간하면서 처음으로 학문적인 주목을 받기 시작하였다.

그 이후, 그의 제자인 캐나다의 A. Tough가 자기주도적인 교수활동을 분석하면서 본격적인 기틀을 잡아 가기 시작하였다. Tough(1979)는 학습자 혼자서 하고자 할 때 사전에 점검하고 결정해야 될 사항을 목록으로 만들고 그 목록에 따라 교사의 도움 없이 학습하는 것을 자기주도학습이라 함으로써 자기주도학습을 비형식적 상황에서 일어나는 독학의 개념으로 보았다. 비록 자기주도학습이라는 개념을 사용하지는 않았지만, Houle은 성인의 다양한 학습활동에 주목하였으며, Tough는 교사의 도움 없이 학교 밖에서 성인 스스로 자신의 학습을 계획하여 수행하는 현상에 주목하였다.

자기주도학습이 본격적으로 체계화된 것은 Knowles에 이르러서다. Knowles는 '성인 교육학(andragogy)' 이라는 용어를 처음으로 사용하였으며, 1975년에 출판한 『자기주도학습(*Self-directed Learning*)』
은 그 이후에 나온 많은 연구를 이끈 기초적인 정의와 가정을 제공하
고 있다. Knowles(1975)는 자기주도학습을 단순히 교사 없이 행하는
학습인 독학으로 이해해서는 안 된다고 보고 자기주도학습의 과정 및
단계를 체계적으로 밝혀냈다. 결국 자기주도학습을 타인의 조력 여부
와 상관없이 학습자가 스스로 자신의 학습요구를 진단하고 학습목표
를 설정하며, 그 학습에 필요한 인적·물적 자원을 확보하고 적합한
학습전략을 선택, 실행하여 자신이 성취한 학습결과를 스스로 평가하
는 데 있어서 개인주도권을 갖는 과정이라 보았으며, 형식적 학습상
황이나 비형식적 학습상황 모두를 포함하고 있다.

Knowles가 독학의 차원을 넘어서는 것으로 자기주도학습의 개념
을 확장시킨 데에는 인간주의 심리학의 관점이 작용하고 있다. 인간
주의 심리학은 한 인간으로서 개별 학습자가 선천적으로 갖고 태어나
는 자율성이나 독립성, 혹은 자아실현성을 신뢰한다(배영주, 2005; 소
경희, 1998).

Tough와 Knowles의 자기주도학습에 관한 언급에 대해 Spear와
Mocker(1982)는 자기주도학습이 체계화되고 단계적인 활동이라는
주장을 비판하였다. 이들은 자기주도학습자는 자신이 처한 학습과제
를 사전에 어떤 단계적인 순서에 따라 계획하는 것이 아니라고 하였
다. 즉, 자기주도학습자는 자신이 처한 환경에 따라 학습의 과정을 선
택하고 자신의 학습과제를 구조화하는 경향이 있다고 하였는데, 이것
을 환경조직화라 하였다. 이런 Spear와 Mocker의 주장은 자기주도
학습을 논의하는 데 학습자 외부의 환경의 문제를 포함하였다는 의의

를 가진다고 할 수 있다.

1980년대에 이르러 동기에 대한 사회인지이론이 급부상하면서 자아효능감, 기대에 대한 연구가 속출하였고, 이를 통해 학습자를 수동적이기보다는 적극적인 존재로 바라보기 시작하였다. 또한 심리학 분야에서 Bandura, Mechenbaum 등에 의해 자기통제에 대한 연구가 시작되면서 학습에서 자기주도와 학업성취의 관련성에 대한 여러 응용연구가 이루어졌다. 효과적인 학습의 요인을 학습자 외부에서 찾고자 하는 노력을 대신해서 학습자가 자신의 학습에 얼마나 능동적인 역할을 하는가에 대한 관심은 이때부터 확산되기 시작하였다. 그러다가 Zimmerman 등을 중심으로 한 교육학자가 '학습자가 어떻게 자신의 학습을 조절해 나가는가.'에 대한 집중적인 논의를 거듭하였다. 1986년 『Contemporary Educational Psychology』와 『American Educational Research Journal』이라는 학술잡지를 통해 첫 연구물이 발표된 이후 자기주도학습 연구는 본격적으로 막을 올렸고, 자기주도학습은 행동주의에서부터 인지주의까지 다양한 이론적 관심을 받으면서 진행되고 있다.

Zimmerman(1986)이 자기주도학습을 초인지적으로, 동기적으로, 행동적으로 학업성취를 촉진하는 실제적 촉진자라는 견해를 강조한 이후 Pintrich, Winne, Corno 등이 다양한 관점에서 이론적인 발전을 꾀하고 있고, Bandura, Ames도 자기주도학습과정에 영향을 미치는 자기효능감, 흥미, 교육환경 등에 주목하고 있다(양명희, 황정규, 2002).

Zimmerman(1986)은 좋지 않은 환경에도 불구하고 성취를 이루는

학습자 내부의 힘에 주목하면서 이런 힘이 자기주도학습을 형성한다
고 믿었다. 자기주도학습자란 '그 자신의 학습과정에 상위 인지적 ·
동기적 · 행동적으로 적극적으로 참여하는 자'라고 한 그의 정의를
바탕으로 자기주도학습은 '학습자가 능동적으로 상위 인지적 · 동기
적 · 행동적인 전략을 사용하여 학습과정을 조절해 가는 학습'이라고
할 수 있다.

오늘날에는 자기주도학습이 전 세계적으로 평생교육과 자기학습
의 중심개념으로 이론적인 영역에서 자리잡아 가고 있는 새로운 연구
분야며, 우리나라에서도 1990년대에 접어들면서 학교교육의 개혁을
위하여 의미 있고 시기적절한 대책의 하나로 평가되어 새 교육방법으
로 논의되고 있다(심미자, 2000).

우리나라에서는 1990년대 초반부터 검증되기 시작하여 후반기에
이르러 많은 연구가 진행되었으며, 적용 영역도 초기에는 교육학에서
주로 학업성취와의 관련성을 검증하였으나 교육공학, 상담학으로까
지 확대되고 있다. 특히 학교교육 개혁 선언에서 학생의 '자기주도학
습력 향상'이 강조되었고, 현재 시행하고 있는 제7차 교육과정에서도
'자기주도적 학습 능력을 갖춘 인간 양성'이 학교교육의 핵심과제로
등장할 정도로 학교교육 영역으로의 관심이 본격화되었다. 이와 함께
학교에서 자기주도학습을 촉진할 수 있는 다양한 전략이 쏟아져 나오
지만 실제 학교에서의 적용과 이렇다 할 성공적 보고를 찾아보기는
어렵다.

그러나 많은 연구자가 자기주도학습을 위한 여러 가지 학습방법의
연구나, 학습프로그램의 개발, 자기주도학습력을 측정해 주는 진단도

구, 자기주도학습과 학업성취와의 관련 연구 등을 활발히 진행하고 있음을 볼 수 있다. 여러 연구논문에서도 여러 가지 학습 프로그램을 진행한 결과 자기주도학습력을 신장시켰다는 결과와 함께 학업성적도 함께 향상됨을 보여 주고 있다.

3. 자기주도학습과 학업성취와의 관계

주위에서 공부를 잘하는 아동을 살펴보면 그럴 만한 이유가 있다. 아주 짧은 시간을 공부해도 주의집중을 잘한다든가, 아니면 열심히 노트 정리를 하고 그것을 소리 내어 외우는 등 자신만의 공부방법이 있든가, 모르는 것을 알 때까지 공부하는 것을 본 적이 있을 것이다.

최근에 자기주도학습에 대한 많은 연구가 활발히 이루어지고 있다. 학습자의 자기주도학습력에 관련된 연구를 정리해 보면, 자기주도학습의 개념정의와 이를 구성하는 하위요인의 타당성을 증명하거나, 자기주도학습과 자아개념, 동기, 창의성 등과의 관련변인의 관계를 밝히려는 연구가 주를 이루고 있다. 특히 자기주도학습전략과 학업성취 및 자기효능감과의 관계연구(문병상, 1993; 정미경, 1999; Zimmerman & Martines-Pons, 1986, 1990)를 통하여 자기주도학습전략이 학업성취와 학생의 자기효능감에 긍정적인 영향을 미친다고 하였다.

그렇다면 자기주도학습능력과 학업성취와의 관계를 외국과 우리나라의 연구에서 어떻게 나오는가를 여러 연구를 통해 알아보도록 하자.

1) 외국의 연구결과

Schunk(1983)는 수학 뺄셈 기능에 결함이 있는 초등학교 학생을 대상으로 초인지적 자기점검 집단, 교사에 의한 점검집단, 통제집단으로 나누어 연구한 결과, 자기점검집단이 통제집단보다 자기효능감이 향상되었고, 뺄셈기능도 향상되었음을 발견하였다.

Paris와 그의 동료(1983)는 시간 관리를 학습전략의 하나로 바라보았다. 효과적인 학습자는 시간이 제한적이라는 사실을 잘 인식하기 때문에 자신의 학업시간을 잘 활용하기 위해 특정 전략을 사용한다는 것이다. 따라서 이들은 과제에 필요한 시간이 얼마나 되고, 가장 효과적인 학습전략이 무엇인가를 늘 고려하는 특징을 갖고 있다는 것이다.

Zimmerman과 Martines-Pons(1986, 1990)는 대도시 중산층의 고등학생 1학년 중 학업성적이 높은 집단 40명과 학업성적이 낮은 집단 40명, 총 80명을 대상으로 자기주도학습전략 이용에 관해 면접을 실시했다. 그 결과 학업성적이 높은 집단이 자기평가, 조직화, 목표설정 및 계획, 정보추구, 기록 및 점검, 환경구조화, 자기 결과화, 시연 및 기억, 사회적 도움 추구, 기록 및 복습의 자기주도학습전략 중 13개 하위요인에서 의의 있게 높게 사용하고 있다고 보고하였다. 또한 초등학교 5학년, 중학교 2학년, 그리고 고등학교 2학년 학생을 대상으로 한 연구에서 학년이 높을수록 자기주도학습전략을 더 많이 이용하고 있음을 보고하였다.

Multon, Brown 그리고 Lent(1991)는 동기요인 중에서 자기효능감과 관련된 총 39개의 연구를 메타분석한 결과 자기효능감이 특정한 학업수행에서의 성공 및 지속성과 밀접하게 관련되어 있음을 제안하였다.

Pintrich와 De Groot(1990)는 학생의 동기요소와 학습전략의 사용, 그리고 학업성취와의 관계 분석에서 학업성취에 영향을 주는 변인을 분석하였다. 학업성취에 의미 있는 예언변인으로는 자원관리전략, 상위인지를 포함한 자기주도였다. 또한 내재적 가치가 높은 학습자가 교실 내에서의 활동에서 더욱 높은 인지적 투입을 보였으며, 이것은 높은 학업성취와 관련된다는 결론을 내렸다.

Pintrich와 Garcia(1991)의 연구결과에서도 동기요인 중 내재적 가치는 실제 학업성취와 직접적인 관련은 크지 않지만 학습자의 목표지향성과 학습전략과 높은 상관을 보였으며 학습전략이 학업성취를 예측하는 변인으로 나왔다. 연구결과를 통해 내재적가치가 좀 더 개선된 수행을 이끈다는 것을 의미하지 않는다고 주장하면서 내재적 가치가 학습전략에 영향을 주어 학업성취에 영향을 준다고 설명하였다. 또한 과제·수행목표를 높게 지각할 때 인지적이고 자기조절적인 학습전략을 사용하게 되고, 이것은 더 나은 학업성취를 낳는다고 설명하였다.

Borkowski와 Thorpe(1994)의 연구에서 자기주도 능력이 부족한 학생은 낮은 성취를 나타내고 더욱 충동적이며, 낮은 학습목표를 설정하고 자신의 능력을 객관적으로 평가하는 능력이 부족하다고 보고하였다. 그리고 낮은 학업성취자는 높은 학업성취자보다 자신에 대해 지나치게 비판적이며 자기효능감이 낮고, 자신의 계획을 쉽게 포기하는 경향이 높으며, 높은 불안수준을 나타내며 인정의 욕구가 지나치게 높고, 외적인 요인에 의해 더 많은 영향을 받는다는 것이 밝혀졌다.

Morriss(1995)는 학습자의 자기주도성이 학업성취를 예언할 수 있는 적합한 수단이라 전제하고, 자기주도성 수준과 학업성취도 간의 관계를 연구한 결과 GMAT(Graduate Management Admissions Test) 점수와 학습자의 자기주도성 수준 간에 정적 상관이 있음을 밝혔다. 이는 GMAT 점수가 높으면 높을수록 학습자의 자기주도성이 높고, GMAT 점수가 낮으면 학습자의 자기주도성이 낮다는 것을 말하는 것이다.

자기주도학습의 하위 요인 중 자기효능감에 대한 연구 중에서 Latham과 Locke(1991)는 자기효능감이 학습성과를 달성하는 데 필요한 학습전략을 작용시키기 때문에 자기효능감 수준이 높을수록 학습문제를 해결하는 데 필요한 학습전략을 효과적으로 사용할 수 있다고 보고하였다. 또한 자기효능감인 높은 사람은 도전적이고 구체적인 목표를 설정하고 이를 성취하기 위해 주의와 행동의 방향을 결정하며, 자기효능감이 낮은 개인에 비해 더 많은 노력을 투입하고 어려움이 닥쳤을 때에도 과제를 지속적으로 해결하려 할 것이라 하였다.

자기효능감 이론의 대표적인 학자인 Bandura(1997)는 자기효능감이 학업성취를 결정하는 인지적 능력의 발달에 중요하게 공헌하는 형태를 세 가지로 제시하고 있다. 첫째, 다양한 학과목에서 완숙을 이룰 수 있다는 학생의 신념으로, 둘째, 학생의 동기와 학습을 촉진시킬 수 있다는 교사의 개인적 효능에 대한 신념으로, 셋째, 학교가 의미 있는 학문적 진보를 이룰 수 있다는 교수진의 집단적 효능기대로 작용할 수 있다는 것이다. 또 자기효능감이 높을수록 높은 수행수준을 보인다는 것은 많은 경험적 연구를 통해 입증되었다.

2) 우리나라의 연구결과

우리나라의 자기주도학습에 대한 이론 및 측정도구, 학업성적과의 관련성의 연구가 활발히 진행되고 있다. 여기에서는 자기주도학습과 학업성적과의 관계에 대한 연구결과만을 언급하기로 한다.

김경화(2001)는 학교학습에서의 문제점을 지적되고 있는 학습의 수동성 문제를 극복할 수 있는 대안으로 자기조정학습전략을 제시하고, 학습전략의 훈련의 효과성을 검증하고자 하였다. 초등학교 6학년을 대상으로 국어와 수학 수업에서 자기조정학습전략 훈련을 실시하였다. 그 결과 자기조정학습전략이 과제 성취도, 인지학습전략의 활용정도, 초인지 학습전략 활용에 미치는 영향이 국어에 비해 수학 수업에서 훈련의 직접효과, 타교과로의 전이효과, 학습의 지연효과가 더 크게 나타난다는 것을 검증하였다.

과목별 성취 수준에 따른 학습 전략의 차이 연구(김영상, 1992; 김호경, 1996)에서는 전체 학업성적 수준과 과목별 성적 수준에 따라서 자기주도학습 전략의 유의미한 차이를 보였다고 하였다. 성적이 높을수록 자기평가, 조직과 변형, 목표설정과 계획, 정보찾기, 기록 유지, 환경구성, 시연과 기억, 교사 도움 구하기, 노트 · 교과서 복습 전략을 더 많이 사용하였다. 또한 수학 성적이 높을수록 자기 강화, 정보찾기, 시연과 기억, 자기평가 전략을 많이 사용하였고, 사회 성적이 높을수록 기록유지, 시험지 복습, 정보탐색, 자기 평가 전략을 많이 사용하였다.

김인곤(1999)은 'Knowles의 자기주도학습 효과분석'에서 자기주도학습 방법으로 수업한 결과 고등학생의 자기주도성과 학습태도의 향상을 가져왔으며, 학업성취의 면에서 전통적인 방식의 수업을 받은 학급은 상위그룹에서만 학업성취를 가져온 반면 자기주도적인 방식의 수업을 받은 학급은 상·하위그룹 모두 학업성취의 효과를 보았다고 하였다.

정미경(2002, 2003)은 초등학생용, 중학생용, 고등학생용의 자기주도학습검사를 개발하여 표준화하였다. 이런 연구 중에서 중학생의 자기주도학습의 구성요인과 학업성취와의 상관이 인지조절의 하위요인인 점검을 제외한 모든 하위 요인과의 상관이 .132~.566으로 통계적으로 매우 의미 있게 나왔다. 이는 자기주도학습의 하위 요인이 학업성취를 설명해 주는 설명량을 말하는 것이다. 그중에서 자기효능감과 학업성적이 .566, 노력조절과 학업성적이 .438, 시연과 학업성적이 .404의 상관을 보이고 있다. 자기효능감이 학업성적을 설명해 주는 설명량이 약 32%, 노력조절이 학업성적을 설명해 주는 설명량은 약 19%, 시연전략이 학업성적을 설명해 주는 설명량은 약 16%다. 즉, 자기효능감이 높을수록, 노력조절을 잘할수록, 시연전략을 많이 사용할수록 성적은 올라갈 수 있다는 것이다.

양명희와 황정규(2002)는 자기주도학습능력이 학업성취에 강력한 영향력을 행사하는 새로운 구인이라고 설명하고 있다. 자기주도 능력이 과거 지능, 학업 적성으로는 설명하지 못하였던 학습자의 적극성과 자발성을 다루고 있으며, 이들 못지않게 학업성적에 대한 높은 예언력을 보여 준다. 흥미로운 점은 자기주도학습이 학업성적뿐만 아니라 공부시간에도 인과적인 영향력을 행사한다는 것이다. 스스로 학습을 조절해 나가는 경험은 학업성적뿐 아니라 또 다른 성취의 지표라 할 수 있는 공부에 투자하는 시간도 증가시키는 데 긍정적으로 작용한다고 말하고 있다.

김아영 외(2005)는 초등학교 5학년을 대상으로 수학성취수준 상 · 중 · 하에 따라서 자기주도학습전략 사용의 차이가 있는지를 알아보기 위해, 자기주도학습력 검사와 수학성취도 검사를 사전에 실시하고 5주간 자기주도 훈련프로그램을 실시하였다. 자기주도학습을 훈련한 후 전체적으로 성취점수가 증가하였는데, 그중에서 성취수준이 중간집단이 가장 많은 증가를 보였고, 그 다음 하위집단이 증가를 보였다. 또한 수학 성취가 높은 학생일수록 자기주도학습전략을 많이 사용한다는 결과가 나왔다.

김은영과 박승호(2006)는 자기주도 하위요인인 동기조절 훈련프로그램이 학생의 자기주도학습력과 학업성취에 미치는 효과를 검증하는 연구를 하기 위해 48명의 실험집단에게는 주 1회 1시간 30분씩 총 10회의 프로그램을 실시하고, 통제집단은 실시하지 않았다. 두 집단 모두에게 자기주도학습력 검사와 학업성적을 조사하였다. 연구결과 동기조절 훈련 프로그램은 학생의 동기조절 능력 향상에 도움을 주고, 학생의 자기주도학습능력 향상과 학생의 학업성취 향상에도 도움을 주었다.

최근 들어 자기주도학습을 교과와 관련지어 설명하려는 경향이 있다. 자기주도학습을 가르치기 위해서는 교과수업과 별도로 이루어질 것이 아니라, 해당교과와 관련지어 지도하는 것이 바람직하다. 이에 자기주도학습을 읽기 교육장면과 관련지어 설명하고 읽기 능력을 기르기 위해 자기주도전략을 가르친 후에 그 효과를 검증한 연구(박승호 외, 2000; 정미경, 2002)가 많이 나오고 있다. 수업을 통해 학생에게 독해를 촉진하는 과정을 인식하도록 하여, 자기 스스로 읽기 학습에서 단순히 단어, 문장을 해독하는 것이 아니라 스스로 읽기 과정을 확인하고 점검하고 조절하는 능력을 키우는 것이라 하겠다.

최근 EBS 특집 다큐 〈교육실험 프로젝트 – 스스로 공부하는 아이 만들기〉(송인섭 교수 진행, 2006년 6월 방영)에서 중학교 2학년을 대상으로 자기주도형 학습력을 키우는 교육실험을 실시하였다. 먼저 자기주도학습력 검사를 실시하여 자기주도성이 거의 없는 학생, 동기조절이 부족한 학생, 행동조절이 부족한 6명의 학생을 선정하였고, 프로그램이 들어가기 전에 학업성취도 검사(수학, 사회)를 실시하였다. 그리고 6주간에 걸쳐 각각의 학생에게 매일 자기 스스로 계획을 세워 실천하게 하고, 그것을 점검하는 과정을 실시하였다. 그리고 일주일 2번 정도를 연구팀원이 6명의 학생에게 자신감을 갖게 하고, 미래에 대한 구체적인 목표를 설정하게 하고, 시간활용법에 대한 자기주도학습 프로그램을 진행하였다. 프로그램이 끝난 후 자기주도학습력 검사와 학업성취도 검사를 실시한 결과 자기주도성이 향상되었을 뿐만 아니라 학업성적도 많이 향상됨을 보였다.

자기주도학습과 학업 성취 간에는 비교적 높은 상관이 존재하며, 학습과제 유형과 관계없이 학생의 학업성취에서 중요한 측면이자 예언치임을 밝히고 있다. 다시 말해서 학업성적이 좋은 학생은 학업성적이 좋지 않은 학생보다 자기주도학습능력이 더 좋다고 결론을 내릴 수 있다. 지금까지 살펴보았듯이 국내·외 교육학, 심리학 분야에서 자기주도학습에 대한 연구가 활발히 진행되고 있으며, 자기주도학습의 이론을 바탕으로 다양한 학습 방법, 학습전략과 학습프로그램 등이 소개되어 사용되고 있다.

21세기는 창의적이고 자율적인 인간상을 요구하고 있다. 단순히 무엇을 받아들이는 인간이 아니라 스스로 창의적인 무언가를 만들어 내는 자생자를 원하는 것이다. 이 시대가 요구하는 이런 능력을 갖춘 인간이 되기 위해서는 자기주도학습이 필요하다고 본다.

자기주도학습의
구성요인

　자기주도학습의 여러 연구를 종합해 보면, 자기주도학습의 개념정의와 이를 구성하는 하위요인의 타당성을 증명하거나, 자기주도학습을 측정하는 도구 개발연구, 자기주도학습과 다른 관련변인과의 관련성에 대한 연구가 주를 이루고 있다. 특히 자기주도학습을 이루고 있는 구성요인에 대한 증명은 다른 연구의 기초가 되는 것이므로 하위구성요인을 밝히는 일은 매우 중요하다. 그렇다면 자기주도학습의 주요 연구자가 제시하는 자기주도학습의 구성요인에는 무엇이 있는지 살펴보도록 하자.

　자기주도학습의 구성요인은 연구자의 관점에 따라 다양하다. Bandura(1982)는 자기주도학습을 구성하는 요인으로 극복전략, 문제해결과 의사결정기술, 목표설정, 계획, 자기평가, 자기조절, 자기강화

에 대한 능력을 포함시켰다. 자기주도학습에서 상위인지요인을 강조
한 Corno(1986)는 주의통제, 약호화통제, 정서통제, 동기통제, 환경통
제를 자기주도학습의 구성요인으로 보았다.

자기주도학습에서 동기요인을 강조한 Pintrich(1989)는 자기주도
학습을 인지적 요인, 자원관리요인, 동기요인으로 구분하였는데, 인
지적 요인으로는 주어진 과제 암송과 과제의 정교화 및 조직화를 포
함하고, 자원관리요인은 할당된 시간의 관리, 주어진 상황의 환경적
조건관리, 과제수행을 위한 노력의 분배관리, 필요한 도움의 요청 등
을 포함하며, 동기요인으로는 내재 동기지향, 과제가치, 신념, 성공에
대한 기대를 포함한다고 하였다.

더 나아가 Pintrich와 De Groot(1990)도 자기주도학습의 동기적
요인을 강조하여, 자기주도학습 전략과 동기적 특성과의 이론적 관련
성을 지속적으로 탐구하여 인지요인, 자원관리 요인, 동기요인을 자
기주도학습의 주된 요소로 보았다. 인지요인에는 학습과제의 암송,
시연과 과제의 정교화, 조직화를 포함하고, 자원관리요인에는 할당된
시간관리, 상황의 환경적 조건관리, 과제수행 노력의 분배관리, 도움
요청 등을 포함하고, 동기요인에는 내적 지향, 과제의 중요성, 신념,
성공에 대한 기대를 포함하고 있다.

Sink(1991) 등은 인지적인 면과 정의적인 면으로 구분하고 있다.
인지적인 면은 특수 영역의 지식과 전략, 일반적인 학습전략, 초인지
적 통제가 포함되며, 정의적인 요인에는 자기효능감, 내재 동기, 자아
존중감, 완성 경향성으로 분류하고 있다.

자기주도학습은 인지적 · 동기적 측면뿐만 아니라 학습자의 행동

조절, 학습환경의 통제와 활용을 포함하는 포함적인 개념으로 확장되고 있으며, 그중에서 가장 많이 사용되는 분류는 Zimmerman의 견해다. Zimmerman(1986)은 자기주도학습자란 자신의 학습과정에 초인지적·동기적·행동적으로 적극 참여하는 자라고 정의하고 있으며, 자기주도학습을 구성하는 요인은 크게 세 가지, 즉 동기조절, 인지조절, 행동조절로 분류할 수 있다. 자기주도학습자는 학습에 대한 동기화가 되어 있으며, 다양한 인지조절 전략을 사용하고, 자신의 행동을 적절히 통제하는 능력을 갖춘 학습자라 할 수 있다. 많은 학자(양명희, 2000; 정미경, 2003; Pintrich, 2000)가 자기주도학습의 구성요인으로 세 하위 요인을 포함하고 있다.

위의 Zimmerman의 다차원성의 가정을 우리나라 실제에 부합함을 입증한 양명희와 황정규(2002)의 연구에서도 자기주도학습은 크게 동기조절, 인지조절, 행동조절의 세 차원으로 형성된 다차원적 개념이며 학업성취에 영향을 주는 것으로 나타났다.

박승호(1995)는 상위인지 외에 상위동기, 의지통제를 자기주도학습의 구성요인으로 제시하였다. 여기에서 상위인지란 자기주도학습자가 자신의 학습을 계획, 점검, 조절하는 것을 의미하고, 상위동기란 자신의 동기과정을 인식하는 것으로서 그 결과 학습자가 계속적인 동기를 가지고 학습하게 되는 더욱 높은 수준의 기술을 의미한다. 또 의지통제란 학습 중에 학습을 방해하는 많은 내적·외적 주의산만 요소를 통제하면서 본래의 의도를 지속적으로 유지시켜 학습목적을 달성하게 하는 심리적 기제를 의미한다.

정미경(2003)은 국내·외 자기주도학습 검사를 분석하여 동기, 인

지, 행동조절을 자기주도학습의 이론적 구인으로 가정하고, 초등학생
용 · 중학생용 · 고등학생용 자기주도학습 검사를 개발하였다. 중학
생용 자기주도학습력 검사를 예를 들면, 이론적 구성요인의 타당도를
검증한 결과 동기조절에는 자기효능감, 내재적 가치, 목표지향성, 시
험불안 등 4요인이 추출되었고, 인지조절에는 정교화, 점검, 시연 3개
요인이 산출되었으며, 행동조절에는 시간과 공부조절, 노력조절, 학
습행동조절의 3요인이 산출되었다.

정미경(2003)의 이론을 기초로 구성한 자기주도학습의 분류모형은
[그림 2-1]과 같으며, 하위요인에 대한 구체적인 내용을 살펴보면 다음
과 같다.

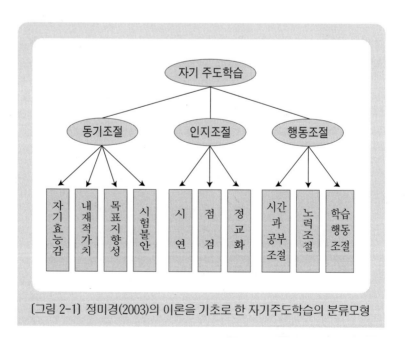

[그림 2-1] 정미경(2003)의 이론을 기초로 한 자기주도학습의 분류모형

1. 동기조절

모든 일을 하고자 할 때에는 동기가 있다. 동기라는 것은 그 일을 해야 하는 이유를 말하는 것이다. 그렇다면 공부를 할 때에도 공부를 하게 하는 원인과 이유를 동기라고 하며, 학습상황에서의 이런 동기를 학습동기라고 한다. 자기주도학습에서의 동기조절이란 학습자가 학습에 참여하는 이유와 목적을 말하는 것이다.

중학생의 동기조절 요인으로 자기효능감, 내재적 가치, 목표지향성, 시험불안의 하위구성요인으로 분화된다.

1) 자기효능감

개인의 특성을 설명하고 예언하는 데 중요한 요인으로서 최근에 사회인지 이론에서 관심이 고조되고 있는 개념이 자기 효능감(self-efficacy)이다. 자기효능감에 대하여 Bandura(1977)는 "개인이 어떤 결과를 산출하기 위해 요구되는 행동을 성공적으로 수행할 수 있다는 개인의 신념"이라고 정의하였다. 허경철(1991)은 자기 자신을 얼마나 유능한, 능력 있는, 효능 있는 사람이라고 생각하고 있느냐와 같은 "자신이 자신에 대해 느끼고 있는 유능성, 효능성, 자신감"을 의미한다고 하였다.

즉, 자기효능감이란 개인이 성취 장면에서 자신의 능력에 대해 가지는 기대를 의미한다. 이는 자신의 능력에 대한 개인적 판단 및 신념으로서 활동의 선택 및 노력의 양과 지속성을 결정하게 된다.

동기적 측면의 자기효능감은 학습의 과정에서 중요한 부분이다. 인간이 어떤 행동을 시도하느냐 하지 않느냐, 얼마나 오래 그런 행동을 계속하느냐는 그 행동을 자신이 얼마나 성공적으로 수행할 수 있을 것인가 하는 자신의 능력에 대한 믿음에 달려 있다.

또 자기효능감은 학생이 설정한 목표에 도달하기 위한 능력에서 핵심적인 역할을 한다. 자기효능감이 높은 사람은 실패 상황에서도 끈기가 있고 실패를 자기 노력 부족의 탓이라 하며, 또 성공은 자신이 노력한 결과로 보는 경향이 있다. 학생은 이처럼 가치 있는 자기효능감이라는 특징을 어떻게 획득하는가? Bandura에 따르면 자기 효능감을 판단하는 방법에는 크게 네 가지가 있다(Bandura, 1986; 김정희 역, 2004)고 한다.

첫째, 실제적인 경험이다. 특히 과거의 성공과 실패는 중요한 근원이다. 전형적으로 과거의 성공 경험은 자기효능감에 대한 평가를 높이고, 과거의 실패경험은 자기 효능감을 낮추게 된다. 학습상황에서 계속적으로 성취의 경험을 한 학생은 실패를 경험한 학생보다 주어진 과제에서 자기 효능감이 높다.

"〈EBS 특집 다큐-스스로 공부하는 아이 만들기〉 실험대상자 중에서 승민이는 다른 학생에 비해 자기효능감이 매우 높다. 승민이는 리더십이 있고 항상 자신감에 넘쳤다. 승민이의 이런 자신감은 시험상황이나 어려서부터의 대회경험(피아노대회, 수학경시대회)에서 성공을 계속 경험했기 때문에 다른 학생보다 자신의 능력에 대한 확신이 높은 것이다. 반대로 실험대상자 중에서 자기효능감 점수가 제일 낮은 상건이의 경우에는 이전에 성공한 경험이 없고, 실패만 계속 경험해 왔기 때문에 자신이 잘 해낼 수 있다는 자신감이 매우 부족한 경우다."

　실패경험을 다루는 방법은 자기효능감 학습의 핵심이라 할 수 있다. 자신의 어떤 일에서 실패를 경험한 후 그 일을 포기하면, 다음에 똑같은 일이 주어질 때 자신은 할 수 없다는 낮은 자기효능감과 '나는 왜 이런 일도 못 해낼까?' '내가 할 수 있을까?' 라는 성공에 대한 신념에 자기 의심을 주입하게 된다. 반면에 어떤 일에서 실패경험을 거쳐 더욱 노력하여 성공을 이루게 되면 높은 자기효능감을 학습하게 된다. 즉, 학생은 '나는 할 수 있다!' 라는 자신감을 가지는 것이 필요하다. 교사나 부모는 학생에게 높지만 도달할 수 있는 목표를 설정해 주고, 실수를 통해서 배우도록 격려해 주고 그들이 성공할 때까지 인내해야 한다. 이런 과정을 통해 자기효능감이 생성된다.

　둘째는 대리경험이다. 자기효능감을 향상시키는 또 다른 방법은 학생이 학습하고자 하는 기술을 수행하는 동년배를 관찰하는 것이다. 학생이 과제에 유능한 모델을 선택하는 것은 중요하며, 그런 모델이 학습자와 유사할 경우 도움이 된다. 성공적인 모델을 취하는 것이 중요하며, 비성공적 모델을 관찰하는 것은 자기효능감을 훼손시킬 수 있다.

　성공적인 모델을 취하는 예로 '승민이는 이종사촌이 특목고 진학을 거쳐 외국 명문대학교에 입학한 것을 보고, 자신도 그렇게 하기로 마음먹었다. 그래서 학교 공부도 중요하지만, 특목고와 외국대학 입학을 위해 나름대로 경시대회 준비와 영어공부를 하고 있다.'

　셋째는 설득과 격려다. 앞의 두 접근보다 덜 효과적이지만, 자기효능감을 개발하는 방법은 타인의 격려를 통해서다. 교사나 부모는 때때로 학생에게 특정한 목표를 성취할 수 있다고 설득할 수 있다. '열심히 해 봐.' '나는 네가 할 수 있다고 믿어.' 라는 격려는 학생으로 하여금 새로운 과제에 대한 자신감을 높여 줄 수 있다. 특히 학생 자신이 신뢰할 수 있는 사람에게서 격려를 받는다면 그 학생의 자신감은 더 높아질 것이다.

넷째는 생리적 각성이다. 예를 들어 수업태도도 좋고 공부는 열심히 하나, 시험을 치르는 동안에 식은땀이 나고 가슴이 울렁거리며, 불안해하는 학생이 있다. 과거에 높은 불안 상태가 그 학생의 수행에 부정적인 영향을 주었다면 자신의 수행능력에 대한 확신을 잃게 될 것이다. 자기효능감이 없어지면 다시 불안이 증가될 것이고 그에 따라 불안은 그 학생이 이미 이해한 것을 드러낼 수 있는 능력을 방해하게 될 것이다.

자기효능감은 학습에 영향을 주는 동기로 특정한 과제의 수행이나 학업성취 상황에서 수행을 촉진시키는 중요한 개인적 특성이다. 부모나 교사는 자기효능감이 고정적인 특성이 아니라는 사실을 알아야 한다. 또 자기효능감이란 특정 과제에 있어 성공할 수 있을지에 대한 개인의 능력을 스스로 평가하는 것을 의미한다. 그렇기 때문에 자기효능감의 조성을 위해 학습자에게 자신감을 길러 주어야 하며, 그러기 위해서는 교사나 부모가 학습자에게 진지하고 긍정적인 기대감을 표시해야 한다. 자기효능감이 높은 학습자는 낮은 학습자에 비해 학업성취에서 우수할 뿐만 아니라 학습에 대한 내재동기를 가지며, 어려운 과제에 대해서도 인내심을 발휘하고 문제해결에 필요한 인지전략을 사용한다.

높은 자기효능감이 성취결과에 긍정적인 영향을 미친다는 결과가 Collins(1982)의 연구에서 검증되었다. 그는 학생의 수학능력을 상·중·하로 구분하여 각 능력집단 내에서 높은 자기효능감을 지닌 학생은 낮은 자기효능감을 지닌 학생보다 문제를 더 정확히 해결하고 틀린 문제와 같은 유형의 문제를 더 많이 선택해서 해결하고자 하였다. 따라서 세 집단 모두에서 자기효능감은 실제 학업수준은 물론 성취행동과 수행을 예언하였다. 이런 연구결과를 통해 교사는 학생에게 달성 가능한 목표를 설정하고, 그 목표에 도달하는 방법을 계획하도록 지도함으로써 자기효능감을 향상시킬 수 있어야 함을 강조하고 있다.

자존감을 높이는 5개의 지침서

1. 자기상(self-image)을 자신이 통제한다는 사실을 인식하기

타인의 피드백이 학생의 자기 개념에 많은 영향을 준다. 주위에서의 칭찬 한마디로 그 아이의 자신감은 크게 향상될 수 있다. 하지만 부정적인 피드백으로 인해서 어린 학생은 크게 상처를 받게 된다. 하지만 이런 부정적인 피드백을 수용하느냐 혹은 거부하느냐의 최종 선택은 본인에게 달려 있다. 자기상을 만드는 데 있어서 타인이 자신의 자기개념에 영향을 줄 수 있지만 최종 권위자는 본인이라는 것을 생각하게 하는 것이 중요하다.

2. 자신에 관해서 많은 것을 알기

자존감이 낮은 사람은 자존감이 높은 사람에 비해서 자신에 관해 상세히 알지 못하는 경우가 있다. 따라서 자존감을 높이려면 자신에 관해 전체적으로 잘 평가할 필요가 있다. 더 명확한 자신의 모습을 얻기 위해서는 자신의 사고, 감정 및 행동에 주의를 기울이고 타인의 피드백을 활용해야 한다.

3. 자신의 목표는 자신이 설정하기

학생의 도달해야 하는 학습목표를 부모나 교사가 설정해 주는 경우가 많다. 그러나 학생 스스로가 무엇을 할 것인가를 스스로 설정하는 중요하다.

4. 비현실적 목표 인식하기

본인이 설정한 목표가 현실적인가? 많은 사람이 자신에게 너무나 많은 요구를 하는 경향이 있다. 그들은 항상 최선을 다해 수행하기를 원하지만 그것을 확실히 불가능하다. 학생 스스로가 도달할 수 있는 적정 수준의 목표인지를 점검해 보아야 한다.

5. 부정적 혼잣말 수정하기

자존감이 낮은 학생은 자기 스스로가 여러 가지 비생산적인 사고를 하는 경우가 있다. '난 정말 바보인가 봐.' '공부를 해도 성적이 오르지 않을 거야.' 라고 생각하게 되면 공부의욕이 떨어져서 당연히 성적도 떨어지게 마련이다. 이런 부정적 독백은 자존감을 낮추기 때문에 이런 생각을 과감히 떨쳐야 한다. '난 할 수 있다.' 라는 긍정적인 사고를 갖게 하여 자신을 긍정적으로 바라보게 하는 것이 중요하다.

2) 내재적 가치

동기조절을 구성하는 두 번째 요인인 내재적 가치란 과제에 대한 목적, 과제의 흥미와 중요성에 대한 신념을 말한다. 우리가 공부를 할 때 어떤 학생은 공부 자체에 흥미가 있어서 공부하는 학생도 있고, 부모나 선생님이 무서워서, 시험을 잘 보면 부모님이 내가 원하는 무언가를 사 준다고 해서 공부하는 학생도 있다. 여기에서 말하는 내재적 가치는 자신의 공부에 재미가 있고 흥미가 있어 공부하는 것을 말한다. 이는 과제의 중요성에 대한 개인의 인식, 과제에 대한 내재적 가치 혹은 내재적인 흥미와 같이 다양하게 개념화되어 왔다.

요즘 학생은 학교와 가정에서 너무 강압적으로 학원과 과외 스케줄을 짜 주는 경우가 많기 때문에 학생 스스로가 공부를 해야 하는 명확한 이유를 알지 못하고 있다. '반에서 1등 하는 철수가 A 학원을 다니니 너도 그 학원을 다녀야 한다.'는 식의 압력으로는 그 학생의 자기주도학습능력을 향상시킬 수 없다. 즉, 공부하는 이유가 외부의 상황에 의해서가 아니라 본인 스스로 흥미가 있고, 내가 이 과목이 재미가 있어 몰입을 하게 될 때 학습에 더 큰 효과가 있다는 것을 알아야 한다.

학생은 공부하는 이유를 외부의 요인으로 두고 있는 경우가 많다. 예를 들어 시험을 잘 보면 엄마가 최신형 핸드폰을 사 준다고 해서, 선생님께 칭찬을 받으려고 공부하는 학생도 적지 않다. 이런 방법이 단기간에 성적을 올릴지는 몰라도, 보상이 떨어지게 되면 공부를 안 할 수도 있다. 여기서 부모와 교사의 역할은 학생의 동기를 내부에 있게 하는 것이다. 성적이 오르면 돈이나 물건으로 보상하는 것보다는 학생 스스로가 성공의 기쁨을 맛보게 하는 것이 필요하다.

"〈EBS 특집다큐-스스로 공부하는 아이 만들기〉에서 예은이는 학업성적이 우수하여 겉으로 보기에는 아무런 문제가 없는 것처럼 보인다. 그러나 예은이의 모든 학습 스케줄은 빡빡한 학원일정에 따라 움직이고 있으며 자기주도학습의 하위요인 중에서 내재적 가치의 점수가 낮은 편이다. 예은이는 공부하는 이유가 재미있고 즐거워서라기보다는 엄마의 보상(칭찬, 선물) 때문에 공부하는 아이다."

처음에 엄마도 아이의 성적을 올리려고 보상을 약속했을 것이다. 하지만 이런 보상이 없어지면 공부의 흥미를 잃게 될지 모른다. 그러면 어떻게 해야 할까?

외적 보상으로 공부하던 아이에게 하루아침에 갑자기 보상이 주어지지 않으면 더 이상 공부를 하지 않을 수 있다. 우선 보상을 주는 동안 공부하는 습관을 아이에게 익숙하게 만들어 공부를 즐기게 하는 일이 중요하다. 성적도 오르고 공부의 재미를 알아 갈 때쯤 보상을 매번 주는 것이 아니라 간헐적으로 주는 것이다. 즉, 외재적 보상으로 아이의 공부의 재미를 느끼게 하여, 공부가 즐겁다는 내재동기를 심어 주는 것이 중요하다.

3) 목표지향성

동기조절을 구성하는 세 번째 요인인 목표지향성이란 학습자가 학습활동에 대해 가지는 목적으로서 자신이 학습에 어떻게 접근하고 참여하는지를 결정하는 신념체계다. Atkinson(1964)은 목표지향적인 행동을 학습동기의 가장 중요한 속성이라고 하였으며 학습자가 특정 장면에서 어떤 목표를 가지고 있는가를 감안해야 학습과정을 이해할 수 있을 것이라고 지적하였다.

Schunk(1985)는 초등학교 6학년 학습부진아를 대상으로 뺄셈수업과 복습을 하게 했다. 그는 실험집단을 스스로 목표설정 집단, 다른 사람에 의한 목표설정 집단, 그리고 통제집단으로 나누었다. 그 실험결과 자기 스스로 목표를 설정한 집단이 다른 집단보다 사후검사에서 자기효능감과 뺄셈수행 기술이 더 높았다. 그리고 자기목표 설정집단이 외부에서 부과된 목표설정집단보다 목표에 도달하는 데 자기 자신을 훨씬 능력 있다고 판단하였다.

자신이 공부하는 목표나 앞으로의 진로에 대한 목표가 확실하게 설정되어 있는 학생은 실패의 경험을 하더라도 낙담이나 실망을 덜하게 된다. 그러나 자신이 성취해야 할 뚜렷한 목표를 설정하지 않은 학생은 어려운 문제나 실패의 경험을 하게 되면 쉽게 포기하거나 좌절하게 된다. 이와 같이 학생에겐 자신에게 맞는 뚜렷한 목표설정이 무엇보다도 중요하다.

학생이 유익한 목표를 설정하는 첫 번째 방법은 단기(근접)목표를 먼저 설정하는 것이다. 학생에게 자신의 목표를 기억하도록 하는 데 있어서 장기목표가 중요하지만 학생은 장기목표에 대한 자신의 진전 정도를 측정하기 어려운 경우가 흔히 있다. 근접목표는 과제를 좀 더 조작하기 쉽도록 하기 때문에 학생의 자기 효능감을 증진시킬 수 있다.

두 번째 방법은 학생이 개인적인 목표를 설정하도록 유도하는 것이다. 학생은 실패할 수밖에 없는 비현실적인 목표를 설정하거나 너무 쉬워서 어떤 학습도 일어나지 않을 것 같은 목표를 설정해서 자신감을 약화시키는 경우가 있다. 학생에게 목표를 설정하는 방법을 가르치는 것은 매우 중요하다. 왜냐하면 학생은 자신의 성취추구 행동이 매일 점검되지 않을 때 이런 기능이 필요하기 때문이다. 개인적 목표설정은 자기효능감을 높게 하고 성취수준을 향상시키는 것으로 밝혀졌다.

부모나 교사는 학생의 수준을 고려해서 그 학생이 노력을 한다면

달성할 수 있는 목표를 설정하게 하는 것이 중요하며, 학생 스스로가
목표를 정해서 공부하는 습관을 기르게 하는 것이 좋다.

나의 목표지향은 수행목표 vs 숙달목표 지향인가?

Dweck(1986)은 학업성취 상황에서 수행목표(performance goal)와
숙달목표(learning goal)를 제시하고 목표에 따라 학습자의 행동이 달라
진다고 주장하였다.

수행목표란 학습자 자신의 능력에 대해 타인에게서 긍정적인 평가를
받고자 하는 목표며, 능력이란 다른 학생보다 상대적으로 우수하고, 규준
적 기준을 능가하거나 적은 노력으로 성취를 달성하는 것이라 본다.

숙달목표는 결과에 대한 노력을 중요시하고, 노력의 성과가 긍정적으
로 관련된다는 신념을 말한다. 그래서 학습이 재미있고 즐거워 자신의 능
력을 증가시키려는 것 자체에 목표를 두는 것이다.

현정 나의 목표는 이번 기말고사에서 1등 하여 부모님과 선생님께 칭
      찬을 듣는 것이다. 내가 부족한 과목을 공부하기는 정말 싫지만
      좋은 성적을 받으려면 열심히 해야 한다. 이번 시험에서 좋은 성
      적을 받지 못할까 봐 걱정이 많다.
선미 모든 수업이 재미있고, 나에게 도움이 되는 것 같아서 매우 기쁘
      다. 모르는 것을 알아 가는 과정은 언제나 즐거운 일이다. 학교수
      업이 나의 진로에 있어서 많은 도움이 될 것이라 믿고, 나의 꿈
      을 이루어 가는 하나의 과정이라 생각이 든다.

현정이의 경우는 수행목표를 가진 학생이고, 선미는 숙달목표를 가진
학생이다. 위의 예시처럼 수행목표를 가진 학습자는 어려운 과제를 피하
는 경향이 있고, 어려운 과제에 직면했을 때 무기력감에 빠지기 쉽다. 반
면 숙달목표를 가진 학습자는 도전적인 학습과제를 추구하고, 타인의 수
행에 신경을 쓰지 않고 자신이 얼마나 배울 수 있는가에 관심을 갖으며,
실패에 대한 두려움이 없는 경향을 보인다.

4) 시험불안

동기조절을 구성하는 네 번째 요인인 시험불안은 인지적인 요소와 정서적인 요소를 포함하는데, 인지적 요소인 걱정은 자기 자신, 가까이 있는 시험장면이나 잠재된 결과에 대한 부정적인 기대감 및 근심 등과 같은 불안 경험의 인지적인 요소를 의미하고, 정서적 요소인 정서성은 불안 경험의 생리적 · 감정적인 요소, 즉 초조와 긴장 등과 같은 자율적 각성의 징후와 불쾌한 감정의 상태를 지각하는 것을 의미한다.

시험불안은 교육장면에서 학생이 학업을 효과적으로 수행하는 데 장애요인 중의 하나로 생각이 된다. 시험불안의 연구에서 보면 시험불안은 취학 전이나 초등학교 시절의 비현실적인 부모의 요구와 기대에 의해 형성된 것으로 알려졌으며, 초등학교와 중등학교 대학 심지어 성인이 되어서도 지속된다고 한다. 부모나 교사 등 주변의 기대가 클수록, 실패와 좌절의 경험이 있을수록 심해지는 경향이 있다. Sarason(1960)은 시험불안이 높은 학생이 낮은 학생보다 더 자기 자신을 비하시키고 자기에 대해 덜 만족하는 것으로 나왔고, 다른 성격 검사에서도 자신을 부정적으로 기술하였다(이옥주, 2002, 재인용). Pintrich와 De Groot(1990)는 시험불안은 과제수행과 유의미한 부적 상관이 있음을 보고하였다. 이는 시험불안이 높을수록 과제수행이 낮다는 것을 의미한다. Hill과 Wigfield(1984)는 시험불안이 높은 학습자는 과제를 수행하는 데 있어서 시험불안이 낮은 학습자에 비하여 인내심이 부족할 뿐만 아니라 어려운 문제에 직면했을 때 회피하는 경향이 있다고 밝혔다. 이와 같이 시험불안은 과제수행에 있어서 부적절한 반응을 나타내며, 평가에서 효과적인 사고과정을 방해하는 요소라고 볼 수 있다.

노원경(2003)이 중학교 학생의 시험불안에 영향을 주는 요인에 관한 연구를 실시한 결과는 다음과 같다.

시험불안에 영향을 주는 요인

1. 부모의 학업성취압력

시험불안에 부모의 압력이 가장 많은 영향을 미치는 것으로 나타났다. 부모는 학생의 욕구가 학생에게는 압력으로 느껴지므로 적절한 수준에서 자녀의 학습활동에 도움이 되는 기대를 제공해야 한다. 그 기대수준은 자녀의 현재 발달 수준과 지능 등의 지적 능력 및 흥미와 소질을 고려하여 자신 있게 성취할 수 있는 정도를 기대하고 성취감을 맛보게 하면서 기대수준을 점차로 높여갈 수 있도록 계속적인 격려와 기다리는 인내심이 필요하다.

2. 학문적 자아개념

송인섭(1989)의 학문적 자아개념을 학급자아개념, 능력 자아개념, 성취자아개념으로 분류한다. 학급자아개념은 교실 내 활동에서 학생의 학업에 관련된 것에 대한 지각을 나타내고, 능력 자아개념은 학업에 관련된 능력에 대한 평가를 나타내며, 성취자아개념은 실제 학업성취에 관련된 일에 대한 성공과 실패를 나타낸다.

자신에 대해 부정적인 개념을 가지고 있을수록 시험불안이 높다. 따라서 무엇보다도 학생이 스스로 학습에 대한 긍정적인 자아개념을 지각할 수 있도록 가정과 학교에서 도움을 주어야 한다.

시험불안을 감소시키는 방법에는 호이상공법, 사고전환법, 체계적 감감법 등이 있다(김순혜, 김정원, 2006). 호이상공법은 문자 그대로 호흡하고 이완하고, 그리고 상상하고 공부하는 방법이다. 시험지를 나누어 줄 때부터 심호흡을 하고, 자신의 몸을 이완시킨 다음에 가장 행복했던 순간을 떠올리면서 시험문제를 풀기 시작한다.

사고전환법은 자신이 걱정하고 염려하는 일이 쓸데없음을 깨닫는 것이다. 사실 우리가 일상생활에서 겪는 근심, 걱정, 불안은 조금만 정신을 가다듬어 냉정하게 따져 보면 별게 아닌 것이 많다. 잘못되고 비합리적인 생각을 버리면 편안해질 수 있다. 이번에 시험을 잘 보지 못하면 다음에 더 노력해서 잘 보면 된다는 긍정적인 사고가 필요하다.

체계적 감감법은 시험과 관련된 여러 가지 장면을 상상하며 일어나는 불안을 근육을 풀어 주며 감소시키는 방법이다. 시험불안이 높은 아이는 시험 보는 상상만 해도 불안이 고조된다. 그러나 근육이 편안한 상태에서는 시험 보는 상상도 평상시만큼 편안해질 수 있다. 먼저 근육을 이완시켜 놓고 시험 보는 장면을 상상해 보는 훈련을 반복한다. 훈련이 끝나면 시험 보는 장면을 아무렇지 않게 상상할 수 있으며, 이런 경험을 통해 실제 시험 상황에서도 불안이 일어나지 않게 된다.

2. 인지조절

인지조절이란 학습자가 자료를 기억하고 이해하는 데 사용되는 실제적인 전략을 의미한다. 똑같은 능력을 가지고 있고, 똑같은 시간을 투자하여 공부를 하여도 어떤 학생은 더 많은 것을 학습하고 기억하는 것을 볼 수 있다. 이런 이유가 인지전략의 차이에서 오는 것이라 할 수 있다. 인지전략 연구를 살펴보면(김영채, 1990; 이은주, 2001; 한순미, 2004) 자기 효능감의 수준이 높을수록, 학업성취 수준이 높을수록, 학습동기가 높을수록 인지전략을 많이 사용하고 있다고 보고되고 있다.

인지전략은 일반적으로 학습전략과 같은 개념으로 사용되고 있으며, 인지 전략과 상위인지전략으로 구분되고 있다. 상위인지는 학습을 결정하는 중요한 예언변인의 하나로서 1970년대 말부터 연구가 계속되고 있다. 상위인지는 흔히 두 가지 측면을 지칭하는데 첫째, 인지를 지각하고 그 인지에 대해 아는 것이고, 둘째, 인지를 통제하고 조정하는 것이다(Flavell, 1979). 즉, 상위인지란 인지 자체라기보다는 자신의 인지에 관한 지식이며, 자신의 인지과정에 대한 통제와 지적 평가의 결과라 할 수 있다(Brown, 1978). 인지전략에는 시연(rehearsal), 정교화(elaboration), 조직화(organization) 등이 있고, 상위인지전략에는 계획(planning), 점검(monitoring), 조절(regulation) 등이 있다.

인지조절을 구성하는 요인에는 세 가지에는 정교화, 점검, 시연이 있다고 보고 그 자세한 설명은 다음과 같다.

1) 시 연

시연이란 단기기억 속에서 정보가 사라지지 않게 하기 위한 인지전략으로서, 중요한 학습내용을 외우기 위해서 밑줄을 긋거나, 강조를 표시하거나 소리 내어 읽는 것과 관련된다. 시연전략의 예로는 학습할 내용의 중요한 부분에 밑줄을 긋는다거나, 색깔 펜으로 중요하다고 표시를 한다든가 노트필기 하기 등이 있다.

우리의 기억에는 단기기억과 장기기억이 있다. 단기기억이란 새로운 정보가 일시적으로 머무르는 기억으로, 전화번호부에서 본 번호를 전화를 걸기 위해 번호판을 누를 때만 보유하는 기억을 말한다. 장기기억이란 자신의 집 번호와 같이 오랫동안 나의 기억 속에 보유되는 기억을 말한다. 우리의 학습내용도 단기기억에만 머물다가 사라지는 경우도 있고, 단기기억에 걸쳐 장기기억으로 오래 머무르는 경우도 있다. 이처럼 학습내용을 얼마나 잘 외우느냐에 따라 학습내용이 쉽게 소멸될 수도 있고, 오랫동안 자신의 기억 속에 저장될 수 있다. 이와 같은 단기기억에서 장기기억으로 가기 위해서는 시연전략이 필요하다.

대부분의 학생이 중간 및 기말 고사 시험을 보기 전에 많이 사용하는 전략이 시연이다. 얼마나 효과적으로 시연을 잘하느냐에 따라서 성적이 좌우된다. 단순히 읽고 외우는 것보다는 자신만의 노트를 만들어 정리하는 것이 도움이 된다. 하지만 이 전략은 학생으로 하여금 단순히 주어진 내용에만 집중하게 만들어, 이미 알고 있는 내용과의 연관성을 잘 맺지 못하게 하는 문제가 있다. 따라서 다음의 정교화 전략을 알아 두는 것이 중요하다.

2) 점 검

점검이란 자신의 주의집중을 추적하면서 이해 정도를 확인하는 상위인지전략이다. 인지전략을 알고 있다 하더라도 전략 등을 얼마나 효과적으로 잘 사용하고 있는지를 조절, 통제하는 과정이라 할 수 있다. 즉, 자신의 이해 정도를 스스로 평가해 보기, 시험 치는 동안 문제 푸는 속도 체크하기, 자신이 얼마나 학습내용이나 학습의 결과를 기록하기 위해 노력하는 것을 말한다.

이해점검이 어떤 방식으로 연구되어 왔는지의 역사를 보면, '사람이 진행 중인 사고를 인식하고 점검할 수 있을까?' 라는 주제는 심리학의 오래된 관심사였다. 19세기 후반부터 20세기 초기까지 내성법을 통해 의식의 과정을 이해하고자 하였다. 당시의 내성법을 통한 자기보고가 사람의 기억에 대한 지식을 측정하는 제일의 수단이었다. 그러나 언어적 자기보고가 과연 믿을 수 있는 것인지에 대해 문제가 제기되었다. 그래서 새로운 측정방법이 개발되었다. 기억에 대한 점검은 사람들이 자신이 알고 있는 것과 행하고 있는 것의 흔적을 기억 속에 가지고 있을 것이라는 아이디어를 전제로 하고 있다. 즉, 앎의 느낌, 앎과 관련된 수행에 대한 예측, 회상 준비성을 포함한다.

앎의 느낌이란 사람들이 '아! 이 주제에 대해 알 것 같아.' '이 내용은 익숙한 걸.' 이라고 추측하는 것이다. 앎과 관련된 수행의 예측은 자신이 알고 있는 것을 얼마만큼 잘 나타내 보일 수 있을지에 대한 추측이다. 예를 들어 학습자가 한 단원을 공부한 후 중간고사에서 그 과목에 대한 점수가 얼마나 나올지를 예측하는 것이다. 회상 준비성은 습득한 지식을 얼마만큼 회상해 낼 수 있을지에 대한 추측이다. 예를 들어 영어단어를 암송하고 나서 나중에 얼마만큼 회상할 수 있을지를 예측해 보는 것이다(이은정, 2003).

Shaughnessy(1981)는 대학생을 대상으로 단어 회상률을 예측하는 능력을 연구했다. 한 집단은 공부를 하고 짝지어진 단어를 연상하는 테스트를 받았다. 다른 한 집단은 공부를 하고 테스트를 받지 않았다. 그 후 모든 학생에게 추후에 있을 단어 회상 테스트에서 몇 쌍이나 기억할 수 있을지 예측하도록 했다. 결과는 테스트 경험이 있는 학생의 예측이 더 정확한 것으로 나타났다. 또한 그들은 더 많은 단어를 기억해 냈다. 이는 테스트 경험이 점검의 정확성을 강화하는 하나의 요인으로 작용했던 것이다.

Morgan(1986)은 자기점검 방법을 학습에 응용한 실험연구를 하여 의미 있는 결과를 얻었다. 즉, 중간목표를 학습자 스스로가 세워서 학습하는 것이 목표를 세우지 않고 학습하는 것보다 좋은 결과를 나타냈으며, 중간목표를 설정한 효과는 학습에 소모하는 시간 때문이 아니라 소모하는 노력과 시간을 잘 조직하는 데서 나타나는 것이라고 하였다.

글을 읽고 이해하는 과정에서 요구되는 일련의 활동이 제대로 잘 되었는가를 점검하는 활동으로는 읽기의 목적을 분명히 알고 있는가, 읽기 자료의 내용과 사전 지식을 잘 연결시키고 있는가, 중요한 내용에 주의를 기울이고 있는가, 지나간 내용 중 중요한 부분을 잘 기억하고 있는가, 글의 내적 일관성이 있는가 등을 포함하고 있다(김동일, 2005).

자기주도학습에서는 자신이 지금 공부하고 있는 것을 스스로 점검하는 것이 반드시 필요하다. 여기에서 점검이라는 것은 자신이 스스로 정한 목표에 맞게 학습을 적절하게 하고 있는지를 체크하는 것으로, 지금 알고 있거나 외우고 있는 것을 제대로 잘하고 있는지를 파악하는 것이다.

3) 정교화

정교화란 학습자가 학습한 자료를 의미 있게 하기 위해 새 자료를 이전 정보와 관련시켜서 특정한 관계를 지니도록 하는 인지전략이다. 즉, 공부하려는 여러 내용을 서로 분리하여 단순히 외우는 것이 아니라 서로 간에 연결을 형성하여 관련성을 맺는 과정이라 말할 수 있다. 학생은 지금 외우고 있는 정보에만 집중한 나머지 이전의 자료나 다음의 자료를 연결하는 능력이 매우 부족한 실정이며, 이런 공부기술을 가르치는 경우도 거의 없다. 특히 암기과목에서 정교화의 기술이 요구되고 있으며 이런 방법을 사용하면 효율적으로 공부할 수 있다.

김영채(1992)는 시연은 단기기억 속에서 정보가 사라지지 않게 하기 위한 것으로 스스로에게 반복하여 외우는 유지적인 것과 좀 더 복잡하게 재작업하는 정교화 시연이 있다고 한다. 부호화는 배우려는 정보가 장기기억으로 옮겨 가는 것을 말하는데, 정교화 시연에 따라 정보가 얼마나 많이 그리고 빨리 부호화가 되느냐가 결정된다. 정교화 시연이란 자료 내에서 서로 연결을 만들거나 학습하려는 자료와 이미 알고 있는 다른 자료의 내용 사이에 연결을 만드는 과정을 말한다.

정교화를 위한 기법에는 심상화, 질문에 대답하기, 범주 찾기, 위계화 및 보기 등이 포함된다. 인출은 장기기억의 정보를 활성화시켜 단기기억으로 끄집어 내가는 것을 말한다. 이렇게 활성화된 정보는 정교화 시연이나 비판적 사고에서 필수적인데, 이를 통하여 학습이 풍부해지고 쉬워질 뿐만 아니라 어떤 지식을 인출하여 활용하느냐에 따라 무엇을 학습하게 되느냐가 결정된다.

표 2-1   기억술의 유형과 예

기억법	설　명	예
장소법	거실의 의자, 소파, 전등 및 탁자와 같이 익숙한 환경의 특정 장소에 심상을 연결시키기	7개의 원소를 순서에 따라 수소는 의자, 헬륨은 소파, 리튬은 전등과 같은 방법으로 기억
페그 워드법	숫자를 사용하여 '하나-하늘,' '둘-둘리' 와 같이 운을 만들어 외워야 할 내용과 연결시켜 기억하기	야채가게에서 당근과 오이를 구입하기 위해 하늘 위에 떠 있는 당근의 모습과 둘리가 오이를 먹는 장면을 기억했다가 이를 구입
연결법	시각적으로 기억해야 할 항목을 연결시켜 기억하기	학교에 가지고 갈 물건을 기억하기 위해 학생은 책과 공책, 펜을 고무줄을 묶은 모습을 시각화
핵심어법	익숙하지 않은 단어를 단어의 운과 심상을 연결하여 기억하기	스페인어로 밀의 의미인 'trigo' 를 기억하기 위해 영어 'tree' 발음을 이용하여, 나무에서 튀어나와 있는 밀한 단을 시각화
두문자법	기억할 항목의 첫 글자를 따서 한 단어를 만들어 기억하기	미국 대통령(Washington, Adams, Jefferson, Madison, Monroe, Adams)을 기억하기 위해 와즈마(Wajmma)라는 인위적 단어를 만들어 외우기

출처: 신종호 외 역(2006). 교육심리학. 학지사.

학습 내용을 유의미하게 하는 방법으로는 마인드맵이나 기억술, PQ4R 등이 있다. 기억술이란 학습할 지식을 친숙한 정보에 연결시키는 것이다. 다음은 기억술의 유형과 예를 설명하고 있다.

그리고 Robinson과 Thomas가 만든 PQ4R은 학생이 교재나 책 읽기과제를 효율적으로 할 수 있는 방법이다. 개관하기(Preview), 질문하기(Question), 읽기(Read), 곰곰이 생각해 보기(Reflection), 암송하기(Recite), 복습하기(Review) 등의 절차를 포함하는 것으로 약호화하여 PQ4R이라 부르고 있다. 단계의 절차는 다음과 같다(김정희 외역, 2004).

PQ4R의 단계

■ 개관하기(Preview)

독서를 하기 전에 그 장의 주제가 무엇인지 살펴보고, 그것이 담고 있는 내용이 무엇인지 개략적으로 알아보는 과정이다. 각 장의 제목을 살펴보고 그 장의 일반적인 주제를 파악한다.

■ 질문하기(Question)

앞에서 살펴본 각각의 장이나 절의 제목을 읽고 그에 대한 질문을 해 보는 것이다. 어렵게 생각하지 말고 간단한 것부터 질문해 나가는 습관이 중요하다. 만약 주제가 '고정관념'이라면 질문은 '고정관념이란 무엇인가?'부터 시작하는 것이다. 이런 질문을 하면 적극적으로 자기가 읽고 있는 바에 관여하게 되고 중요한 아이디어를 확인할 수 있도록 도움을 받게 된다.

■ 읽기(Read)

이 세 번째 단계에서야 독서에 빠져들 준비가 되는 시기다. 정말로 관심을 가지기로 결심한 특정 부분만을 읽고, 방금 질문했던 부분의 답을 알기 위해 읽어 나가는 것이다. 만약 필요하다면 자신의 질문에 대한 답을 할 수 있을 때까지 연결되어 있는지를 살펴보고 그것에 대한 답을 찾도록 하는 것이 중요하다.

■ 곰곰이 생각해 보기(Reflection)

교재를 읽으면서 이해하거나 아는 지식과 관련 짓는 등 읽은 내용을 진지하게 숙고하는 것이다. 책을 읽으면서 실례를 생각해 보거나, 자료의 심상을 머릿속에 그려 보도록 한다. 지금 읽고 있는 것과 이미 알고 있는 것을 정교화시키고 연관시켜 보는 것이다.

■ 암송하기(Recite)

이제 자신이 그 부분의 핵심 질문에 응답할 수 있다면 이를 큰 소리로 암송하는 것이다. 그 답에 대한 자신의 답을 사용하는 것이다. 왜냐하면 이는 단순히 외우는 것 대신에 이해를 요구하기 때문이다. 지금 외우고 있는 부분의 주요 아이디어를 이해할 때까지는 다른 부분으로 넘어가지 말고, 첫 번째 부분을 충분히 소화시켰을 때 다음 부분으로 가도록 한다.

■ 복습하기(Review)

읽고자 한 장을 다 읽었을 때 중요한 부분을 되짚으면서 자신의 기억을 상기시키고 시험해 보는 것이다. 책이나 노트를 보지 않고 자신의 질문에 대답하고 이를 복습하는 것이다. 이런 복습은 주요 아이디어에 대한 기억을 강화시키고 당신이 마스터하지 못했던 주요 아이디어를 일깨운다.

3. 행동조절

행동조절 요인은 학습자가 자신의 학습을 성공적으로 이끌기 위해 가장 적합한 학습 환경을 선택하고, 구조화하며, 창조하는 것을 의미한다. 자기 스스로의 행동을 의지적으로 통제하고, 시간을 조절하며,

도움이 필요할 경우 적극적으로 요청할 수 있는 능력을 말한다.

실제로 학생은 자신의 학습활동을 유도하고, 다른 행동을 통제해 가면서 학습행동을 유지할 필요가 있다. 연구자는 높은 동기가 실제 행동의 충분조건이 되지 못한다는 이론적 근거하에 몇몇 측면의 학습 행동의 중요성을 말하고 있다. 행동통제, 도움 구하기, 시간관리가 그것이다. 우선 무엇보다도 학습을 진행해 나가기 위해 텔레비전을 본다든지, 친구와 어울리고 싶은 유혹을 극복할 필요가 있다. 반면에 도움 구하기는 자신의 힘으로 해결하기 어려운 과제에 직면했을 때 나타나는 학습행동으로서 자기주도학습자는 이런 상황에서 좀 더 잘 아는 사람을 찾아 그들에게 도움을 구하는 행동이나 스스로 학습 자료를 찾아나서는 적극적인 행동을 보여 주게 된다(봉갑요, 2005). 행동조절 요인은 시간과 공부 조절, 노력조절, 학습행동 조절로 분화되어 있다.

1) 시간과 공부 조절

시간과 공부 조절이란 학습자가 자신의 학습시간과 공부방법을 효과적으로 조절하는 것을 의미한다. 부족한 과목이 무엇이며, 그 부족한 과목에 대해 시간을 더 투자한다거나 공부방법을 달리 해 보는 등 자신만의 전략을 구사하는 것이다. 시간관리를 잘할 수 있는 방법은 무엇인가?

첫 번째는 자신의 시간활용을 점검하는 것이다. 더 나은 시간관리를 위해서 자신이 지금까지 하루 또는 일주일의 시간을 어떻게 활용하고 있었는가를 점검하는 것이다. 우선 '어제의 나' 또는 '일주일 동안 내가 한 일'을 시간대별로 표를 만들어 나열하는 것이다. 그리고 자신이 시간을 어떻게 보내고 있었는가를 보면 된다.

이는 자신이 쓸데없이 소비하고 있었던 시간이 매우 많음을 알 수 있고, 많은 시간을 잘 활용해서 사용하고 있지 않았던 것을 깨달을 수 있다. 특히 어느 시간대는 내가 무엇을 했는지조차 생각이 나지 않을 때도 있다. 학생의 경우, 학교생활과 학원 또는 과외시간을 제외하고는 자기 혼자 공부하는 시간이 거의 없음을 볼수 있다. 흐지부지하게 보낸 시간을 다 모으면 몇 시간이 되는가?

두 번째는 자신만의 계획표를 작성하여 공부를 하는 것이다. 성공한 사람을 살펴보면, 시간을 매우 효율적으로 사용한 것을 볼 수 있다. 자신만의 계획표를 짜서 실천했으며, 만약 지키지 못했을 때에는 스스로를 채찍질을 해 가면서 반성한 것을 알 수 있다.

시간관리 프로그램을 통하여 학생은 구체적으로 자기 생활을 능동적으로 분석하고 의미 있는 목표를 세우며, 이를 실천할 수 있도록 자기 생활과 활동을 통제하고 관리하여 진정한 의미에서의 시간관리를 실천할 수 있다. 그러므로 기대되는 실제적인 효과로는 학업만족도를 높이고, 학업성취를 올릴 수 있는 기반을 제공하고, 역할혼미 지각을 줄이며, 스트레스에 따른 소진을 예방하게 되고, 더 나아가 자기효능감과 자아개념을 높여 긍정적인 삶의 태도와 자신감을 갖게 한다(김동일, 2004).

우리도 처음부터 너무 무리하게 시간을 잡는 것이 아니라, 자신의 목표에 알맞게 계획표를 작성하는 것이 중요하다. 계획표를 짜 본 경험은 누구나 다 있다. 초등학교 때부터 우리의 방학숙제가 일일계획표를 짜서 실천하는 것이었다. 그렇지만 그것을 제대로 실천해 본 적이 있는가? 이유는 무엇일까? 뚜렷한 목표가 없어서다. 매월, 매주, 매일의 목표를 설정하여, 그 목표에 맞게 계획을 짜서 계획된 일을 잘하고 있는지 스스로가 평가하는 것이 중요하다.

2) 노력 조절

노력 조절이란 학습자가 과제를 수행하기 위해 학습자 스스로 노력을 분배하여 관리하거나 필요한 도움을 요청하는 등 학습을 수행하기 위해 노력하는 것을 의미한다. 학습 시 곤란한 상황이 있거나, 모르는 것이 나왔을 때는 학습을 효율적으로 하기 위해서 자신보다 더 유능한 친구나, 선생님, 부모의 도움을 적극적으로 받을 필요가 있다.

모르는 것이 나왔을 때 창피해서 그냥 넘어가거나, 수동적으로 도와주기를 기다리는 학생은 학습에서 성공할 수가 없게 된다. "승민이 같은 경우에는 모르는 것이 나오면 관련 서적을 찾아보거나 인터넷 검색을 해서 해결한다고 하였다."

Karabeck과 Knapp(1988; 1991)은 도움 구하기 행동과 도움의 필요성 간의 관계를 연구한 결과, 중간 정도의 성적을 가진 학습자가 가장 빈번하게 도움을 구한 반면에, 성적이 아주 우수하거나 아주 낮은 집단은 도움을 거의 요청하지 않았다. 또한 다양한 학습전략을 사용하는 학습자는 도움 구하기 행동도 더 빈번하게 사용하였다. 뉴만 Newman(1990)은 아동이 어려운 과제에서조차 도움을 구하지 않는 이유가 무엇인가를 탐구하면서 도움에 대한 태도가 도움 구하기 행동을 매개하고 있음을 확인하였다. 도움을 구하는 행동이 친구에게서 부정적인 반응을 초래한다고 생각하는 학생은 질문하는 행동을 꺼렸고, 질문이 학습에 도움이 된다고 생각하는 학습자는 더 많은 질문을 하였다(한순미, 2004, 재인용).

3) 학습행동 조절

학습행동 조절이란 학습자가 자신의 학습 행동을 조절하는 것을 의미한다. 이것은 학습자가 공부하는 데 있어서 방해요소를 차단하는 것으로 주의집중을 의미한다.

사람들은 집중력이 선천적으로 결정된 것이거나 지능과 관련된다고 생각하는 경향이 있다. 아이슈타인이나 에디슨 등은 문제의 해결을 위해 오랜 시간 집중할 수 있었던 사람이다. 집중을 잘하는 사람일수록 심리학자 Csikszentmihalyi(칙센트미하이)가 '몰입(flow)'이라고 부르는 유쾌한 기분을 자주 느끼게 된다. 그러나 천재만이 오랜 시간 동안 그들의 능력을 높은 수준으로 유지한 채 일할 수 있는 것은 아니다. 집중력이 현저히 좋은 사람 가운데는 훈련을 통해 집중력을 키운 사람이 많고 이들 또한 높은 성취를 보인다(한순미, 2004).

학습하는 데 주의가 분산되는 것은 외부요인과 내부요인으로 나뉠 수 있다. 외부의 요인으로는 소음이나 자극, 친구와 같은 요소가 있을 수 있는데, 외부요인에 의해 주의집중이 되지 않을 때에는 학습에 방해하는 자극을 멀리하거나 제한하는 등 학습 환경에 변화를 주는 방법이 있다. 공부를 해야 하는데 컴퓨터 오락이 자꾸 생각이 나서 집중

집중력을 높이는 방법(한순미, 2004)

1. 집중할 시간을 만든다.
2. 방해요인을 없앤다.
3. 마음의 준비를 한다.
4. 적절한 휴식시간을 갖는다.
5. 적합한 공부장소를 찾는다.
6. 학습하기 좋은 환경을 만든다.
7. 두뇌 활동을 충분히 할 수 있는 과제를 찾는다.
8. 학습을 놀이처럼 만든다.
9. 배운 것을 나중에 누군가에게 이야기할 계획을 갖는다.
10. 시간을 효과적으로 활용한다.

이 되지 않는다면 도서관을 이용하거나, 컴퓨터를 거실로 옮기는 방법 등을 생각해 볼 수 있다. 내부요인으로는 여러 가지 잡념이나 동기 부족으로 설명될 수 있다. 여러 가지 생각으로 인해 공부에 집중하지 못할 때는 명상을 하거나, 아니면 자신의 뚜렷한 목표를 다시 한 번 생각해 봄으로써 공부에 집중할 수 있도록 조절하는 것이 필요하다.

송인섭의
자기주도학습모형

1. 자기주도학습의 중요성

현대사회는 지식의 축적과 보급이 고도로 발달하고 지식의 증가가 가속화된 지식기반사회로서 무형의 자산인 지식의 보유 여부가 개인과 조직의 가치를 결정하는 사회다. 그러므로 사회구성원은 급변하는 사회 속에서 새로운 지식의 습득과 창조를 위해 끊임없이 변화해야 한다. 이제는 가르치고 배우는 활동이 엄밀하게 이분법적으로 구분되어 교사는 가르치고 학생은 학습하는 것이 아니라 모든 사람이 평생토록 자신의 학습을 주도하고 관리하는 평생학습자이자 지식의 생산자가 되어야 한다.

자기주도학습은 한 개인이 처한 사회·문화적 환경의 상황과 관련해서 논의되므로, 자기주도학습이 진공상태에서 논의될 수 없다는 말이다. 그러므로 자기주도학습의 기본구조는 동일하나 강조점은 시간과 상황에 따라 달라질 수 있다.

정보산업사회라는 시점과 상황에 비추어 볼 때 21세기에 있어서의 자기주도학습은 20세기와 시간의 연속선상에 있지만 많은 차이가 있다. 이는 인간의 개성과 생산성이 요구되는 사회이고, 이 같은 개성의 존중과 개인의 창의력에 대한 요청은 다가오는 역사와 사회체제 속에서 불가피하기 때문이다.

21세기의 특징 중 하나는 이른바 제2의 물결 시대에 적합했던 표준화된 하드웨어 생산과는 달리 제3의 물결 시대의 소프트웨어 생산이고, 자유시장체제와 민주주의가 더욱 활성화된다는 점이다. 이 같은 시대적 요구는 탈표준화를 요청하고 동질화보다 개성의 차이를 존중하는 시대를 이끌 것이다. 결국 21세기는 개성과 창의성을 발휘해야만 개인과 사회가 함께 발전할 수 있는 시대라고 볼 수 있다. 이런 사회구조 속에서는 한 개인이 자생적으로 무엇을 만들어 낼 수 있느냐의 자기주도적인 사고와 자기주도적인 학습태도가 필요하다.

더 나아가 학교는 팽창하는 정보와 지식을 능숙하게 처리하고 자신이 가지고 있는 지식을 효율적으로 관리할 수 있는 능력을 학생에게 길러 주어야 한다. 즉, 교수-학습의 방법이 교수-학습의 내용만큼 중요하기 때문에 직접 가르치는 것을 줄이고, 학습자 스스로 선택하고 조직할 수 있는 방법을 모색해야 하는 중요한 시점에 와 있다.

2001년부터 중·고등학교에서 시행되고 있는 제7차 교육과정에서도 공통적으로 학교교육을 통하여 자기주도적인 학습 능력을 갖춘 인간 양성(교육인적자원부, 1997)을 핵심 과제로 삼고 있는 점도 이와 같은 변화에 부응하려는 노력이라고 볼 수 있다.

이렇듯 자율적인 학습자에 대한 교육적 요구가 급증하고 있지만 현재 한국교육에 팽배해 있고 교육현장의 문제로 대두되고 있는 사교육은 타인 지향적이고 타인에 의해서 주어진 지식을 단순히 접수하는 타율적인 교육에 집중하고 있다. 이런 교육은 창의적이고 스스로 생각하는 교육의 가능성을 극소화하고 타율지향적인 학습을 고착시켜 자신의 잠재력을 발휘할 수 있는 자아실현에의 기회를 제한한다. 실제로 학원 위주의 타율적인 교육에 익숙했던 학생은 학습에의 자율권이 주어지는 대학 신입생 시기의 학업에 대해 많은 어려움을 호소하고 있으며, 자기주도적인 학습을 통해 능동적인 사회 구성원으로서의 역할을 준비해야 하는 중요한 시기에 자신의 정체성에 대한 혼란을 하게 되고, 자신의 장래에 대한 계획을 세우는 데 어려움을 보이고 있다.

이런 타율지향적인 한국교육의 문제를 해결하고 창의적이고 생산적인 인간상을 목표로 자기주도학습의 현장적 적용을 시도하는 송인섭이 제시하는 교육접근방법이 바로 자기주도적 학습이다. 한국사회의 교육문제에서 학원중심의, 타인지향적인 학습방법을 지양하고 스스로 학습하는 방법을 극대하고자 하는 교육접근법이다.

이런 자기주도학습은 한국 교육의 패러다임을 바꿀 수 있는 교육접근방법이라고 볼 수 있다. 자기주도적 학습을 통해 개인 학습자는 21세기에 요구되는 한 개인의 성장과정에 필요한 자생적 사고를 촉진시킬 뿐만 아니라 생산성을 극대화시킬 수 있을 것이다.

송인섭의 자기주도학습모형은 가정, 학습, 사회환경에서 출발한다. 이런 환경의 영향을 받아 학교학습에 참여하는 학습자는 긍정적 자아개념을 바탕으로 학습자 스스로 자신의 학습행위를 하고 자신의 학습요구를 진단하며 자신의 학습목표를 설정하여, 학습에 필요한 인적·물적 자원을 확보하고 적합한 학습전략을 선택, 실행하여 성취한 학습결과를 스스로 평가할 수 있는 자기주도적 학습능력을 갖추도록 돕는 것이 송인섭의 자기주도학습모형의 목적이다.

그러므로 교육현장에서 교사는 학생에게 다양하고 풍부한 지식을 전달하는 것뿐만 아니라 그런 지식과 기술을 습득하여 자신의 문제를 스스로 진단하고, 해결할 수 있는 능력을 길러 줘야 한다. 이제는 '고기를 잡아 주기' 보다는 '고기 잡는 방법 가르치기' 에 더 주안점을 두어야 한다. 대학입시에 치중하는 우리나라 교육현실에서 이런 교육방법을 운용하는 데 어려움이 있을지 모르겠으나 21세기를 준비하는 평생학습자로서 학생 스스로가 학습의 주인이 되어 학습에 동기화될 수 있으며, 학습에 방해가 되는 요인을 제거하고, 자신의 학습을 스스로 통제할 수 있는 능력을 기르는 것은 단기간에 걸쳐서는 학업향상을 이끌고, 장기적으로는 자생적인 평생학습자로서의 가능성을 제시하는 학습방법으로, 궁극적으로는 학습자의 이상적인 자아실현을 이끄는 송인섭의 자기주도학습모형이 될 것이다.

2. 송인섭의 자기주도학습모형의 이해

학습자가 자생적으로 자기주도적 학습을 할 수 있는 능력을 길러

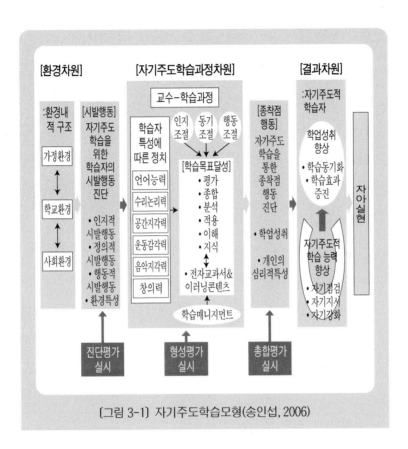

[그림 3-1] 자기주도학습모형(송인섭, 2006)

주기 위해 송인섭(2006)은 자기주도학습모형을 [그림 3-1]과 같이 형
상화하였다.

이 모형은 학습자의 자기주도학습에 대한 전반적인 이해의 틀을
제공하기 위해 크게 세 부분, 자기주도학습이 이루어지기 전에 개인
이 갖는 배경변인으로서의 '환경차원', 학습자가 다양한 교육환경과
의 상호작용 과정에서 이루어지는 자기주도학습에 초점을 두는 '자기
주도학습과정차원', 자기주도학습을 통한 교육적 효과로서의 행동특

성 변화에 초점을 두는 '결과차원'으로 구분하여 제시한다.

자기주도학습모형은 먼저 자기주도학습이 이루어지기 전에 학습자가 갖는 개인의 가정환경, 사회환경, 학교환경의 상호작용에 의해 영향을 받아 형성된 학습자의 시발행동을 진단한다. 학생의 시발행동에 대한 진단결과는 학습자가 자기주도학습을 하기 전에 한 개인이 갖는 다양한 특성을 분석하여 학습자가 자기주도적으로 학습할 수 있도록 사전정보를 획득하는 과정일 뿐만 아니라 학습자의 특성에 적합한 교수–학습과정에 정치(placement)하게 한다. 한 학습자는 한 학습자의 고유한 적성을 가지고 태어난다. 그 적성이 무엇이냐에 따라서 우리는 미래의 성취를 극대화할 수 있다.

자신의 특성에 맞게 정치된 학습자는 교수–학습과정에서 개인의 인지적 특성에 맞게 학습목표를 설정하고 학습동기를 유발하고, 학습이 이루어지는 과정에서 학습에 방해가 되는 요인을 적절히 통제하고, 학습과제에 따라 적절한 인지전략을 사용하여 학습목표를 달성하게 한다. 이런 교수–학습을 통해 학습자는 최종적으로 학습내용을 숙달하고 학업성취향상을 가져오게 된다. 또한 성공경험을 통한 학습에 대한 자신감을 갖고 긍정적인 자아개념을 형성하게 될 것이다. 교수–학습과정에서 각 단계별로 학습자는 형성평가를 통해 자기의 학습에 대한 점검을 할 수 있으며, 이런 자기점검은 학습내용 숙달할 뿐만 아니라 학습의 효과를 극대화할 수 있다.

마지막으로 자기주도학습을 통한 교육적 효과로서 학습자의 행동특성을 확인하는 종착점행동에 대한 점검을 받게 된다. 최종적인 성취도 평가를 통해 자신의 학습에 대한 피드백을 받게 되고 이를 통해 자신의 학업성취를 극대화할 수 있다. 이런 성공경험은 다음 학습으로 긍정적으로 전이되고 지속적인 학업향상을 가져올 뿐만 아니라, 자생적으로 학습하는 자기주도적 학습자로서의 특성을 갖게 된다.

1) 자기주도학습과 환경

'환경차원'은 개인의 배경변인으로서의 교육환경을 의미한다. 환경은 인간행동에 영향을 주는 원천적이고 기본적인 차원으로 개인을 둘러싸고 있어 그 개인에게 외부로부터 작용하는 생리적·생물학적·정신적·사회적인 모든 형상을 통칭하는 것으로 정의할 수 있다.

인간은 태어나면서부터 죽음에 이르기까지 환경적 맥락 속에서 계속 자신을 변화시키면서 성장하는 존재로 인간 행동특성의 '변화'는 개인이 지닌 특성과 환경과의 상호작용에 의해 결정된다. 개인의 환경맥락에 대한 이해와 탐색 없이는 인간행동의 변화를 이끌 수 없다. 그러므로 자기주도학습의 출발점도 환경에서부터 시작된다.

자기주도학습은 학습자 자신의 교육환경을 정확히 이해한 후 그 강점과 약점의 정확한 정보에서 출발할 수 있으며, 학습자와 교육환경 간의 조화로운 상호작용에 의하여 성공적인 자기주도학습의 목적을 달성할 수 있다. 그래서 자기주도학습에 방해가 되는 환경요인을 찾아 다양한 방법으로 학습자가 그 요인을 제거하도록 돕는 과정을 갖게 된다.

자기주도학습에 영향을 주는 환경은 크게 가정환경, 학교환경, 사회환경으로 구분될 수 있는데, 이 중 가정환경은 인간이 경험하는

1차적 환경이며, 일생 중 장기적으로 가장 중요한 영향을 미친다. 또한 가정환경은 학교환경이나 사회환경보다 인간형성 과정에서 환경의 영향을 가장 크게 받는 어린 시절과 더욱 밀접한 관계가 있다는 점에서 강력환경(powerful environment)이라고도 한다(정원식, 1989; Song, 1982). 이처럼 가정은 생애 초기의 직접적인 환경이기 때문에 아동발달과 교육에서 그 어떤 환경보다도 강력한 영향력을 행사하며, 개인의 모든 특성과 인성이 길러지는 곳이기도 하다(여광응 외, 1992).

　이와 같은 가정환경을 Wolf(1964)는 지위환경(status variable)과 과정환경(process variable)으로 구분하였다. 지위환경은 고정된 가정배경 요소로서 교육, 지능, 직업, 학력, 수입, 주거지 등을 의미하고, 과정 환경은 부모와 자녀의 상호작용 과정에서 나타나는 여러 특징적 요소를 포괄하고 있는 개념이다. 즉, 지위환경이란 가정의 경제적 상태, 사회적 지위, 문화적 상태에 따라서 계층을 나눌 수 있을 때 그 계층을 이루는 독특한 구성요소를 의미하고, 과정 환경이란 성취동기를 위한 압력, 언어발달을 위한 압력, 그리고 일반학습을 위한 기회 제공을 의미한다. 여기서 성취동기를 위한 압력이란 아동에 대한 지적 기대의 성질, 아동에 대한 지적 포부의 성질, 아동의 지적 발달에 관한 지식의 양, 지적 발달에 대한 보상의 성질을 말하고, 언어발달을 위한 압력은 여러 장면에서의 언어사용의 강조, 어휘력을 증가시키기 위한 기회제공, 언어사용의 정확성의 강조, 언어모델의 질을 의미하며, 일반학습을 위한 기회 제공이란 가정에서 학습을 할 수 있도록 준비된 기회, 가정 바깥에서 학습할 수 있도록 준비된 기회, 학용품의 이용도, 책, 정기간행물, 도서시설의 이용도, 여러 장면에서 학습을 자극하는 협조의 성질과 양을 의미한다.

Dave(1963)는 가정의 과정환경을 성취압력, 가정의 언어모형, 학습조력, 가정의 활동성, 가정의 지적 활동, 가정의 작업습관으로 분류하였다.

국내에서는 한국행동과학연구소(1973)에서 Wolf(1964)의 분류를 수정하여 성취동기를 위한 압력, 언어발달을 위한 압력, 정의적 지원으로 분류하고 있다. 또한 송인섭(1982)은 문헌연구를 토대로 가정환경을 지위환경과 과정환경으로 분류하고, 과정환경에 성취압력, 가정의 활동성, 학업에 대한 부모의 관심, 자녀의 학교생활과 능력에 대한 평가 및 양육태도를 포함시키고 있다.

정범모와 이성진(1993)은 가정환경을 지위환경, 구조환경, 과정환경으로 분류하고, 지위 환경을 물리적 환경과 가정의 정적 환경으로 분류하고, 구조환경이란 문화적 상태, 영양 및 위생상태, 언어모형, 생활공간, 강화체제, 가치 지향성, 학습체제, 집단특성 등과 같이 개인에게 작용하는 외적 조건과 자극이 일정한 규칙에 의해 조직되어 체계화되어 있는 구조적 상태를 의미한다. 그리고 과정환경이란 외적자극과 조건이 조직화된 체제가 개인과의 상호작용에서 일어나는 분위기 또는 풍토를 말한다.

위에서 논의된 가정환경의 분류와 송인섭(1982)의 입장을 통합하여 자기주도학습에 영향을 미치는 가정환경을 자녀에게 영향을 미치는 가정의 모든 조건과 자극과 그 작용을 말하는 것으로 개념화하고, 여기서는 지위환경과 과정환경으로 분류하였다. 개인이 갖는 가정환경에 대한 이해는 한 학습자가 자기주도학습을 할 수 있는 교육환경을 극대화시키고 환경의 문제점을 파악하여 이를 치유함으로써 학습자가 자기주도학습을 할 수 있도록 환경 조성을 하는 데 있다.

(1) 가정의 지위환경

가정의 지위환경이란 가정의 비심리적인 물리적 특성으로 학습자의 가정환경 중 기본적인 배경변인인 물리적 환경의 측정치로 출생순위, 형제자매의 수, 부모의 사회경제적 지위를 의미한다.

(2) 가정의 과정환경

가정의 과정환경이란 가정의 구조적 환경 및 심리환경으로 부모와 자녀간의 상호작용 변인을 의미한다. 한 인간의 성장과정에서 부모의 태도와 관심, 학생에 대한 평가, 각 상황에서 주어지는 보상과 벌의 체제는 학생의 교육에 다양한 영향을 끼치게 된다.

① 교육활동에 대한 부모의 관심

자녀가 교육활동을 하는 동안 부모가 어느 정도의 교육적 지원을 할 수 있는지의 여부, 혹은 얼마나 교육적인 환경을 마련해 주는가의 정도와 아동에 대한 부모의 교육적 지도노력의 정도를 의미한다. 능률적이고 효과적으로 학습하는 아동의 뒤에는 아동의 교육활동에 관심을 기울이는 부모가 있고, 이를 통해서 학생의 교육적 성취는 증대될 수 있다. 예를 들어 아동이 자율적으로 학습활동을 선택하고, 실천할 수 있는가 아니면 부모의 엄격한 통제하에서 이런 활동이 일어나는가 등을 확인하는 것이다.

② 정적 심리적 지원

정적 심리적 지원이란 가정에서 자녀를 얼마나 따뜻하게 대해 주며 소중하게 여기고 있는가 그리고 자녀의 여러 가지 지적 행동에 대해 어떤 관심을 보이고 정서적 지원을 하는가, 또한 자녀가 정서적으로 안정되도록 얼마나 잘 보살펴 주느냐 하는 것에 대한 정보를 나타낸다.

③ 학교생활과 능력에 대한 평가

아동의 학교생활과 능력에 대한 평가란 부모가 아동이 학교생활을 어떻게 하는가와 교육적 활동에 있어서 얼마나 스스로 학습할 수 있는 능력이 있는 정도를 파악하고 그리고 그에 대해서 도움을 줄 수 있는가를 의미하는 것으로 학교생활과 학습자의 능력에 대한 평가는 아동이 얼마나 학업에 잘 적응할 수 있는지에 대한 부모의 신념의 정도에 대한 정보를 나타낸다.

④ 부모의 교육에 대한 기대

부모의 교육에 대한 기대란 부모의 자녀에 대한 지적 성취 기대수준 정도로, 자녀의 교육문제와 장래문제에 큰 관심을 두며, 자녀에게 다른 아동보다 무슨 일이든지 좀 더 잘할 수 있게 노력하도록 지도하고 격려하는 것을 의미한다. 예를 들어 학교생활에 있어 부모가 자녀에게 어느 정도의 성취를 해야 한다고 생각하고 있는지, 학교생활에서 무엇을 중요하게 생각하는지를 보여 준다.

자기주도학습의 성공은 학습자 개인 변인과 교육 환경 변인의 연결점을 찾는 것이 그 출발점이라고 할 수 있다. 학습자가 갖는 교육환경의 강점과 약점에 대한 정보는 학습을 시작하기 전에 학습자가 갖는 교육환경에 대한 정보를 제공하여 효과적인 학습을 위한 기반을 제공한다.

인간의 행동변화는 환경의 상호작용에 의해 결정되고, 특히 가정환경은 인간이 경험하는 일차적인 환경으로 개인의 발달과 교육적 측면에서 매우 강력한 환경변인이다. 학부모가 학생의 능력에 대해 어떤 평가를 하는지, 교육활동 전반에 대해 어떤 기대를 가지고 있는지는 학습자의 심리적 · 인지적 과정에 큰 영향을 미치는 요인이다. 그러므로 학습자에 대한 학부모의 경제적 · 정서적 지원과 학부모와 학생 간의 상호작용에 대한 상세한 정보는 자기주도적 학습의 성공을 위한 시작이라고 할 수 있다.

2) 자기주도학습과정

'자기주도학습 과정차원'은 개별학습자가 스스로 자신의 학습에서 스스로 자신의 학습요구를 진단하고 자신의 학습목표를 설정하며, 학습에 필요한 인적 · 물적 자원을 확보하여 적합한 학습전략을 선택, 실행하여 성취한 학습결과를 스스로 평가하는 과정과 활동을 수행하는 과정이 송인섭의 자기주도학습모형의 핵심이라 할 수 있다.

이런 자기주도학습과정 차원은 다시 자기주도학습이 이루어지기 이전에 학생이 갖는 행동특성으로서의 학생의 '시발행동', 자기주도학습이 이루어지는 '교수–학습 과정', 자기주도학습을 통한 변화된 행동특성으로서의 '종착점 행동'으로 구분할 수 있다.

　자기주도학습은 환경의 영향을 받아 결정된 학습자의 '시발행동'을 진단하고 진단결과에 따라 학습자를 적절한 교수－학습과정에 배치할 뿐만 아니라 자기주도학습을 할 수 있는 심리적·환경적 자극을 극대화하는 단계에서부터 출발한다. 개별학습자가 갖는 교육환경과 학습하는 방법, 선행학습수준, 인간행동의 중요한 원동력인 자아개념의 정도에는 개인차가 있다. 학습자의 학습능력 수준에 알맞게 학습활동을 개별화하여 학습목표의 달성을 촉진하기 위하여 학습매니저는 학습자의 시발행동을 정확히 이해하여 학습결과를 극대화시키도록 노력을 하여야 한다. 그러므로 학습자의 특성에 대한 정확한 진단이 이루어져야 하며, 진단 결과에 따라 매니저는 학습자에게 적합하고 타당한 교수－학습활동이 이루어지도록 한다.

　실제 학습이 이루어지는 교수－학습과정에서는 학습자의 특성에 따라 적절한 교육환경과 적절한 동기, 인지, 행동조절전략이 투입되어 특정 교과의 학습목표를 달성하게 된다. 이런 학습과정 중 학습자는 형성평가를 통해 자신의 학습내용과 학습과정에 대한 자기점검 기회를 갖게 되고 피드백이 이루어져 학습목표 달성 수준을 확인하며 학습의 효과를 극대화하게 된다.

　자기주도학습을 통해 달성하고자 하는 최종적인 행동변화가 이루어지는 '종착점행동'은 학습목표의 달성을 통한 학습내용의 숙달과 학습성취 향상을 통한 학습효과의 극대화로 이어지는데, 이런 학업향상은 다른 교과로 전이되고 지속적인 학습향상을 가져오게 된다. 다른 모든 학습과정에서와 마찬가지로 이 과정에서도 성취도 평가를 통해 학습자의 학습에 대한 피드백이 이루어진다.

이런 자기주도학습과정 차원을 통해 학습자는 스스로 공부하고 스스로 지식을 생산하는 자기주도적 학습능력을 기르게 된다.

(1) 시발행동

① 시발행동

새로운 지식이나 기술 혹은 특정교과를 효과적으로 학습하기 위해서는 학습자가 지적 · 정의적 그리고 기능적으로 사전에 일정 수준의 능력을 가지고 있지 않으면 아무리 효과적이고 체계적인 교수 – 학습이 이루어진다고 하여도 학습목표를 달성하기 어렵다(변영계, 2003). 그러므로 학습이 이루어지기 전에 학습자가 특정 교과나 과제를 학습할 준비가 되어 있는지를 확인하고 점검하는 것은 효과적인 학습의 출발점이다.

자기주도학습과 관련하여 시발행동은 학습자가 갖는 인지적 · 정의적 행동 특성뿐만 아니라 환경적 요인과 학습자의 학습하는 방법 그리고 학습자가 학습에 관해서 자신이 가지고 있는 자아개념을 모두 포함하는 총제적인 의미다.

지금까지 학업에의 성공을 결정하는 주요 요인은 지능이 절대적이라고 보는 견해가 지배적이었다. 일반적으로 교육이나 학습은 성질상 대부분 인지적 성질을 띤 어떤 선행학습의 누적 위에서 이루어지고 학업성취 변량의 40% 내외를 설명하는 변인이 바로 학습자의 인지적 시발행동이다.

자기주도학습을 성공적으로 이끌기 위해서는 학습하는 방법이 어떤가가 중요한 변인이다. 이를 위하여 송인섭의 자기주도학습에서는 자아학습방법검사를 통하여 학습자가 어떤 방법으로 학습을 하고 있느냐에 대한 정보를 얻음으로써 학습자가 스스로 학습할 수 있도록 다양한 방법을 통하여 상담시스템을 가질 것이다.

더 나아가 학습과 동기에 대한 연구가 계속되면서 여러 연구자와 교육자는 학습자가 자신의 인지, 동기, 행동을 조절하기 위해 적절한 전략의 활용과 자신에 대한 자아개념을 얼마나 긍정적으로 갖느냐가 보다 성공적인 학습자가 될 수 있다는 것을 발견하게 되었다.

자기주도학습과 관련하여 살펴보아야 할 중요한 정의적 시발행동은 학습자가 자기 자신을 어떻게 보느냐의 문제다. 자아개념은 한 개인이 자신을 어떻게 지각하고 있느냐를 말하는 것으로 인간의 학습행동은 자신이 자신을 어떻게 생각하느냐에 크게 영향을 받는다는 경험적 결과가 누적되고 있다. 예를 들어 똑같은 현상을 긍정적으로 보면 그 행동은 생산적이 될 것이며, 부정적으로 보면 생산저하의 결과를 낳을 것이다. 학습자가 자신을 어떻게 보느냐, 즉 자신의 자아개념을 어떻게 지각하느냐에 따라 학업을 주도적으로 하여 더욱 성공적인 자기주도학습자가 될 수 있는 가능성을 열어 놓을 것이라는 측면에서 학습자의 자아개념에 대한 정보를 확인해 보아야 한다. 송인섭의 자기주도학습 모형에서 학습자의 시발행동의 측정변인으로서 성취와 관련된 학습성취 자아개념을 활용하여 학습성취와 관련된 자아개념의 정보를 측정함으로써 자기주도학습을 할 수 있도록 학습자를 상담할 것이다.

또한 학습에 대한 지원과 학부모와의 상호작용에 대한 정보를 제공하여 교육환경의 강점과 약점에 대한 정보를 제공하는 가정환경에 대한 이해를 통하여 학습자가 성공적으로 자신의 학습을 자기주도적으로 이끌 수 있도록 학습자를 돕는 활동을 할 것이다.

결과적으로 학습자가 교수–학습과정에서 효과적으로 학습목표를 성취할 있도록 하기 위해서는 학습이 이루어지기 전에 학습자가 갖는 총체적인 배경으로서의 학습방법, 정의적, 환경적 시발행동을 진단하는 과정이 필수적으로 이루어져야 한다.

① 인지적 시발행동

교수–학습이 이루어지기 전에 학습자가 특정교과나 과제를 학습할 인지적 준비가 되어 있는지의 정도와 학습방법, 즉 인지적 시발행동을 확인하는 것은 학습자의 학업성취를 가장 잘 예측하는 방법이다.

자기주도학습(self-directed learning)이란 '학습자가 자신의 학습 활동의 주인이 되어 학습목표와 학습동기를 진단하고, 학습에 필요한 인적·물적 자원을 관리하며, 학습의 모든 과정에서 의사 결정과 행위의 주체가 되는 자기 학습'으로 요약된다(송인섭, 정미경, 2000c; 정미경, 1999, 2000).

그러므로 학습자의 학습목표 달성뿐만 아니라 학습자의 자생적인 학습방법을 길러 주기 위해서는 학습자 스스로가 학습 환경과 학습 자원을 관리하고, 주어진 정보를 능동적으로 처리하는 데 필요한 학습하는 방법의 학습(learning how to learn)과 학습에 대한 학생의 주도권과 책임성을 부여함으로써 가능한 한 능동적인 학습 태도의 습득이 자기주도학습에서 특히 강조된다.

　성공적인 자기주도학습을 위해서는 학습자가 학습에 대해 어떤 태도를 가지고 있는지, 학습과제에 따른 적절한 학습전략을 사용하는지, 학습에 대한 동기화가 적절하게 이루어지고 있는지에 대한 사전적인 정보를 확인하고 진단하는 것은 매우 중요하다.

　그러나 현실적으로는 스스로 공부하는 학생의 모습을 강요하면서도 학습자의 선행학습수준을 확인하는 데 그칠 뿐 학습자가 자기주도적 학습을 위해 준비해야 하는 정의적 · 동기적 · 인지적 특성에 대해서는 어떤 정보도 확인이 이루어지지 않는 것이 현실이다. 자율적인 학습에의 책임이 크게 부과되고, 학습해야 할 교과가 급격하게 증가하는 중학교를 졸업하고 고등학교에 입학하는 시기를 예로 들어 보자. 고등학교에서의 성공적인 학업성취를 예언하기 위해서 학생이 학습에 대해 갖는 동기나 태도, 학습을 위한 적절한 인지전략을 사용하는지에 대한 확인이 이루어지기보다는 그 학생이 고등학교 교과를 얼마나 미리 학습하였는지가 가장 중요한 관건으로 보는 경향이 있다. 대부분의 학생은 학교에서건, 가정에서건 주어진 학습목표와 스케줄에 따라 타율적인 학습을 하는 데 길들여져 스스로 학습목표를 설정하고 학습이 이루어지는 전체적인 과정을 통제하는 학습에 대해 전혀 알지 못하거나 그런 방법으로 학습을 해도 성적을 유지할 수 있는지에 대해 불안을 느낄 수 있다. 이런 자기주도학습에 반하는 문제를 해결하고 학습자가 성공적인 자기주도학습능력을 갖추고 자생적으로 학습할 수 있도록 하기 위해서는 학생의 선행학습 수준을 확인하는 것뿐만 아니라 스스로 학습하는 자기주도적 학습방법을 위한 준비가 되어 있는지에 대한 정보를 제공하는 인지적 시발행동을 확인하는 것은 자기주도학습을 위한 출발점이 된다.

② 정의적 시발행동

일반적으로 학업에의 성공을 결정하는 주요 요인은 인지적 특성에 관련된 것만이라고 생각해 왔다. 그러나 이보다 더 중요한 것은 정의적 특성 중 자기 자신을 어떻게 보느냐가 학업성취에 크게 영향을 준다는 것이 최근의 이론이다. 한 인간의 학습행동은 자신이 자신을 어떻게 생각하느냐에 크게 영향을 받는다는 경험적 결과가 누적되고 있다(송인섭, 1989).

자아개념은 한 개인이 자신을 어떻게 지각하고 있느냐를 의미하는 것으로 자기주도학습과 관련하여 학습자가 갖는 정의적 시발행동 중 가장 중요한 개념이다. 한 개인이 '자기 자신에 대해서 어떻게 생각하고, 어떻게 느끼는가.' 에 대한 정보는 그 개인을 이해하고 돕는 데 유용한 지식이 될 수 있다. 학습자가 긍정적인 자아개념을 갖고 있을 때 그렇지 못할 경우보다 학습과정에서 자기점검과 인지적 전략사용에 있어 더 효율적이다. 또한 긍정적 자아개념은 학습자가 도전적인 학습과제를 선택하게 하고 과제수행에 있어서도 적극적으로 참여하게 하며 학업성취에도 긍정적인 영향을 미친다.

학습자가 자신에 대해 갖는 자아개념은 인간의 정의적 행동특성 중 가장 중심적이고 인간심리의 원동력이며 핵심 특성으로, 개개인이 자기 자신을 어떻게 지각하고 있는지를 정확히 파악함으로써 개인의 성격과 행동을 정확하게 이해하게 된다. 이 같은 이해는 그 개인의 행동을 진단, 예언하는 것을 가능하게 하고, 더욱 성공적인 자기주도학습자가 될 수 있는 가능성을 열어 놓을 것이다.

③ 교육환경

한 개인의 행동을 이해하고, 또 설명하기를 원한다면 우리는 무엇보다도 먼저 그 개인이 지닌 심리적인 특성과 그 개인을 둘러싼 환경에 대한 정보를 얻어야만 한다. 대부분의 심리학자 역시 인간의 행동형성이 일차적으로 가정에서의 다양한 환경 변인의 영향, 특히 부모의 영향에 의해 크게 좌우된다는 점에는 이견의 여지가 없다.

특히나 가정환경은 한 개인이 생애 초기에 경험하는 직접적인 환경으로 아동발달과 교육에서 그 어떤 환경보다도 강력한 영향력을 행사하기 때문에 자기주도학습이 이루어지기 전에 학생이 어떤 교육환경을 갖고 있는지, 어떤 강점과 약점을 갖는지, 그리고 가정에서 부모와의 어떤 상호작용이 이루어지고 있는지에 대한 이해는 성공적인 자기주도학습자가 되기 위해 필요한 정보다.

자기주도학습을 현장에 효과적으로 적용하기 위해서는 학습자의 교육환경 중 일차적인 영향을 주는 가정환경이 어떤 특성을 가지고 있느냐를 충분히 이해하는 것이 중요하다. 송인섭의 자기주도학습모형에서는 학습자의 학습에 관련된 가정환경의 정보를 통하여 학습자가 자기주도학습을 할 수 있도록 상담하는 학습성취 가정환경을 중요한 변인으로 다룬다.

② 진단평가

진단평가는 자기주도학습이 이루어지기 전에 실시되는 평가로서학생의 '과거 학습사'에 대한 제반 정보를 점검하는 것이다. 학습이 이루어지기 전에 학생이 지니고 있는 여러 가지 준비상태를 파악하는 것은 학습의 효과를 극대화하기 위해 필요하기 때문이다. 자기주도학습에서의 진단평가는 학생의 지능은 어느 정도인지, 자신에 대해 어떻게 지각하고 있는지, 가정환경은 어떤지, 학습태도는 어떤지를 확인하고 진단하여 학습자의 특성에 맞게 교수-학습에 배치하는 데 그 목적이 있다. 진단평가를 통하여 얻은 정보는 자기주도학습관에서 학습매니저가 학습자의 자기주도적 학습을 극대화할 수 있는 출발점이 된다. 이런 정보는 학습매니저로 하여금 학습자에 대한 충분한 이해를 도와 자기주도학습방법으로 학습하는 학습자를 이끌게 될 것이다.

(2) 자기주도학습을 위한 교수-학습 차원

① 학습자의 특성

자기주도학습의 최종목적은 타인의 조력 여부와 관계없이 개별 학습자가 주도권을 가지는 학습 과정으로서 학습자가 설정한 학습목표를 달성하기 위해 다양한 인지, 동기, 행동조절 전략을 사용하여 교육환경과 교수-학습 차원에서 작용하는 다양한 변인 간의 상호작용을 통해 학업성취를 극대화하고 평생학습자로서의 자기주도학습능력을 기르는 것이다.

학습과 관련하여 가장 큰 설명변량을 갖는 변인은 바로 인지적 특성이다. 학습은 학습자가 현재 가지고 있는 수준에서 시작하여 더 높은 수준의 지식이나 기술을 습득하고 숙달하는 과정이므로 학습자의 인지적 특성은 교수-학습 차원에서 학습의 효과를 향상시키는 데 매우 중요한 변수다. 학습자 개인의 지적 능력과 특성에 따라 적절한 교수-학습이 투입될 때 학습효과가 극대화될 수 있다. 그러므로 자기주도학습이 이루어지기에 앞서 학습자의 인지적 특성을 진단하는 것은 매우 중요하다.

학습자의 특성으로 일반능력은 지능을 지칭하는 것으로 인간이 지닌 지적능력 중 가장 기본이 되는 정신능력을 의미한다. 그동안 지능이 무엇인가에 대한 논의는 많은 연구자가 그 개념을 정의하려는 노력을 시도하였으나 단일한 합의에 이르지 못했다. 지금까지 내려진 정의를 정리하면 네 가지 유목으로 나누어 볼 수 있다. 첫째, 새로운 환경에 적응하는 능력을 강조하는 정의, 둘째, 학습하는 능력을 강조하는 정의, 셋째, 추상적 사고를 수행하는 능력을 강조하는 정의, 넷째, 여러 가지 능력의 혼합을 지능이라고 정의하는 것으로 나누어진다. 이를 통해 우리는 지능이 대체로 어떤 능력을 지칭하는지 짐작할 수 있다(황정규 외, 2005).

이런 지능에 대한 연구는 인간과 동물이 다르다는 과학적 증거를 찾으려는 노력의 일환으로 인간의 기본적 능력을 알아보려는 시도에서 출발하였다. Wundt는 인간의 감각기능과 운동능력의 차이를 지능의 본질로 보고 그것을 측정하려 하였고, Binet는 기본 정신능력은 감각기능에 있는 것이 아니라 복잡한 정신능력이라 보고 판단력, 추리력, 언어이해력, 기억력 등을 지능의 핵심으로 간주하여 이를 측정하는 지능검사를 처음으로 제작하였다.

이후 지능에 대한 연구는 크게 지능이 하나의 단일요인으로 구성되었느냐 다양한 요인으로 구성되었느냐의 논쟁을 진행하며 계속되고 있다. 단일요인을 주장하는 Speraman은 지능을 측정하는 각 문항이 만약 지능이라는 속성을 공통적으로 측정하고 있다면 지능이란 곧 단일한 일반 요인의 결정체라고 볼 수 있다는 이론을 주장하였다. 그러나 다요인 이론을 주장하는 Thurstone은 지능을 언어요인, 수요인, 공간요인, 추리요인, 지각요인, 유창성요인, 기억요인의 일곱 가지의 '기본정신능력(PMA)'의 통합체라고 주장하였으며 Guildford는 지능이 정신작용, 내용, 산출 세 개 차원으로 구성된 입방체를 이루고 있다는 지능구조 모형을 제시하여 지능의 다요인 이론을 주장하고 있다. 이렇듯 오늘날은 다요인 이론이 지능의 주도적 이론으로 수용되고 있는 편이다.

20세기 후반에 들어 지능연구는 위에서 제시한 지능의 요인이론에 불만을 품게 되었고 지능의 본질 자체를 밝히려는 이론을 제시하였다. 그중 하나가 인지요소 이론이고 다른 하나가 다지능 이론이다. 인지요소 이론은 인지과제를 요소로 분석하여 이것을 기초로 학습자의 인지과정을 직접 확인함으로써 각 개인의 지능을 탐구하려는 이론으로 이를 대표하는 것이 Sternbertg의 지능의 삼위일체이론이다. 다지능 이론 혹은 MI 이론은 Gardner에 의해 제안된 이론으로 인간의 지능은 여러 개의 얼굴을 갖고 있다는 전제에서 출발하고 있다. 그는 지능을 특정 문화상황에서 가치 있고 의미 있는 문제를 해결하는 능력으로 정의하고 이것을 논리-수학적 지능, 언어적 지능, 음악적 지능, 공간적 지능, 신체-운동적 지능, 개인 간 지능, 개인 내 지능의 7개의 종류를 분류하고 있으며, 이런 능력은 더 추가될 수 있다고 하였다. 이런 Gardner의 이론은 지능이 단일한 것이 아니라 여러 개며 다원적인 실체로 이해해야 함을 시사하고 있다(황정규 외, 2005).

앞에서도 언급하였듯이 인간의 정신능력은 하나가 아닌 다수라는 Gardner의 다중지능 이론에 입각하여 송인섭이 제시하는 자기주도학습모형은 학습자의 인지능력에 대한 다중적인 접근을 시도한다. 학습자의 지적 능력을 언어능력, 수리–논리능력, 공간지각력, 운동감각력, 음악지각력, 창의력의 여섯 가지로 분류하여 제시하고 인간의 복잡한 정신과정이 작용하는 교수–학습과정이 이루어지기 전에 학생의 특성을 사전에 진단하여 학생의 능력에 따라 적절하게 배치한다. 그리고 학습자의 능력에 적합한 교수 사태를 제공하여 학습자의 잠재력을 최대한 발휘하여 학습의 효과를 극대화하고자 한다.

② 적성에 따른 학습방법

송인섭의 자기주도학습모형이 시도하는 접근은 학습자는 학습자 나름의 적성을 가지고 있다는 전제 아래 그 적성에 따라 학습자를 다양하게 특성화된 학습방에 정치시키고자 한다. 이런 과정을 통하여 학습자는 자신이 가지고 있는 적성을 극대화할 뿐만 아니라 자신의 흥미를 높여, 우선 자신의 특성화 능력을 개발하고 이와 관련된 특성으로의 전이를 통해 다른 능력도 점차적으로 발달한다. 자기주도학습방을 통하여 개념화하고자 하는 특성화된 방은 앞으로 계속 발전적으로 다양한 특성의 방을 만들어 한 개인이 갖고 있는 적성에 따라 특성화된 방에 정치하여 한 개인의 적성을 계발하고자 하는 것이다(우선 Gardner의 다특성에 따른 특성화방을 설명하고자 한다.).

첫째, 언어능력은 언어를 효과적으로 사용하는 능력으로 단어의 민감성, 문장구성의 숙련도, 그리고 언어 사용방법에 대한 이해력 등을 포함한다. 언어적 능력이 아주 높으면 다른 능력을 표현하는 일도 쉬워지지만, 이 분야에서 어려움을 겪는다면 다른 능력을 표현하는 데도 장애로 작용할 수 있다. 이런 능력은 연설가나 시인, 편집자, 희극배우 또는 통역사 등에게서 높게 발휘되는 능력이다.

둘째, 수리-논리능력은 숫자를 사용하는 능력뿐 아니라 추론과 과학적 사고능력을 포함하는 것으로 논리적 단계에 따라 연속적으로 전개되는 모든 활동에 이런 능력이 적용된다. 이런 능력은 비판적 사고 능력과 관련이 높다고 하여 수학문제를 풀거나 증명을 도출해 내는 능력을 길러 주기 위해 소크라테스식 문답, 수수께끼를 풀거나 만들어 내기 등의 활동을 하기도 하며 이런 능력을 이용하는 직업에는 수학자, 회계사, 과학연구자, 컴퓨터 프로그래머 등이 있다.

셋째, 공간지각능력은 색깔, 선, 모양, 형태에 대한 감수성과 시각적 영상을 정확하게 지각하여 떠올릴 수 있으며 지각된 것을 변형시킬 수 있고 균형과 구성에 대한 민감성 그리고 유사한 능력을 감지하는 능력을 포함한다. 이런 능력은 사냥꾼으로서의 능력에서부터 조각가의 재능, 그리고 화가나 건축가의 비전 등 여러 형태로 발현된다.

넷째, 운동감각력은 신체를 숙련되게 사용할 수 있는 능력으로 온몸을 이용하여 자신의 생각을 나타내거나 목적에 맞는 동작으로 섬세하게 움직이는 기술, 그리고 손으로 무엇인가를 만들어 내는 능력을 포함한다. 이런 능력은 무용가, 외과의사, 운동선수, 공예인 등에게서 높게 발휘되는 능력이다.

다섯째, 음악지각력은 노래하고 악기를 연주하며 작곡과 지휘를 하는 것과 관련된다. 즉, 개개의 음과 음절에 대한 민감성, 음과 음절을 음악적 리듬이나 구조로 결합하는 방법에 대한 이해, 음악의 정서적 측면에 대한 이해 등을 포함하는 능력으로 음악가나 작곡가 등에게 높게 발휘된다(신명희 외, 2004).

여섯째, 창의력을 지금까지 알려지지 않은 새롭고 참신한 아이디어나 그런 아이디어의 복합체를 생산해 내는 능력이다. Guildford는 인간의 사고를 수렴적 사고(convergent thinking)와 확산적 사고(divergent thinking)로 구분하였는데, 수렴적 사고는 사고과정을 통해 도출되어야 할 해답 혹은 정답이 이미 결정되어 있는 사고능력으로 문제해결력, 비판적 사고능력 등이 포함되고 사고의 논리적 전개과정이 강조된다고 하였다. 확산적 사고는 도출되어야 할 해답이나 정답이 있는 것이 아니라 가능한 한 새롭고 다양하며 독창적인 사고를 하는 능력을 지칭하며 이것이 곧 창의력을 의미하는 것으로 이미 있는 사물을 변형하거나 재배열하는 유형의 사고가 아니라 전혀 다른 생각을 하거나 그런 생각을 집어넣은 산물 혹은 작품을 만들어 내는 사고를 지칭한다고 하였다. 이런 창의적 능력은 세 가지 사고특성을 포함하는데, 이는 다음과 같다.

- 유창성(fluency): 아이디어나 사고가 끊임없이 계속되는 능력
- 독창성(originality): 기존에 존재하지 않는 독특한 아이디어, 비범한 아이디어, 대단히 개인적인 아이디어를 생산하는 능력
- 융통성(flexibility): 사고의 다양성을 허용했을 때 관습적 사고, 관행적 사고, 고정관념에서 자유로울 수 있는 사고를 재구조화할 수 있는 능력

개인이 갖는 인지적 능력은 단일한 속성을 갖는 것이 아니라 여러 종류의 다양한 정신능력이 종합된 것이고 개인마다 차이가 있다. 한 사람은 언어능력이 우수한 데 비해, 어떤 사람은 수리 – 논리적 능력이 우수할 수 있다. 예를 들어 어떤 아동은 다른 아이에 비해 말을 빨리하고 많은 어휘를 사용하는 데 뛰어나지만, 어떤 아동은 말로 표현하기보다는 혼자서 무엇인가를 만들어 내는 능력을 가질 수 있다. 이렇듯 개인이 갖는 인지 능력은 다양하고 각 개인은 그런 다양한 인지능력 중 강점과 약점을 갖는다.

발달연령에 따라 아동의 특성을 개발하기 위하여 차별적인 접근을 할 필요가 있을 것이다. 이미 제시한 적성적 특성은 인간의 기본적인 특성으로 자기주도학습관에서 상대적으로 어릴수록 학습관과 관련된 학습을 증가시키고, 고학력일수록 그 비율을 낮게 하고 교과와 관련된 학습을 하도록 운영한다. 이 학습자 간의 차이는 유치원 시기에 약 40%, 초등학교 시기에 약 30% 정도, 중학교의 경우 약 20%, 고등학교의 경우 약 10%로 자신의 특성 분야의 능력을 개발할 수 있도록 자기주도학습환경을 만들 것이다. 자기주도학습관에서는 학년이 올라갈수록 중요한 특성과 관련된 적성보다는 교과 관련 학습을 할 수 있도록 조정할 것이다.

자기주도학습(self-directed learning)의 핵심은 타인의 조력 여부와 관계없이 개별 학습자가 주도권을 가지는 학습 과정으로서 학습자는 스스로 학습목표를 설정하고, 학습 자원을 확인하며, 중요한 학습전략을 선택하고, 학습결과를 평가하는 일련의 작업을 수행하는 것이다. 즉, 학습자 스스로가 자신에 맞는 자기학습을 발견하고 스스로 수행하는 자기학습이다. 그러므로 자기주도학습관은 교수-학습이 이루어지기 전에 학습자의 특성에 맞게 학습자를 자기주도학습관의 특성화된 방에 배치하고 학습자 개인의 특성과 능력에 맞는 교수목표를 설정하고 학습상황을 제공하여 학생 개개인의 잠재능력을 극대화할 수 있게 한다. 이를 통해 학습자는 21세기에 요구하는 한 개인의 성장과정에 필요한 자생적 사고를 촉진시킬 뿐만 아니라 자율적 생산성을 극대화할 것이다.

③ 학습목표와 학습 매니지먼트

개인이 갖는 학습자의 인지적 · 정의적 특성에 기반하여 학습자는 학습장면에서 교사와의 수업을 통한 상호작용을 통해 지식과 기술을 습득하게 된다. 교육의 목적은 학생에게 지식과 기술을 제공하여 학습의 경험을 통해 의도적으로 인간의 인지능력을 길러 주려는 데 있다. 이런 교육목표로서 인지능력을 가장 잘 개념화하고 있는 것은 Bloom(1956)의 『교육목표 분류학: 인지적 영역』이라고 할 수 있다.

일반적인 교수-학습과정에 있어서의 교육 목표는 6개의 단계에 걸쳐 이루어지는 데 첫째, 지식의 단계로 특수한 사실, 보편적 원리, 방법, 과정 구조 또는 상황의 재생을 내포하는 단계다. 다음으로 두 번째 이해의 단계에서는 학생이 어떤 지식을 다른 자료와 관련짓지 못하거나 그 완벽한 함의를 몰라도 그것을 정확하게 다른 말로 표현하거나 종합할 수 있다. 셋째, 적용의 단계에서는 특수하고 구체적인 상황에서 추상적 개념을 사용하는 것으로 학생은 특수한 상황에 맞는 어떤 아이디어, 절차의 규칙 또는 보편적 방법을 선택하여 정확하게 적용하게 된다. 넷째, 분석의 단계에서는 어떤 내용을 분석하여 그 아이디어의 상대적 위계 또는 내적 조직을 예시하는 것이다. 학생은 내용을 명백히 하고 그 내용이 어떻게 조직되었는지를 말하고 그것이 메시지를 전달하는지를 구체적으로 말할 수 있다. 다섯째, 종합의 단계에서는 요소와 부분을 합쳐서 더 큰 전체를 만드는 것으로 학생은 부분 또는 요소를 가지고 전에는 없던 패턴이나 구조가 되도록 정리하게 된다. 여섯 번째 단계인 평가에서는 자료와 방법의 특수목적에 얼마나 가치 있는가 하는 판단을 하게 되는데, 학생은 자료와 방법이 어떤 특수한 준거에 맞는가에 대한 양적 · 질적 판단을 내릴 수 있다.

위의 6개의 유목은 하나의 위계를 이루고 있으며 한 유목의 목표는 바로 앞 유목에 있는 행동을 활용하고 그 위에 구축되어 하나의 위계를 만들게 된다(Bloom, 1956). 이런 교육목표의 위계는 교과를 통한 지적 성취과정으로 학습목표를 제시한다(이성진, 1996).

개인이 갖는 다중적인 지적 특성에 따라 학습자 개인의 학습목표가 설정되면 교수 – 학습과정에서 학습자는 자신의 목표에 맞는 적절한 학습상황을 만들고 학습자 스스로가 새로운 학습내용을 숙달할 수 있도록 인지, 동기, 행동조절 전략을 효과적으로 사용하여 학습을 수행한다.

이런 과정에서 학습자는 학습관의 학습매니저와의 상호작용을 통해 학습자에게 필요한 다양한 자극을 학습매니저에게서 얻게 된다. 이런 상호작용에서 학습의 책임은 학습자에게 있고, 모든 학습활동은 학습자 스스로 이행하고 이를 통해 자기주도학습의 핵심이라고 할 수 있는 학습의 주도권을 개별학습자가 갖게 된다. 자기주도적 학습을 통해 학습자는 자신의 학습요구를 스스로 진단하고 학습목표를 설정하며, 학습에 필요한 인적·물적 자원을 확보하고 적합한 학습전략을 선택·실행하여 학습의 극대화를 가져오게 하고자 한다.

④ 전자교과서와 이러닝콘텐츠

자기주도학습관에서의 설정된 목표의 달성은 중요한 학습목표다. 이 같은 목표달성을 위한 방법은 학습자 스스로 전자교과서를 어떻게 활용하느냐가 중요한 관건이다. 전자교과서는 타인 지향적으로 일반적인 과외와 같이 지식을 전수하는 것이 아니라 학습자 스스로 자기학습의 한계점과 문제점을 찾아 학습목표에 도달하는 것이다. 전자교과서는 송인섭의 자기주도학습관의 중요한 요소다. 이 요소를 자기주도학습에 어떻게 적용하고 활용하느냐 하는 것은 자기주도학습의 성공에 중요한 역할을 할 것이다.

⑤ 자기주도학습 관련 요인

앞에서 말한 바와 같이 자기주도학습은 학습자 스스로가 자신의 학습과정에 인지적·동기적·행동적으로 적극 참여하는 과정으로 타인의 지시에 의존하기보다는 학습자 스스로가 지식과 기술을 습득하기 위한 노력을 시도하고 시행하는 과정을 의미한다. 자기주도학습의 최종목적은 개별학습자가 스스로 자신이 자신의 학습목표를 설정하며, 학습에 필요한 인적·물적 자원을 확보하고 적합한 학습전략을 실행하여 성취한 학습결과를 스스로 평가하는 과정과 활동을 통하여 학습의 극대화를 가져오게 하는 것이다.

자기주도학습이 어떤 요인으로 구성되어 있는지에 대해서는 학자마다 다른 의견을 제시한다. Pintrich와 De Groot(1990)은 "학습자료를 지각한 후 자료를 조직하여 장기기억에 저장했다가 필요할 때 인출해 내는 인지능력과 인지를 관리하고 통제하는 상위인지 능력"이라고 정의하여 자기조절학습의 인지적 측면, 즉 상위인지전략에 초점을 두었다면, Boekaertsm(1995)는 자기주도학습에서 정의적 요소에 강조점을 두었다. 이렇듯 자기조절학습의 구성요인에 대해서는 학자마다 다소 다른 요인을 강조하고 있는데, Zimmerman을 위시한 사회학습이론가의 공통된 의견을 중심으로 자기조절 학습의 구성요인을 추출해 보면, 크게 세 가지 요인 인지조절 요인, 동기조절 요인, 행동조절 요인으로 분류해 볼 수 있다(한순미, 2004).

① 동기조절요인

동기조절요인이란 학습자가 학습에 참여하는 이유와 목적 그리고 불안에 대한 처리와 같은 동기적 특성을 의미한다. 구체적인 동기조절 요인으로는 자기효능감, 내재적 가치, 시험불안 그리고 목표지향성이 있다.

자기효능감　자기효능감이란 개인이 성취 장면에서 자신의 능력에 대해 가지는 기대를 의미한다. 이는 학습자가 자신이 얼마나 유능하게 그 일을 할 수 있는가에 대해 어떻게 기대하느냐 또는 자기 자신이 유능한지에 대한 인식의 결과로 구체적인 과제나 일을 수행하는 데 필요한 능력을 잘 조직하고 이를 달성하기 위한 가능성에 대한 지각을 의미한다.

사회학습이론가는 자기효능감이 자기조절학습에 영향을 미치는 결정적인 요인으로 자신의 능력에 대한 개인적 신념으로서의 자기효능감 지각이 학습자의 자기점검(self-monitoring)과 자기조절학습전략의 사용과 밀접하게 연관되어 있다고 한다. 자기효능감이 높은 학생은 자기효능감이 낮은 학생보다 더 효과적인 학습전략을 사용하고(Kurt & Borkowski,1984) 자신의 학습결과에 대해 더 잘 점검한다고 하였다. 또한 자기효능감에 대한 여러 연구에 따르면, 학업적 자기효능감은 학업성취에 직접적으로 영향을 줄 뿐만 아니라 학생의 성취목표를 향상시켜 학업성취에 간접적으로 영향을 준다. 또한 자신이 학업과제를 더 잘할 수 있다고 믿는 학생은 인지적, 상위 인지적 전략을 더 많이 사용하고 더 오랫동안 끈기를 보이는 것으로 나타났다. 이런 자기효능감은 자기주도학습에 상당한 영향을 미친다.

내재적 가치   어떤 활동을 시작하고 지속하게 하는 힘으로서 인간의 동기는 크게 내재적 동기와 외재적 동기로 구분된다. 내재적 동기란 과제에 대한 목적, 과제의 흥미와 중요성에 대한 신념을 말한다. 이는 개인이 어떤 활동을 재미있거나, 만족스럽거나 또는 개인적이며 도전적인 것으로 지각하기 때문에 주로 자신을 위해 그 활동을 시작하는 동기로 정의된다. 그래서 내재적 동기는 그 작업이나 활동 자체에 대한 도전과 즐거움에 초점이 맞춰진다. 반면에 외재적 동기는 활동 자체와는 별개로 어떤 결과를 얻고자 하는 열망에서 일어나는데 좋은 성적을 얻거나, 기대한 보상을 획득하거나, 경쟁에서 이기거나, 칭찬을 받는 등의 그 일 자체보다는 어떤 목표를 달성하기 위해 활동을 시작하는 동기로 정의된다.

내재적 동기와 외재적 동기 모두 사람으로 하여금 일을 시작하게 만드는 동기유발을 할 수 있으나 이 두 동기는 모두 일에 대한 주관적 감정, 일에의 몰두 그리고 일을 마치는 데 매우 다른 영향을 미칠 수 있다. 자기조절 학습자는 주로 내재적 동기유발에 근거한 학습자로서, Deci & Ryan(1985)에 따르면 내재적 동기는 자기 스스로 결정을 할 수 있다고 느낄 때, 그들 자신이 일을 잘 할 수 있다고 느낄 때, 그리고 목표과제가 흥미로울 때 일어난다고 주장한다. 이런 내재적 가치는 자기주도학습에 상당한 영향을 미친다.

목표지향성   목표지향성이란 학습자가 학습활동에 대해 가지는 목적으로 그들이 학습에 어떻게 접근하고 참여하는지를 설명한다. 이는 학습자의 행동을 이끄는 신념, 학습결과의 원인에 대해 갖는 생각, 학습결과에 대해 갖는 감정 등을 모두 통합하는 개념으로 성취목표와 관련된 연구자는 학습자가 '숙달목표' 나 '수행목표' 를 추구한다고 한다.

숙달목표를 추구하는 학습자는 새로운 것을 배워 익히는 그 자체를 학습활동의 궁극적인 목적으로 삼고 자신의 과거 수행과 비교하여 새로운 기술이나 능력의 향상을 추구한다. 이들에게 있어 실패란 학습과정에서 자연스럽게 일어날 수 있는 일로 인식되며, 과제 완수를 통해 스스로의 능력이 향상된다고 믿는다. 따라서 이런 학습자는 학습장면에서 자신의 능력에 비해 너무 어렵거나 쉬운 문제보다는 노력을 하면 성취할 수 있다고 판단되어 도전해 볼 만한 과제를 선호한다.

이에 반해 수행목표를 추구하는 학습자는 배움 그 자체보다는 자신의 능력이 남보다 우수하다는 것을 증명하려 하며 자신이 남보다 열등하다고 생각되는 상황을 피하려고 노력한다. 이들에게 있어 실수나 실패란 자신이 열등하다는 증거이므로 성공이 보장되는 쉬운 과제를 선택하려고 한다.

이런 측면에서 일반적으로 숙달목표를 지향하는 학습자가 자기조절 학습자로서의 역량을 좀 더 잘 갖추었다고 볼 수 있겠다(한순미, 2004). 자기주도학습관에서의 목표지향성은 자기주도학습에 상당한 영향을 미친다.

시험불안　시험불안이란 인지적인 요소와 정서적인 요소를 포함하는데, 인지적 요소인 걱정은 자기 자신, 가까이 있는 시험장면이나 잠재된 결과에 대한 부정적인 기대감 및 근심 등과 같은 불안 경험의 인지적인 요소를 의미하고, 정서적 요소인 정서성은 불안 경험의 생리적·감정적인 요소, 즉 초조와 긴장 등과 같은 자율적 각성의 징후와 불쾌한 감정의 상태를 지각하는 것을 의미한다.

어느 정도의 불안은 학습에서 각성효과를 가지지만 만성적인 불안은 학습과 성취에 부정적인 영향을 미칠 수 있다. 자기조절 학습자는 학습을 방해하는 물리적·심리적 환경을 통제할 수 있는 능력을 갖춘 학습자로서 보통 이상의 불안을 통제할 수 있는 능력을 가지고 있어야 할 것이다. 이와 같은 동기조절 요인은 학습자가 자기 스스로 학습할 수 있는 중요한 요인으로 작용을 하고 있다. 자기주도학습관에서는 이와 같은 요인을 학습자와 학습매니저 간의 상호작용을 통하여 증진할 수 있는 교육환경을 만든다.

2 인지조절 요인

자기조절 학습에서의 인지조절 요인은 학습자가 학습과정에서 자료를 기억하고 이해하는 데 사용하는 실제적인 전략을 말하는 것으로 학업성취 향상에 직접적인 영향을 미친다.

Zimmerman & Martinez-Pons(1986)은 일반적인 학습장면에서 고등학생이 사용하는 열네 가지 학습전략을 제시하였는데, 이는 학습자의 학습환경, 학습행동, 개인적 기능의 향상을 위한 전략을 통해 자기조절 학습을 향상시키기 위한 것이다.

3 행동조절 요인

행동조절 요인은 학습자가 자신의 학습을 성공적으로 이끌기 위해 가장 적합한 학습 환경을 선택하고, 구조화하며, 창조하는 것을 의미한다. 자기조절 학습자는 스스로의 행동을 의지적으로 통제하고 환경

표 3-1 자기 조절 학습전략

전략범주	정의와 예
1. 자기평가 (self-evaluation)	아동이 학습의 질 혹은 학습 진전에 대한 자기주도적 평가를 지적하는 진술 예) 나는 평가한 후 스스로 점수를 매겨 본다.
2. 조직과 변형 (organizing and transforming)	학습을 개선하기 위해 수업자료를 자기주도적으로 내현적, 외현적으로 재배열하는 것을 지적하는 진술 예) 나는 글을 쓰기 전에 대체적인 윤곽을 잡았다.
3. 목표설정과 계획 (goal setting and planning)	아동이 학습목표 혹은 하위목표를 세우고 이 목표와 관련된 활동을 계열화하고 시간을 짜고, 완성하기 위한 계획 세우기를 지적하는 진술 예) 나는 평가하기 며칠 전에 공부할 계획을 세우고 계획한 대로 해 나간다.

전략범주	정의와 예
4. 정보탐색 (seeking informantion)	숙제를 할 때 비사회적 지원에서 앞에서 과제 정보를 확보하기 위한 자기주도적인 노력을 지적하는 진술 예) 나는 공부 중에 모르는 것이 있으며 사전, 전과, 학습지 등을 찾아본다.
5. 기록유지와 점검 (keeping records and monitoring)	사태 혹은 결과를 기록하기 위한 자기주도적 노력을 지적하는 진술 예) 나는 공부할 때 중요한 내용은 공책에 정리한다.
6. 환경의 구조화 (environmental structuring)	학습을 쉽게 하기 위해 물리적 장면을 선택 혹은 배열하기 위한 자기주도적 노력을 지적하는 진술 예) 나는 공부가 잘 되는 장소로 가서 공부한다.
7. 자기강화 (self-consequence)	성공과 실패에 대한 보상이나 벌에 대한 배열 혹은 심상을 지적하는 진술 예) 평가를 잘 치른다면 나는 영화를 보러 갈 것이다.
8. 시연과 기억 (rehearsing and memorizing)	내현적, 외현적 연습에 의해 자료를 기억하기 위한 자기주도적 노력을 지적하는 진술 예) 나는 평가에 대비를 할 때 내용을 알 때까지 자꾸 써 본다.
9~11. 사회적 도움 구하기 (seeking social assistence)	(9) 동료, (10) 교사, (11) 성인에게 도움을 요청하기 위한 자기주도적 노력을 지적하는 진술 예) 나는 수업 중에 모르는 것이 있으면 선생님께 질문을 한다.
12~14. 기록 복습 (reviewing records)	(12) 평가지, (13) 공책, (14) 교재를 수업 혹은 평가 준비를 위해 복습하기 위한 자기주도적 노력을 지적하는 진술 예) 나는 집에서 공부할 때 오늘 배운 내용이 적혀 있는 공책을 복습한다.

출처: Zimmerman, B. J. (1989). A social cognitive view of self-regualted academin learning. *Journal of educational psychology*, p. 337.

을 잘 관리하고, 시간을 관리하며, 필요한 경우 적극적으로 타인의 도움을 적절한 수준에서 요청할 수 있어야 한다(한순미, 2004). 여기서는 행동조절 요인으로 시간과 공부 조절, 노력조절, 학습행동 조절을 살펴보겠다.

시간과 공부 조절   시간과 공부 조절이란 학습자가 자신의 학습시간과 공부방법을 효과적으로 조절하는 것을 의미한다. 전통적으로 학습시간에 관한 연구는 개별 학습자가 학습을 완전히 숙달하는 데 필요한 시간량을 학업적성으로 보았다. 그런데 최근에 들어 학습시간과 관련된 연구는 학습시간을 계획하고 관리하는 학습자의 인지과정에 초점을 맞추면서 효율적인 학습시간 관리를 자기조절 학습자가 지녀야 할 중요한 학습전략으로 보게 되었다.

　효과적인 학습자는 시간이 제한적이라는 사실을 인식하기 때문에 과제를 완성하는 데 필요한 시간이 얼마나 되고, 그에 필요한 인지전략은 무엇인지를 늘 고려한다. 또 시간관리는 지능보다도 학업성취를 더 많이 예언하며 자기효능감 및 목표설정과도 의미 있는 관련이 있다는 연구결과가 나타나고 있다.

노력조절   노력조절이란 학습자가 과제를 수행하기 위해 학습자 스스로 노력을 분배하여 관리하거나 필요한 도움을 요청하는 등 학습을 수행하기 위해 노력하는 것을 의미한다.

　학습이 장애에 부딪쳤을 경우 학습을 효율적으로 하기 위해서는 때때로 자신보다 유능한 친구나 부모, 교사의 도움을 받는 것이 필요하다. 지식과 기술이 많은 다른 사람에게서 도움을 구하는 것은 일찌감치 포기하는 것에 비해 더 유리하며, 수동적으로 기다리는 것에 비해 더 적절한 행동이고, 자신의 힘으로 끙끙대며 문제를 성공적으로 해결하지 못하는 것에 비해 더 능률적인 것이다.

학습행동 조절　학습행동 조절학습행동 조절이란 학습자가 자신의 학습 행동을 조절하는 것으로 자신을 둘러싼 환경에 대해서 점검을 해 보는 것이다. 학습자는 자신의 학습을 성공적으로 이끌기 위해 방해되는 원인이 무엇인지를 파악해 보고 이에 대해 분석한 뒤 자기 스스로 개선점을 찾도록 훈련하게 되어 있다. 혼자 해결할 수 있는 방해요인일 경우 스스로가 없애도록 노력하고 물리적인 원인일 경우 최선책을 찾아봄으로써 적극적으로 문제해결을 할 수 있도록 학습행동을 구성한다. 따라서 스스로가 가장 적합한 학습 환경이 무엇인지를 선택하고, 구조화하며, 창조할 수 있도록 도움을 준다.

④ 교육환경 요인

교육환경 요인은 학습에 방해가 되는 물리적·사회적 요인을 제거하여 자기주도적 학습을 효율적으로 수행할 수 있도록 하는 것으로써 행동조절과 밀접하게 연관되어 있다. 예를 들어 공부하기 위한 지정된 장소가 없어서 주의집중이 어려운 경우 학습자는 학습의 효율을 위해 교실이나 도서관 등의 시설에서 공부를 하는 경우다.

학습자가 자기주도학습을 극대화하기 위하여 지금까지 논의한 자기주도학습련 요인을 어떻게 조정하고 조절하느냐 하는 것은 한 개인이 자기주도학습을 얼마나 할 수 있느냐를 결정하게 될 것이다. 자기주도학습관에서는 자기주도학습과 관련된 요인을 과학적인 방법으로 탐색하여 학습관의 학습매니저가 학습자와의 상호작용을 통하여서 자기주도학습을 학습자가 할 수 있도록 다양한 정보를 제공할 것이다.

⑥ 형성평가

자기주도학습의 교수-학습 과정에 필요한 평가는 형성평가다. 형성평가는 자기주도학습에서 학습자가 자율적으로 학습할 수 있도록 학습정보의 송환과 교정을 하는 데 그 목적이 있다. 자기주도적 교수-학습 과정에서 자체 수정체제는 송환작용을 가하는 변수로서 형성평가를 이용하며 이를 통해 각 학생에게 필요한 교정을 개별화하려는 것이다. 개별화된 교정은 각 학생이 놓친 중요한 학습요점에 대해 대안적 수업 재료를 제시하거나 학생을 상호에 서로 돕거나 매니저가 도움을 주거나 혹은 개별지도를 통하거나 하여 교정해 줄 수 있다. 이런 과정에서 학습자와 학습매니저와의 상호작용은 필요하며 학습매니저는 학습매니지먼트를 주입식이 아닌 학습자가 주도적으로 학습할 수 있는 교육환경을 만들도록 노력할 필요가 있다.

더 나아가 형성평가는 교수-학습이 아직 유동적으로 진행되고 있는 시기에 학습내용의 개선을 의도하기 위해 실시하는 과정이다. 그래서 이 목적은 점수를 매기거나 학생의 성적을 판정하려는 것이 아니라 학습자의 학습을 증진시키기 위해 무엇인가 개선해야 할 것을 찾으려는 개선추구의 평가다. 교수-학습이 끝나 버린 뒤에 제시하는 평가는 형성평가가 될 수 없다. 그러므로 교수 및 학습이 진행 중에 실시하고 그 기초 위에서 기대하는 학습을 이끌어 가기 위해서는 어떤 개선이 필요한가 하는 의사결정을 위한 정보를 얻는 데 목적이 있다. 이 과정에서 매니저가 꼭 기억해야 하는 것은 학습자가 자기 스스로 학습하는 능력을 발달시킬 수 있도록 교육환경을 만들어야 한다는 점이다. 또한 학습자의 다양한 심리적 특성, 성격, 동기, 효율성 등등에 대한 학습자의 다양한 측면을 이해하는 좀 더 자기주도학습 방법이 학습자에게 정착하도록 이끄는 상담과정이 될 것이다(2차적으로 연구할 과제).

이 검사는 성품, 기질, 인성 등 여러 가지 말로 일컬어지는 성격에 대한 검사다. 성격은 환경에 대한 적응이나 대인관계에서 비교적 일관성 있고 독특한 개인의 행동양식이나 사고양식의 특징적인 소질을 말한다. 사람이면 누구나 가지고 있는 한 개인의 독특한 성격특성을 진단하여 자기주도학습에서 학습자를 돕는 과정이다.

한 개인의 '자기 자신에 대한 일관성 있는 행동양식이나 사고양식'에 대한 정보는 그 개인 자신을 이해하고 돕는 데 유용한 지식이 될 수 있다. 자기 자신의 성격적 특성을 정확히 파악하는 것은 자신의 행동을 이해하게 만들며, 그 같은 이해는 그 개인의 행동을 진단·예언하는 데 도움을 줄 것이다. 또한 개인을 둘러싼 환경, 즉 가정, 학교, 사회생활에서 어떤 방법으로 어떻게 행동하게 될 것인가를 비교적 타당하게 예언할 수 있는 근거를 제공하는 것은 형성평가 과정에서 학습자에게 자기주도학습에 대한 자신감을 부여한다. 여기서 활용되는 검사는 성격검사, 진로성숙도검사 등이다.

(3) 종착점 행동

종착점 행동이란 자기주도학습과정을 통해 의도적으로 추구하는 학습행동의 변화를 의미한다. 송인섭이 제시하는 자기주도학습모형을 통해 달성하고자 하는 최종적인 종착점 행동은 학습목표달성과 긍정적 자아개념 형성과 자기주도학습능력의 신장을 통하여 자생적이

며 자율적인 자아실현 하는 실존적인 개체로서의 '인간'에 다다르는
것이다.

① 학습목표 달성

이 자기주도학습의 목적은 학생에게 지식과 기술을 제공하여 학습
의 경험을 통해 의도적으로 인간의 지적능력을 길러 주고자 하는 데
있고, 교수-학습의 상호작용 과정을 통해 학습자가 현재 가지고 있
는 수준보다 더 높은 수준의 지식이나 기술을 습득하고 숙달하는 데
그 목적이 있다는 것을 상기해 볼 때, 자기주도학습의 일차적인 목적
은 학습목표 달성 여부에 있다. 그러므로 학습자 개인이 갖는 인지
적 · 정의적 특성에 기반하여 설정된 학습목표가 어느 정도 달성되었
는지에 대한 정보를 수집하고 그 과정에서 학습자의 학습내용 숙달뿐
만 아니라 학습과정에서 학습자가 선호하는 학습방법, 학습에 대해
갖는 태도나 흥미, 성공이나 실패경험으로 인한 정서적 변화 등에 대
한 전반적인 정보를 모두 받아들여 학생에 대한 총합적인 평가가 이
루어져야 할 것이다.

자기주도학습을 통해 자신의 학습목표를 설정하여 적합한 학습전
략을 선택, 실행하여 학업성취를 이루게 된다. 그리고 최종적으로 자
기주도 교수-학습과정을 통해 학습자가 특정교과나 학습과제의 내
용을 어느 정도 숙달하였는지에 대한 성취도 평가가 이루어지게 된
다. 즉, 그 학습과제에서 기대했던 정도의 성적 수준에 도달하느냐 못
하느냐를 판별하게 된다.

특정 교과나 학습과제에서 내용의 숙달 여부가 학습에서의 성공과

실패를 가져오게 되고, 이는 학습자의 인지적 성취 경험과 불성취 경험을 낳는다. 이런 인지적 성취와 불성취는 한 학습과제의 성공, 실패를 가름할 뿐만 아니라 다음 학습과제의 성공과 실패를 결정하게 된다. 대부분의 학습과제는 계열성을 띠고 있기 때문에 학습과제에서의 성공과 실패 경험은 다음 학습의 성공과 실패로 전이가 되고, 그런 인지적 성취 경험은 특정교과뿐만 아니라 다른 교과의 학습에도 긍정적인 전이를 가져오게 되어 학습자의 동기향상에 긍정적인 영향을 미치게 된다.

② 자기주도적 심리적 특성

앞에서 언급한 바와 같이 한 개인이 '자기 자신에 대해서 어떻게 생각하고, 어떻게 느끼는가.'에 대한 정보는 인간의 정의적 행동특성 중 가장 중심적이며 인간심리의 원동력이다. 자기 자신에 대해 긍정적인 자아개념을 갖는 학습자는 자신의 전반적인 모습에 대해 자신감이 있으며 자신의 현재 모습, 행동과 일에 만족한다. 또한 자신이 원하는 것을 잘 알고 있으며 무엇을 잘하는지 자각하고 있기 때문에 실패 상황에서도 포기하지 않고 성취지향적인 모습을 보이게 되므로 학습동기가 높다.

반면 부정적인 자아개념을 갖는 학습자는 자신의 현재 모습에 대해 자신감이 없고 불만족한 상태로 자신을 둘러싼 상황에 불만족하므로 스스로의 모습에 만족하지 못해 모든 사건을 부정적으로 해석하기 쉽다. 이런 학생은 모든 일에 자신감이 결여되어 있으므로 자신이 한 일에 대해서 확신을 하지 못하는 이런 경향성은 학업활동에서도 부정적인 영향을 줄 수 있다. 즉, 자기 자신의 공부방법에 대해 불안함을 보이고 자신만의 공부 방법을 터득하지 못한 결과, 타인에게 의존함으로써 자기주도적인 학습활동을 하지 못한다.

그러므로 개개인이 자기 자신을 어떻게 지각하고 있는지를 정확히 파악하는 것은 학습자 개인의 성격과 행동을 정확하게 이해하게 하며 이 같은 이해는 그 개인의 행동을 진단, 예언하는 것을 가능하게 한다. 그 결과 한 개인이 일상적인 사회생활, 특히 학교생활에서 어떤 방법으로 어떻게 행동하게 될 것인가에 대한 이해를 돕고 자기주도적 학습을 위한 정의적 특성의 긍정적 향상을 함으로써 자신의 성장을 극대화할 수 있는 심리적 특성을 형성하는 가능성을 열게 된다.

(4) 총합평가

평가는 교수-학습 차원을 통해 학습목표가 어느 정도 성취되었는지를 점검하는 과정으로 이 과정에서 학습자가 학습목표를 달성하지 못했다면 그 정보는 다시 학습목표 선정이 적절하였는지를 검증하는데 송환되고, 그 다음에는 교수-학습 절차가 적절한지를 검증하는 과정을 통해 학습평가를 하게 된다. 평가는 단순히 시험을 실시하고, 채점하고, 성적을 매기고, 그것을 기록·정리하는 것이 아니라 교육이 이루어지는 모든 현상에 평가의 기능이 대부분 직접적·간접적으로 작용하기 때문에 학습이 이루어지는 전체의 과정 속에서 평가를 이해할 필요가 있다(황정규 외, 2005). 자기주도학습의 효과를 극대화하기 위해 학습이 이루어지는 전 과정에서 평가가 이루어지는데, 이에는 앞에 설명한 진단평가, 형성평가와 총합평가로 이루어진다.

　총합평가는 특정 교과나 학습과제에 대한 학습이 끝난 후에 실시되는 평가로서 자기주도학습을 통해 학습자가 이미 설정한 학습목표나 성취수준에 어느 정도 도달했는가를 총체적으로 평가하는 것이다.

　자기주도학습과정의 전 과정 속에서 진단, 형성, 총합 평가를 통해 학습자가 스스로 공부하고 스스로 지식을 생산하는 과정을 점검, 진단함으로써 자기주도학습능력의 신장을 가져올 수 있도록 한다.

3) 자기주도학습의 결과

　'결과차원'은 자기주도학습으로 인한 행동특성의 변화 차원으로 학습자의 학업성취 향상과 자기조절학습능력의 향상으로 이루어지고 자기주도학습 모형의 최종목적은 자기주도적 학습자 양성을 통한 이상적인 자기실현(self-actualization)이다.

(1) 학업성취 향상

　송인섭의 자기학습모형의 목적은 자기주도학습을 통한 학습자의 학업성취 향상이다. 학생에게 지식과 기술을 제공하여 학습의 경험을 통해 의도적으로 인간의 인지능력을 길러 주려고 하는데, 이를 성취라고 한다. 특히 교과학습과정에서는 학습자의 현재의 지적 수준에서 출발하여 더 높은 수준으로의 지식과 기술을 습득하고 숙달하는 데 그 목적이 있다.

　성공적인 학습자는 학습자 스스로가 자신의 학습에 영향을 미치는 요인을 관리하여, 학습에 방해가 되는 요인을 제거하면서 학습을 위

한 최적의 조건을 설정할 수 있고 학습목표 달성을 위해 다양한 인지
조절 전략을 사용할 수 있어야 한다.

자기주도적 학습자는 자신의 학습수준과 시발행동에 대한 이해를
바탕으로 학습목표를 달성하기 위해 자신이 어떤 인지전략을 사용하
고 그 과정에서 어떤 변인을 통제하여야 하는지에 대한 인식을 갖고
있으므로 학습에 대해 잘 동기화된다. 타인에 의해 타율적으로 주어
진 목표를 달성하기 위해 학습을 하는 것이 아니라 자신의 페이스에
맞게 새로운 학습과제를 성취하기 때문에 학습에 대한 내재적 동기화
가 발생하고 학습에 대한 긍정적 자아개념과 태도를 갖게 된다는 것
이다.

또한 교수-학습과정에서 자신의 학습과정을 자신이 스스로 통제
함으로써 학습에 대한 관찰, 점검이 이루어지고 자기의 학습 페이스
에 맞는 목표를 설정하고 이를 달성하는 노력이 스스로에 의해 이루
어지고 자기 보상을 통한 동기화가 이루어지므로 일률적으로 학습이
이루어지는 타율적인 학습보다는 자기주도적 학습이 학습자에게 학
습에 대한 책임감과 자율성을 부과하고 긍정적 자아개념을 형성하도
록 만들게 되어 높은 학습효과를 가져오게 된다.

이 과정을 통하여 자기주도학습관에서는 전자교과서를 통하여 학
습을 극대화하기 위한 자료를 얻고 이를 학업성취를 높이는 데 스스
로 활용할 수 있다. 학습매니저가 학습자에게 학습매니지먼트를 함으
로써 학습의 성취를 높임과 동시에 학습자 스스로 학습할 수 있는 자
기주도능력을 향상시킨다.

(2) 자기주도학습능력의 증진

자기주도학습 과정은 학습수행과 관련하여 자기점검(self-observation), 자기지시(self-judgement), 자기강화(self-reaction)의 하위과정과 관련되는데, 이런 세 가지 하위과정은 자기주도학습이 진행되면서 서로 상호 작용한다. 예를 들어 영어로 말하기를 연습할 때 그것을 테이프로 녹음하여 들어 보고(자기점검), 영어로 말하기를 잘하는지 판단하고(자기지시), 이것은 자기 스스로 연습을 더 해야겠다(자기강화)는 결과를 가져오는 과정에서 이런 하위 차원이 어떻게 작용하는지를 알수 있을 것이다. 이를 더 구체적으로 설명하면 다음과 같다.

자기점검 과정은 학습자가 체계적으로 자신의 수행을 모니터하는 활동과 관련되는 것으로 이런 자기점검은 학습자가 자신의 학습목표를 달성하기 위해 공부를 잘하고 있는지에 대한 정보를 제공한다. 자기점검의 일반적인 방법으로는 말이나 글로 자신의 활동을 기록하거나, 자신의 행동과 반응을 기록하는 방법이 있다.

자기지시 과정은 학습자가 체계적으로 자신의 수행을 목표나 기준에 따라 비교하고 판단하는 활동과 관련된다. 이때 자신의 수행을 판단하는 기준이 되는 목표는 자기효능감, 목표설정, 지식 등과 같이 개인에 따라 차이가 있고 기준이 되는 목표나 지식도 선행수행수준이나 숙달시험처럼 사회적 잣대에서는 준거가 다양하다. 학습자가 자신의 학습을 판단하는 일반적인 방법으로는 '틀린 수학문제 다시 풀어 보기' 처럼 학습절차를 체크하거나, '자신의 답을 친구나 정답과 맞춰 보기' 처럼 점수를 매기는 방법이 있다.

자기강화 과정은 학습자가 자기 수행에 대해 반응하는 활동과 관련된 것으로 앞의 예에서 보았듯이 다음 학습을 위한 동기화나 노력을 강화시키게 된다. 학습자가 학업성취를 위해 자기강화 하는 일반적인 방법으로는 학습과정에서 학습을 방해하는 요인을 확인하고 그런 방해요인을 제거하여 학습환경을 향상시키거나, 자신의 특성에 맞는 학습방법을 찾거나, 잘할 수 있을 것이라는 자신감을 향상시키는 방법이 있다.

이런 자기주도학습능력의 향상을 통해 학습자는 스스로 자신의 학습에서 주도권을 갖고 자신의 학습요구를 진단하고 자신의 학습목표를 설정하며, 학습에 필요한 인적·물적 자원을 확보하고 적합한 학습전략을 선택·실행하여 성취한 학습결과를 스스로 평가하는 과정과 활동을 통하여 학습의 극대화를 가져오게 하는 것이다.

(3) 자기조절학습모형의 최종 목적

현대 사회를 일컬어 '지식 및 정보화 시대'라고 한다. 이는 일상생활에서 지식과 정보가 그만큼 중요한 역할을 하고 있으며, 고부가가치를 창출한다는 의미다. 또한 개인이 가지는 정보의 질과 양에 따라 개인과 사회의 가치가 결정된다. 따라서 이미 정보화 시대 속에 살고 있고, 앞으로 더욱 고도화된 정보화 시대를 살아갈 학생이 21세기가 요구하는 자생적 사고와 생산성을 확보하기 위해 자기 스스로 공부하고 스스로 지식을 생산하는 자기주도적 학습능력을 길러 주는 일은 결코 간과될 수 없는 일이다.

시시각각으로 변화하는 사회 속에서 발생하는 문제를 해결하기 위해서는 현재의 필요를 충족시킬 만한 지식이나 기술을 과거에 배우지 못했다고 하더라고 자기주도적 학습능력을 갖추고 이를 보충하여 급변하는 사회 속에서 능동적으로 기능할 수 있어야 한다.

이런 자기주도적 학습능력을 갖추고 변화하는 사회 속에서 새로운 지식의 습득과 창조를 위해 끊임없이 변화와 혁신을 시도하여 자신의 적성을 찾고, 자신의 가치를 높이고 끊임없는 변화와 학습을 이루어가는 과정에서 개인은 자신의 잠재적 능력을 개발하여 자아실현을 달성하고, 행복한 삶을 영위할 수 있을 것으로 기대된다.

3. 자기주도학습모형의 적용

이 모형을 현장에 적용할 가능성을 열어 놓은 것은 송인섭의 자기주도학습모형이 가지는 또 하나의 중요한 목적이다. 자기주도학습능력의 향상을 위해 실제 현장에서 적용 가능한 변인을 이 모형에서 제시하고 있는데, 자기주도학습관 매니저가 적용할 수 있는 구체적인 방법은 첫째, 학습자의 현재 학습수준에 대한 정확한 진단자료 제공, 둘째, 학습의 효율을 높이기 위한 동기·행동·인지전략의 제공, 셋째, 학습내용의 숙달과 목표달성을 위한 평가를 실시하여 자기주도적 학습이 과정을 확인할 수 있는 피드백을 제공하여 자기주도적 학습능력 향상을 유도하게 된다.

1) 학습자의 학습수준에 대한 정확한 진단

자기주도적학습의 핵심은 학습자 자신의 학습요구를 진단하고 자신의 학습목표를 설정하며, 학습에 필요한 인적 · 물적 자원을 확보하고 적합한 학습전략을 선택, 실행하여 성취한 학습결과를 스스로 평가하는 과정과 활동을 통하여 학습의 극대화를 가져오게 하는 것이다.

성공적인 자기주도학습의 출발은 학습자의 학습수준을 점검하는 것에서부터 비롯된다. 학습자가 이전의 학습내용을 얼마나 숙달하고 있는지, 학생의 지적 능력은 어느 수준인지의 인지적 시발행동과 학습자가 학습이나 특정 교과에 대해 갖는 태도나 흥미, 자아개념의 정의적 시발행동을 진단하는 것은 학습자 개인에게 맞는 교육수준과 교육과정을 제공하는 데 매우 중요하다. 또한 학습자 자신에게도 자신의 학습수준에 대한 자료를 제시하여 학습에 동기화시키고 교수–학습과정에 능동적으로 참가하게 할 수 있다.

구체적으로 자기주도학습의 극대화를 위해 학습자가 자신에 대해 갖는 생각이 어떤지, 스스로 학습하고 지식을 생산할 수 있는 인지적 · 정의적 · 동기적 준비가 되어 있는지에 대한 정보를 통해 개별학습자의 특성을 진단하고 학습자에 대한 정확한 정보는 개별학습자의 학업성취의 예측을 위한 지표, 교육 지도 및 계획에 이용하게 하고, 자기주도학습관 매니저에게 그들이 지도하는 학생 개개인의 특성을 이해할 수 있는 귀중한 자료를 제공한다.

2) 학습의 효율성 향상을 위한 인지, 동기, 행동 조절 전략의 제공

성공적인 학습자는 자신의 학습에 영향을 미치는 요인을 관리하거나 통제한다. 그들은 학습을 위한 최적의 조건을 설정하고 학습을 방해하는 장애를 제거한다. 교수자의 강의에 한계가 있고, 교재가 구조화되어 있지 않더라도, 주변이 시끄럽더라도, 한 주에 치러야 할 시험이 여러 개 있을지라도 자기주도적 학습자는 이 같은 학습의 장애요인을 극복하고 학습을 위한 최적의 조건을 설정할 수 있기 때문이다. 집에서 공부하기에 방해가 되는 소음이 많은 경우, 도서관이나 학습관에 가서 공부를 할 수도 있고, 고구려 역사의 이해를 위해 핵심내용을 노트에 따로 정리하여 기록하여 두는 것은 학습의 효과를 증가시킬 것이다.

학습성취를 설명하는 가장 강력한 변인은 학습자의 인지능력이지만, IQ가 높은 학습자도 성공적인 문제해결과 학업을 달성하지 못하는 경우가 발생한다. 학습과 동기에 대한 연구가 계속되면서 연구자와 교육자는 학습자가 자신의 인지, 동기, 행동을 조절하기 위해 적절한 전략을 이용함으로써 더욱 성공적인 학습자가 될 수 있다는 것을 발견하게 되었다.

교수-학습과정에서의 교육목표 달성과 학습의 효과를 극대화하기 위해 자신의 학습을 방해하는 변인을 통제할 수 있는 전략, 학습내용의 숙달을 위한 효과적인 학습전략, 행동전략을 제공하여 학습자는 학습과정에서의 모든 의사결정과 행위의 주체가 되어 학습을 책임지

고 학습자 스스로가 자생적으로 학습을 이끌어 학습의 효율성을 극대
화할 수 있어야 한다. 그러므로 자기주도학습관의 매니저는 학습자의
자기주도학습을 길러 주기 위해 직접 가르치는 것을 줄이고, 학습자
스스로 선택하고 조직할 수 있는 방법을 길러 줘야 한다. 예를 들어
학생이 자신의 학습을 개선하기 위해 수업 전에 무엇을 준비해야 하
는지, 공부 중에 모른 것이 있을 경우 어떻게 해야 하는지, 시간관리
는 어떻게 해야 하는지에 대한 전략을 제공하여 학습자 스스로가 자
신의 학습을 위한 최적의 조건을 찾아 학습의 효율을 높일 수 있도록
해 주어야 한다.

3) 학습내용의 숙달과 목표달성에 대한 평가 제공

학습과정에서 평가는 직접적이건, 간접적이건 모든 과정에서 작용
하여 학습의 효과를 극대화할 수 있는 정보를 제공한다. 진단평가는
학습이 이루어지기 이전에 학습자의 과거 상태에 대한 정보를 제공하
고, 형성평가는 학습이 이루어지는 현재의 상태에 대한 정보를 제공
하여 학습에 대한 송환, 교정이 이루어지게 하고, 총합평가에서는 설
정된 학습목표와 학업성취의 도달 여부에 대한 정보를 제공함으로써
자기주도학습의 하위 과정인 자기점검, 자기판단, 자기지시가 실질적
으로 이루어지게 한다.

학습자가 자기 자신에 대해 어떻게 생각하는지, 자기가 가지고 있
던 목표가 무엇인지, 자신의 학습환경의 강점과 약점이 무엇인지를
진단하게 한다. 학생 스스로가 자기가 지금 어느 위치에 있는지를 진

단하고 또 내가 가야 될 방향, 내가 지금 모자란 부분이 어떤 것인가를 스스로 판단하고 깨우치는 자기평가가 이루어지고 이를 통해 학습자는 스스로 계획을 세우게 된다.

송인섭의 자기주도학습을 통해 실제 학습이 이루어지는 교수-학습과정뿐만 아니라 자기주도학습이 이루어지는 전반적인 과정에서 평가를 실시하여 이에 대한 피드백을 제공하여 학습자가 자신의 학습요구를 진단하고 자신의 학습목표를 설정하며, 학습에 필요한 인적 · 물적 자원을 확보하고 적합한 학습전략을 선택, 실행하여 학습 극대화를 가져오게 한다.

자기주도학습을
이끄는 방법

1. 자기주도학습 프로그램

　학습자는 좀 더 자기주도학습에 접근하기 쉽도록 송인섭의 모형을 근거로 한 '자기주도학습 프로그램' 에 참여하게 된다. 자기주도학습 프로그램(송인섭, 2006)은 학습자를 둘러싼 다차원의 영역을 고려하여 자기주도학습능력의 향상 및 학습의 향상을 이끌 수 있도록 개발된 것이다. 이 프로그램에서는 매일 매일 학습목표와 학습계획을 세우게 된다. 계획을 세우고 이것이 얼마나 실행되었는지를 판단해 보는 것은 학습의 준비단계에서 매우 중요한 자세다. 이를 통해서 학습자는 자신이 무엇이 부족했는지 점검하고 분석해 보게 되고 다음 계획을 좀 더 현실성 있게 세우는 데 참고할 수 있게 된다.

1) 자기주도학습 실천장

이 프로그램에서는 학습자에게 매일 '자기주도학습 실천장'을 기록하도록 구성되어 있다. 학생이 기록장에 오늘 무슨 내용을 공부할 것인지를 계획을 세우게 되면, 자신이 세운 학습목표가 명확해지기 때문에 구체적인 학습을 이행할 수 있게 된다. 또한 자신이 학습했던 내용을 어떤 방법(요약하기, 반복하여 외우기, 개념도 그리기)을 통해 습득했는지 기록해 두도록 하였다. 뿐만 아니라 하루하루에 대해 자기 스스로가 얼마나 많이 알았는지 혹은 학습목표를 이루었는지를 평가해 봄으로써 자기반성뿐만 아니라 다음날의 발전적 계획을 세우는 데 도움이 되도록 하였다. 이와 같이 매일 이행되는 학습목표 세우기, 학습내용 익히기, 자기반성을 통해 자신이 어떻게 공부를 하고 있는지, 그리고 얼마나 향상되어 나가는지를 스스로가 알 수 있게 되고, 프로그램이 진행되는 동안에 더욱 발전된 자기의 모습을 발견할 수 있게 될 것이다. 다만 이 '자기주도학습 실천장'을 기록하는 데 있어서 계획을 세울 때의 실행 정도는 양적인 측면뿐만 아니라 질적인 측면 둘 다 고려해야 함을 염두에 두어야 한다.

아래 〈보기 1〉은 매일마다 진행되는 '자기주도학습 실천장'의 예다.

┌ **보기 1** ┐

자기주도학습 실천장

1. 오늘 공부할 학습목표를 구체적으로 세워 봅시다.

_____

_____

_____

_____

　이 부분에서 학습자는 하루 동안의 공부할 학습목표를 세워 볼 수 있다. 이때 '수학 공부하기, 영어 공부하기' 등의 구체화되지 않은 학습목표를 세우는 것은 실천하기에 어려움을 느낄 수 있다. 예를 들어 '오늘 내가 수학공부를 15분 정도 했는데, 이것도 공부를 한 것이니까…' 식의 대충 공부하는 모습만 보이는 것으로 끝나 버린다. 그러므로 위와 같은 부정확하고 애매한 목표설정보다는 다음과 같이 구체적인 학습목표를 세워야 한다. 예를 들어 '수학 – 집합의 교집합과 합집합', '영어단어 40개' 등으로 좀 더 구체적인 학습목표를 세웠을 때 이행하기에도 좋고, 후에 자기평가 역시 쉽게 할 수 있게 된다.

2. 세운 목표를 이루기 위해 할 것을 순차적으로 학습계획을 세워 보세요.

시 간	학습계획 (구체적)

　이 역시 좀 더 구체적으로 시간을 기록해 놓을 때 시간 활용 면에서 매우 유용하다. 자투리 시간을 활용하는 데 우리는 매우 약하다. 주로 TV를 본다거나 컴퓨터 게임을 하는 등으로 시간을 허비하는 경우가 많은데, 이런 자투리 시간을 이용하여 영어단어를 반복해 외운다거나 학교에서 정리하지 못한 과목을 노트에 정리해 두는 등 많은 일을 할 수 있다. 그러므로 이 부분에서는 세운 목표를 어떤 시간에 할 것인지, 또는 자투리 시간을 어떻게 활용할 수 있을지 고려해 볼 수 있다.

3. 오늘 공부한 학습내용을 자신의 방법대로 반복하여 외우고 기억해 봅시다.

학습 내용	기억한 방법 기록

  자신이 학습한 내용을 어떤 방법으로 이해했는지에 대해 기록하는 부분이다. 예를 들어 '영어 단어 40개를 외움'이라고 학습 내용을 쓰고, 기억한 방법에는 '단어를 눈으로 반복해서 보고 외웠음'이라고 기록한다. 만약 이 방법이 자신에게 별로 도움이 되지 않았을 경우 학습 방법에 대해 다시 한 번 점검해 볼 수 있다. 위의 경우 눈으로 반복해서 외웠던 방법이 잘못된 것은 아닌지 생각해 볼 필요가 있다. 따라서 다음 단어를 외울 때는 '노트에 단어를 반복해서 적어 보고, 잘 외워지지 않으면 소리 내어 여러 번 읽어 보기'로 바꾸어 볼 수 있는 것이다.

4. 여러분이 공부할 때 모르는 내용을 다른 사람에게 물어봅시다.

도움을 받은 사람	도움을 받은 내용

  모든 학습을 스스로 해결하기에 무리가 있는 부분이 있다. 이럴 경우 우리는 주위 친구에게 물어본다거나 혹은 선생님, 부모님, 언니 누나에게 도움을 청할 수 있다. 또는 인터넷이나 참고도서를 통해 문제를 해결할 수 있다. 하지만 많은 학생이 모르는 부분에 대해 포기를 해 버리거나 '언젠가는 알게 되겠지' 식의 위험한 생각을 갖고 있다. 이 부분에서는 자신이 스스로 해결하지 못한 문제를 어떻게 해결했는지 점검하고 어떻게 이해했는지 다시 확인할 수 있다. 따라서 귀찮거나 어려워한 부분을 다시 한 번 스스로가 점검할 수 있게 된다.

5. 여러분이 세운 학습목표를 생각하면서 자기 스스로 평가해 봅시다.

자기평가	평가결과(이유)
① ② ③ ④ ⑤ 매우 　보통　 매우 못함 　　　　 잘함	

　마지막으로 하루 동안 세웠던 학습목표를 스스로가 점검해 보는 부분이다. 스스로에게 점수를 주어 자기만족감과 성취감을 맛볼 수 있고, 부족했다면 스스로가 반성을 할 수 있는 기회가 된다.

　위와 같이 '자기주도학습 실천장' 은 매일 자기 스스로가 작성해 나가는 것이며, 이 실천장을 매일 작성해 나감으로써 스스로 공부하는 습관의 밑거름을 만들 수 있고 자신의 학습습관 및 시간관리를 객관적으로 분석해 볼 수 있다. 이 실천장을 얼마나 충실히 작성을 하느냐에 따라 '자기주도학습' 의 성공 여부까지도 결정될 수 있을 만큼 이는 매우 중요한 과제라 할 수 있다. 따라서 성공적인 자기주도학습 습관을 키우기 위해서는 매일 매일 이 실천장을 충실하고 꼼꼼하게 작성해야 한다.

　송인섭 교수(2006)의 연구에서 자기주도 프로그램에 참여하였던 '은비' 는 자기주도학습 실천장으로 하루의 계획을 구체적으로 세우려고 노력하였고, 이를 매우 잘 이행한 학생이었다.

　은비는 공부할 목표를 시간과 구체적인 학습 분량을 설정하여 하루의 학습목표를 세워 나갔다. 그리고 자신이 세운 학습목표를 이행하는 학습방법 역시 구체적으로 잘 서술하여 스스로에게 만족했을 경우 스티커를 붙여서 만족도를 표시하였다. 은비에게 이 자기주도학습 실천장을 두 달 동안 매일 빠지지 않고 쓰도록 하고 어떤 도움이 있었는지 질문하였더니, "그날그날 제가 무엇을 공부했는지 한눈에 알아볼 수 있어서 좋았어요. 그리고 빠진 부분이나 하지 못했던 부분을 챙겨 가며 공부할 수도 있었고요. 한 달 동안 열심히 실천장을 쓴 것을 보니 너무나 뿌듯하더라고요. 시험 준비를 하는 데 계획을 잘 세울 수 있어서 가장 좋았어요."라고 매우 만족스러운 응답을 해 주었다. 은비는 특히 이렇게 계획적인 공부습관이 시험결과에도 도움이 되었음을 알려 주었다.

또한 프로그램에 참여했던 성은이의 경우, 은비와는 달리 처음에는 '수학예습, 국어예습' 식으로 애매하게 계획을 세웠다. 이와 같은 계획은 앞서 언급한 바와 같이 계획을 이행했을 때 얼마나 공부를 해야 할지 어떤 부분을 해야 할지 난감하게 된다. 성은이에게 프로그램에 참여하는 동안 좀 더 구체적이고 명확한 계획을 세우도록 유도하였다. 성은이는 처음 모호하고 애매한 계획 세우기에서 점차적으로 스스로 이행할 수 있는 구체적이고 체계적인 계획을 세우게 되었다. 프로그램을 마치고 나서 성은이는 하루하루 계획을 세웠던 것이 처음에는 다소 귀찮고 힘든 일이었지만 지속적으로 기록장을 써 보니까 하루, 일주일 그리고 시험기간에 무엇을 공부해야 할지 어떻게 해야 할 지가 머릿속에 그려졌고, 계획에 따라 공부를 하다 보니 훨씬 더 능률이 올랐다고 하였다.

2) 3요인 자기주도학습 프로그램

위와 같은 '자기주도학습 실천장'을 매일 매일 작성함과 동시에 학생은 좀 더 효과적인 학습습관과 학습관을 키우기 위해 다음 프로그램에 참여하게 되었다. 이는 자기주도학습 프로그램으로써 자기주도학습의 3요인인 동기, 인지, 행동이 상호작용해 나갈 수 있고, 또한 이에 맞는 프로그램 실시로 구성되어 있다. 또한 프로그램에서는 학습자가 학습에 참여하는 이유와 목적 또는 시험이나 공부로 인한 불안 처리를 좀 더 긍정적으로 해결할 수 있도록 이끌어 주고, 뿐만 아니라 학습하는데 있어 학습자료를 기억하고 이해하는 데 사용하는 실제적인 전략에 대해 익히며, 이와 아울러 학습자 스스로가 자기에게 가장 적합한 학습 환경을 선택하고, 구조화하며, 만들어 갈 수 있도록 구성되어 있다.

(1) 동기조절 프로그램

먼저 동기조절 요인에 해당되는 프로그램부터 살펴보기로 하자. 여기서 동기란 인간의 행동을 일으키는 근원적인 힘으로서 행동을 시작하게 하고 지속시키며, 방향 짓게 하는 힘이다. 학습동기는 학업의 성취를 위한 동인과 그의 충족을 위한 노력 또는 활동의 활성화와 지속의 정도다(김영채, 1990). 이것은 '나는 할 수 있어'라는 제목의 자신감 향상 프로그램, 공부하는 이유와 공부의 중요성이 무엇인지를 스스로 인식할 수 있도록 내재적 가치를 이끌어 주는 프로그램인 '내가 되고 싶은 사람', 학습활동에 대해 가지는 목적으로서 자기가 학습에 어떻게 접근하고 참여하는지를 결정할 수 있도록 도움을 주는 목표향상 프로그램인 '내가 하고 싶은 사람' 까지 총 3개로 구성되어 있다.

┌ 보기 2 ┐

| 나는 할 수 있어! |

1. 내가 성공했던 일 다섯 가지를 적어 보세요.
 ①
 ②
 ③
 ④
 ⑤

2. 내가 실패했던 일 다섯 가지를 적어 보세요.
 ①
 ②
 ③
 ④
 ⑤

3. 여러분의 학교생활에서 자신이 없다고 생각하는 것 다섯 가지를 적어 보세요.
 ①
 ②
 ③
 ④
 ⑤

4. 3번에서 자신이 없다고 생각한 것을 '할 수 있다', '할 자신이 있다' 로 바꾸어 써 보세요.

①
②
③
④
⑤

5. 학교생활에서 자기가 잘못했던 일 중에서 친구, 선생님, 부모님 탓이라고
생각했던 일 다섯 가지를 적어 보세요.

①
②
③
④
⑤

6. 5번에서 적은 내용을 '∼ 했던 것은 내 탓이다' 라고 바꾸어 적어 보세요.

①
②
③
④
⑤

'나는 할 수 있어'의 자신감 향상 프로그램은 학습자가 학습의 성
취 장면에서 자신의 능력에 대해 긍정적인 기대를 갖도록 도움을 주
게 된다. Bandura를 중심으로 한 사회학습 이론가는 자기효능감이
자기조절학습에 영향을 미치는 결정적인 요인으로 자신의 능력에 대
한 개인적 신념으로서의 자기효능감 지각이 학습자의 자기점검(self-
monitoring)과 자기조절학습전략의 사용과 밀접하게 연관되어 있다
고 한다. 자기효능감이 높은 학생은 자기효능감이 낮은 학생보다 더

효과적인 학습전략을 사용하고(Kurt & Borkowski, 1984) 자신의 학습 결과에 대해 더 잘 점검한다고 하였다. 또한 자기효능감에 대한 여러 연구에 따르면, 학업적 자기효능감은 학업성취에 직접적으로 영향을 줄 뿐만 아니라 학생의 성취목표를 향상시켜 학업성취에 간접적으로 영향을 준다. 또한 자신이 학업과제를 더 잘할 수 있다고 믿는 학생은 인지적, 상위 인지적 전략을 더 많이 사용하고 더 오랫동안 끈기를 보이는 것으로 나타났다. 이런 자기효능감은 자기주도학습에 상당한 영향을 미친다. 따라서 '나는 할 수 있어'의 자신감 향상 프로그램을 통해 학습에 있어서 자신의 능력에 대한 긍정적 기대를 갖고 적극적으로 학습활동을 선택하여 학습의 노력의 양을 늘릴 뿐만 아니라 학습의 지속성을 늘릴 수 있게 된다.

┌ 보기 3 ┘

내가 공부하는 이유

1. 나는 왜 학교를 다니고 있는지 그 이유를 솔직하게 적어 봅시다.

2. 20년 후의 자신의 모습을 떠오르는 대로 적어 봅시다.

3. 20년 후의 모습처럼 되려면 어떤 과정을 거쳐야 하나요?

4. 왜 내가 공부해야 하는지 그 이유를 적어 봅시다.

　두 번째 동기조절에 해당되는 프로그램인 '내가 되고 싶은 사람'
은 왜 공부를 하는지, 공부의 중요성이 무엇인지를 스스로 인식할 수
있도록 학습자의 내재적 가치를 이끌어 주는 데 도움이 된다. 내재적
가치란 어떤 과제를 수행함과 동시에 얻을 수 있는 즐거움을 의미한
다. 이는 개인이 어떤 활동을 재미있거나, 만족스럽거나 또는 개인적
이며 도전적인 것으로 지각하기 때문에 주로 자신을 위해 그 활동을
시작하는 동기로 정의된다. 어떤 활동을 시작하고 지속하게 하는 힘
으로서 인간의 동기는 크게 내재적 동기와 외재적 동기로 구분된다.
그래서 내재적 동기는 그 작업이나 활동 자체에 대한 도전과 즐거움
에 초점이 맞춰진다. 반면에 외재적 동기는 활동 자체와는 별개로 어
떤 결과를 얻고자 하는 열망에서 일어나는데 좋은 성적을 얻거나, 기
대한 보상을 획득하거나, 경쟁에서 이기거나, 칭찬을 받는 등의 그 일
자체보다는 어떤 목표를 달성하기 위해 활동을 시작하는 동기로 정의
된다. 따라서 '공부를 함으로써 미래에 자신이 원하는 직업을 가질
수 있다.' 라고 인식할 경우 그렇지 않을 때보다 공부를 하는 양과 노
력에 분명 차이가 있다.

　내재적 동기와 외재적 동기 모두 사람으로 하여금 일을 시작하게
만드는 동기유발을 할 수 있으나, 이 두 동기는 모두 일에 대한 주관
적 감정, 일에의 몰두 그리고 일을 마치는 데 매우 다른 영향을 미칠
수 있다. 따라서 이 프로그램을 통해 자기 스스로 결정을 할 수 있다
고 느끼게 하고 뿐만 아니라 그들 자신이 일을 잘할 수 있다고 희망을
주며, 이 희망에 흥미를 더하게 해 줌으로써 자기주도학습에 긍정적
인 영향을 미치도록 매개체 역할을 해 주게 된다.

┌─ **보기 4** ─┐

┌───┐

| **내가 되고 싶은 사람** |

◎ 자신이 장래에 되고 싶은 사람의 모습을 신문이나 잡지에서 찾아 오려
붙여 봅시다.

1. 나의 장래 희망은 _____이다.

　이 빈칸에는 구체적인 직업을 써 보는 것이 중요하다. 막연하게 사업
가 또는 회사원과 같은 답은 자신의 미래를 밑그림하고 이를 실천하기
어렵기 때문이다.

2. 이와 같은 사람이 되려고 하는 까닭은 무엇입니까?

3. 이 꿈을 이루기 위해서 학교나 가정에서 꼭 노력해야 할 일은 무엇이라고
생각하나요?

　이 역시 자기 스스로 꿈을 이루기 위해 노력해야 할 사항이 무엇인지
명확하게 기록하는 것이 좋다. 자신의 꿈을 이루기 위한 방법을 모른
다면 선생님 혹은 부모님, 선배나 인터넷 자료를 통해 적극적으로 조사
해 보도록 하자.

└───┘

참고자료 진로 정보를 알아볼 수 있는 사이트

한국직업정보 시스템 (한국고용 정보원)	http://know.work.go.kr /know	한국고용정보원 개발, 직업정보, 직업 선택을 자신의 흥미나 지식, 또는 업무 수행능력에 맞춰 찾아볼 수 있고 직업 과 관련된 대학 학과에 대한 정보로 제 시되어 있으며 진로상담 및 취업 지원 제공.

워크넷 (노동부 고용 정보 시스템)	http://www.work.go.kr	노동부에서 제공하고 있으며 직업정보 메뉴를 통해서 직업심리검사나 직업 찾기, 직업과 관련된 자료를 제공하고 있다. 뿐만 아니라 직업상담 역시 이루어지고 있다.
커리어넷 (한국직업능력 개발원)	http://www.careernet.re.kr	이 사이트에서는 초등학생부터 성인에 이르기까지 대상별로 진로와 관련된 검사와 정보를 제공하고 있다. 그리고 온라인 직업적성, 직업흥미, 진로성숙도 검사를 해 볼 수 있다.
한국가이던스	http://www.guidance.co.kr	각종 심리검사를 받아 볼 수 있는 곳이고 뿐만 아니라 심리상담 서비스를 제공하고 있다.
에듀피아	http://www.edupia.com	진로탐색, 대학전공 선택 검사 등 검사 서비스를 받을 수 있고 직업정보와 직업동향, 자신에게 맞는 직업에 대한 정보를 얻을 수 있다.

┌ 보기 5 ┘

나의 인생목표

* 아래의 시기 동안에 여러분이 학습에서 달성하고 싶은 것이 무엇인지를 생각해 보고 이루고자 하는 것을 기록하십시오.

기 간	존재 여부	달성하고 싶은 것
장기 (10년~20년 후)		
중기 (3~5년 후)		

단기 (3개월~1년후)		
1개월		
이번 주		
오늘		

 세 번째는 '목표지향성 향상' 프로그램으로 학습자가 학습활동에 대해 가지는 목적을 학습에 어떻게 접근하고 참여하는지를 이해하고 보다 명확하고 구체적인 목표설정을 하게 된다. 대부분의 학생은 초등학교 때엔 자신의 미래의 꿈을 자신 있게 말할 수 있다. 하지만 학년이 올라갈수록 초등학교 때보다는 중학교 때, 중학교 때보다는 고등학교에 올라가면서 당장에 치러야 할 시험과 수많은 과제 때문에 자신의 미래에 대한 생각을 미뤄 두게 된다. 미래에 대한 생각은 물론 시간이 지남에 따라 변할 수도 있다. 그리고 청소년기에는 무한한 가능성이 있기 때문에 변할 수 있는 가능성에 명확한 목표를 세우는 것이 필요 없는 일이라 생각할 수도 있겠지만 꾸준히 자신의 적성과 흥미를 찾아보고 자신에게 적합한 분야와 직업을 탐색하는 작업을 매우 중요한 일이다. 왜냐하면 이런 과정을 통해 올바른 목표에 다가갈 수

있으며 구체적인 목표를 갖고 있을수록 실천 가능성도 높아지기 때문이다. 또한 자기 삶의 목표를 통해 학생은 현재 자신에게 주어진 과제가 무엇인지를 확고히 알게 되기 때문에 이와 같은 목표는 좀 더 나은 미래를 향해 힘차게 나가갈 수 있도록 하는 원동력이 된다. 잘 세운 꿈과 비전은 학생의 학습동기와 의지를 강화시켜 준다. 우리는 미래에 대해서 막연하게 '잘되겠지.' 식의 낙관적인 경향을 갖고 있다. 그리고 '나중에 열심히 하면 돼.'라는 안일한 생각으로 자신을 합리화시키려고 한다. 하지만 미래를 준비하고 더 나은 삶을 살기 위해서 위와 같은 생각과 태도는 매우 위험하다. 따라서 궁극적인 자기 삶의 꿈을 달성하기 위해서 매우 구체적이고 현실적인 목표를 설정해야 한다.

이번 프로그램은 스스로에게 좀 더 구체적이고 현실적이며 자기가 목표를 이루기 위해 어떤 준비를 해야 할지에 대해 점검을 하는 부분이다. 학습목표를 설정한 학습자는 위 프로그램에서 훈련된 과제에 대한 내재적 흥미, 과제와 관련된 내면화된 가치, 과제의 유용성 때문에 과제를 수행하게 된다. 또한 학습목표를 가지고 있는 학생은 새로운 능력을 발달시킬 수 있는 도전감 있는 과제를 추구하며, 과제수행 과정에서 어려움에 직면한다고 해도 그것을 지속하려고 한다. 또한 이들은 자신이 투입한 노력의 양과 실제학습, 그리고 숙달 수준을 근거로 자신의 능력을 판단하게 된다. 자신의 목표에 대해 흥미를 가지고 몰두를 하는 학습자는 몰입상태에 빠져들게 되는데, 이 몰입상태를 경험하는 사람은 과제에 몰두해서 시간과 공간에 대한 의식을 상실하여 끊임없이 빠져들게 된다.

(2) 인지조절 프로그램

다음으로는 학습자의 인지조절을 향상시켜 주는 데 도움이 되는 프로그램이다. 인지조절 요인이란, 학습자가 자료를 기억하고 이해하는 데 사용하는 실제적인 전략을 어떻게 사용하느냐로 흔히 열심히 공부를 하는데, 성적이 오르지 않는 학생을 볼 때 이런 인지조절 능력이 필요하다고 할 수 있다. 따라서 학습자가 정보를 처리하고 통제, 조절하는 부분에 해당된다. Weinstein과 Mayer(1986)의 인지학습전략에서 암송, 정교화전략, 조작화전략, 이해점검전략 등을 학습함으로써 학습자의 인지조절 능력을 향상시키고자 하였다. 정교화란 학습자료를 의미 있게 하기 위하여 새 정보를 이전 정보와 관련시켜서 특정한 관계를 지니도록 하는 인지전략을 의미하고 시연, 반복 암송전략은 단기기억 속에서 정보가 사라지지 않게 하기 위한 인지전략으로서 학습내용을 외우거나 소리 내어 읽는 것과 관련된다. 그리고 자신의 주의집중을 추적하면서 이해 정도를 확인하는 인지전략으로 점검, 평가라 일컫는다.

이 외에도 많은 인지학습전략을 다루는 프로그램에서는 정보를 찾거나 조직화, 해석, 기억 등의 방법으로 프로그램을 운영하고 있다. 이 프로그램에서도 좀 더 효율적인 인지조절 방법을 통해 학습에 투입한 시간량만큼의 효과를 거둘 수 있도록 '학습장 쓰기', '수학오답 노트', '영어단어 외우기'를 실시하게 된다.

사회와 국사와 같은 암기과목의 경우 매일 작성하는 학습장에 자신이 배운 내용을 정리하고 주요개념을 찾고 마지막으로 요약을 할 수 있도록 제시되어 있고, 수학의 경우 오답노트를 통해 자신이 풀었던 풀이과정과 정답의 풀이과정과의 차이를 이해, 분석할 수 있도록 구성되어 있다. 먼저 수학의 경우, 수학을 좋아하는 학생도 많지만 싫어하는 학생도 많다. 문제는 수학을 좋아하건 싫어하건 간에 많은 학생이 자신이 어려워하는 문제는 있다는 것이다. 학습에서 반복은 매우 중요한 습관이다. 특히 수학의 경우 반복과 복습이 매우 필요한 과목이다. 왜냐하면 수학은 다른 과목과 달리 기초가 없으면 다음 진도를 나가기가 힘들기 때문이다. 국어의 경우에 중학교 때 배운 문학작품을 완벽히 소화하지 못하더라도 고등학교에 가서 새로운 문학작품을 배우는 데 심각한 문제를 일으키지 않는다. 하지만 수학의 경우는 중학교 때 배웠던 내용을 제대로 정리하고 있지 않으면 고등학교에 가서 매우 힘들어지게 된다. 그렇기 때문에 무엇보다도 반복과 확인학습이 매우 중요한 과목이다(김송은, 2005). 따라서 자신이 완벽하게 해결하지 못했던 부분이나 또는 자꾸 틀리는 문제에 대해서는 꼼꼼한 점검이 필요로 하기 때문에 이 프로그램에서 다루고 있는 부분이다. 다음으로 영어단어의 경우 지속적인 반복과 기억이 필요하기 때문에 반복연습과 기억할 수 있는 영어단어노트를 제시하고 있다. 영어 단어의 경우, 더욱 효과적인 기억을 위해 반복하여 써 보는 것도 좋지만 이를 반복하여 입으로 되새기며 읽어 보는 것을 동시에 했을 때 그 효과가 크다.

마지막으로 학습을 잘하는 데 매우 중요한 요소 중 하나는 '학습한 내용을 얼마나 잘 정리해 두는가? 다. 어떤 학생은 자신의 필체가 엉망이기 때문에 노트정리 해 둔 것을 읽어 보면 오히려 짜증만 난다고

┌ 보기 6 ┘

수학 오답 노트

문 제	
풀이과정	해당과정

내가 이 문제를 왜 틀렸는가?	이 문제에서 이것만은 꼭 알아 두자!
① 문제를 정확히 안 읽어서 (　　) ② 계산상의 실수 때문에 (　　) ③ 문제를 이해 못해서 (　　) ④ 문제가 어려워서 (　　) ⑤ 기타 (　　)	

┌ 보기 7 ┘

영어 단어 · 숙어 노트								
영어 단어	의미	연습1	연습2	연습3	연습4	연습5	단어 점검	단어 점검
⋮	⋮	⋮	⋮	⋮	⋮	⋮	⋮	⋮

말한다. 하지만 공부를 잘하는 친구를 보면 대부분 노트정리를 깨끗
하게 잘하고 있다. 중요한 것은 노트 정리는 얼마나 깨끗이 하느냐가
아니라 얼마나 학습내용의 요점을 잘 파악하고 있느냐다. 따라서 수
업시간에 선생님의 설명을 집중해서 듣고 이를 적극적으로 필기하다
보면, 처음에는 매우 어렵고 까다로운 작업이라고 생각되겠지만 어느
정도 익숙해지면 정확한 요점을 노트에 담을 수 있게 된다.

수업과정에 따라 노트 필기하는 방법은 수업 전, 수업 중, 수업 후
로 나누어 살펴볼 수 있다(최정원 외, 2006). 먼저 수업 전에는 앞서 배
운 시간의 노트 내용을 훑어보고, 필요한 필기구를 준비해 둔다. 수업
중에는 주제와 핵심어를 적어 두고, 중요한 세부내용을 기록한다. 그

┌─ 보기 8 ─┐

나만의 노트 정리	
2006년 ( )월 ( )일 ( )요일	
◆ 오늘 공부한 내용을 정리하여 봅시다.	
과목명 :	
단원명 :	
주요개념	내용정리
요 약	

리고 선생님께서 강조하고 있는 내용과 단서에 주목을 하고 표시를 해 둔다. 마지막으로 수업 후에는 수업 중에 기록하지 못한 것이 있을 때 확인하고 기록하고 하루를 마무리하기 전에 필기 내용을 복습해 둔다.

(3) 행동조절 프로그램

행동조절 프로그램에서는 학습자가 자신의 학습을 성공적으로 이끌기 위해 가장 적합한 학습 환경을 선택하고 구조화하며, 창조하는 데 도움을 준다. 여기에는 크게 시간과 공부조절, 노력, 학습행동조절 부분으로 나누어지는데, 먼저 시간과 공부조절이란 학습자가 자신의 학습시간과 공부방법을 효과적으로 조절하는 것을 의미하고, 노력조절이란 학습자가 과제를 수행하기 위해 학습자 스스로 노력을 분배 관리하거나 필요한 도움을 요청하는 등 학습을 수행하기 위해 노력하는 것이며, 학습행동 조절이란 학습자가 자신의 학습행동을 조절하는 것을 말한다. 행동조절에 해당되는 프로그램에 대해서 구체적으로 살펴보면 다음과 같다.

┏ 보기 9 ┛

우선순위 정하기

1. 연습하기

어느 날 삼순이는 학교에서 돌아와 메신저로 친구와 협동학습 숙제를 하고 있었습니다. 그런데 갑자기 엄마께서 저녁 식사에 필요한 두부를 집

앞 슈퍼마켓에서 사 오라고 하셨습니다. 그런데 심부름을 가는 길에 빗방울이 한 방울씩 떨어지기 시작했습니다. 삼순이가 급히 뛰어가는 도중 무거운 보따리를 머리에 이고 계신 할머니가 힘들어하시며 부탁을 하였습니다. "얘야, 이 짐이 너무 무거우니 저 큰 길가에 버스 정류장까지만 같이 들어 줄 수 있겠니?" 삼순이는 매우 난감해하였습니다. 왜냐하면 갑자기 뛰어나온지라 신발이 마구 벗겨지려고 하고, 빗방울은 점점 굵어질 뿐만 아니라 친구가 지금 메신저에서 숙제 때문에 기다리고 있고, 내일 아침 1교시에 영어단어시험도 있을 뿐만 아니라, 미술 과제물도 내일 제출해야 했으며, 당장 엄마 심부름으로 두부도 사와야 하고, 할머니 짐도 들어 줘야 하는데 도대체 무엇부터 해야 할까요?

위의 상황에서 여러분은 어떤 활동을 우선적으로 하겠습니까? 그 활동을 순서대로 왼쪽 칸에 적어 보고, 그 이유를 오른쪽 칸에 생각나는 대로 써 보십시오.

활동순서	그 이유

2. 실제로 해 보기

앞에서 작성한 주관계획표의 여러 활동을 다음 네 가지 영역에 구분하여 보십시오.

	현재 행동
중요하고 긴급한 영역	
중요하지만 긴급하지 않은 영역	

	현재 행동
긴급하지만 중요하지 않은 영역	
긴급하지도 중요하지도 않은 영역	

　먼저 '우선순위 정하기'로 이는 흔히 우리는 대개 더 비중이 높고 중요한 일을 하기에 앞서 일상적이고 하찮은 일에 빠지기 쉬운 우리의 모습을 깨닫도록 하는 데 도움이 된다. 수많은 중요한 기말고사를 앞둔 학생은 공부에 집중하는 것 대신에 편지를 쓴다거나, 개인 미니홈피를 둘러본다거나 책상정리를 하는 등의 일을 한다. 이런 일을 하는 것은 더 중요한 과제를 회피하는 것을 자기 스스로 합리화시키려는 경향에서 나오게 된다. 하지만 자신에게 직면한 과업과 해야 할 일 앞에서 위와 같은 행동은 시간낭비의 원인이 될 뿐이다. 따라서 자신이 해야 할 일을 인식하고 이것이 목표 설정과 관련하여 얼마나 달성할 수 있는지를 파악해야 한다. 또한 자신이 실천할 수 없는 계획이 있다면, 이것이 왜 실행에 옮겨지지 않는지의 이유를 분석하여 조직화할 필요가 있다. 이렇게 스스로 자신이 무엇을 해야 할지 결정함으로써 시간과 공부 조절을 할 수 있게 되는데, 이는 학습자가 자신의 학습시간과 공부방법을 효과적으로 조절하는 것을 의미한다. 전통적으로 학습시간에 관한 연구는 개별 학습자가 학습을 완전히 숙달하는 데 필요한 시간량을 학업적성으로 보았다. 그런데 최근 들어 학습시간과

관련된 연구는 학습시간을 계획하고 관리하는 학습자의 인지과정에 초점을 맞추면서 효율적인 학습시간 관리를 자기조절학습자가 지녀야 할 중요한 학습전략으로 보게 되었다.

┌ **보기 IO** ┐

주간 계획 세우기							
오전	시간대	월	화	수	목	금	토	일

오전	시간대	월	화	수	목	금	토	일
	12:00 ~1:00							
	1:00 ~2:00							
	2:00 ~3:00							
	3:00 ~4:00							
	4:00 ~5:00							
	5:00 ~6:00							
	6:00 ~7:00							
	7:00 ~8:00							
	8:00 ~9:00							
	9:00 ~10:00							
	10:00 ~11:00							
	11:00 ~12:00							

일일 계획 세우기

번호	세부사항	영역	순위	실행방법		이 유	시간표	
				어디서	어떻게			
							5:00	
							5:30	
							6:00	
							6:30	
							7:00	
							7:30	
							8:00	
							8:30	
							9:00	
							9:30	
							10:00	
							10:30	
							11:00	
							11:30	
							12:00	
							12:30	
							1:00	
							1:30	
							2:00	
							2:30	
							3:00	
							3:30	
							4:00	
							4:30	
							5:00	
							5:30	
							6:00	
							6:30	
							7:00	
							7:30	
							8:00	
							8:30	
							9:00	

번호	세부사항	영역	순위	실행방법		이 유	시간표
				어디서	어떻게		
							9:30
							10:00
							10:30
							11:00
							11:30
							12:00
							12:30

비고

전체적 평가

잘한 점		앞으로의 계획에 반영시킬 점
반성할 점		

효과적인 학습자는 시간이 제한적이라는 사실을 인식하기 때문에
과제를 완성하는 데 필요한 시간이 얼마나 되고, 그에 필요한 인지전
략은 무엇인지를 늘 고려한다. 또 시간관리는 지능보다도 학업성취를
더 많이 예언하며 자기효능감 및 목표설정과도 의미 있는 관련이 있
다는 연구결과가 나타나고 있다. 따라서 우선순위를 정해 놓고 시간
을 효율적으로 사용한다면 자신이 목표한 기대수준의 학업성취를 얻
는 데 많은 도움을 받게 될 것이다.

두 번째 행동조절 프로그램은 앞서 세운 목표설정에 대한 중·장
기적 안목을 세우는 것으로 구체적 활동으로 '일일계획, 주간계획, 수
년 후까지 중·장기 계획 세우기'를 하게 된다. 그리하여 시간관리의

중요성을 체감하고 실제로 자신에게 좀 더 적절한 계획을 세워나갈 수 있도록 도움을 준다. 이 프로그램은 단순히 현재 시간을 낭비하지 않고 분주히 쓴다는 좁은 의미에서 한 개인의 활동, 삶을 관리한다는 생활관리 혹은 인생 관리의 넓은 의미로 확장시켰다. 그리하여 자신의 행동과 삶에서 자신이 주체가 되어 자신에게 의미 있는 생활을 창조할 수 있기 위해 제반 여건을 확인하고 자신에 대한 깊은 성찰을 유도하여 여러 가지 변화를 꾀할 수 있게 된다. 그리고 자신의 생활 중 시간을 효율적, 비효율적으로 보내는 활동이 무엇인지를 확인하고 이를 분석하여 시간을 적절하게 혹은 부적절하게 보내는 이유에 대해서도 살펴볼 수 있다. 이런 강조점을 지닌 시간관리 프로그램은 자기 생활을 능동적으로 분석하고 의미 있는 목표를 세우며, 이를 실천할 수 있도록 자기 생활과 활동을 통제하고 관리하여 진정한 의미에서의 시간관리를 실천할 수 있게 된다. 그러므로 기대되는 실제적인 효과로 학업만족도를 높이고 학업성취를 올릴 수 있는 기반을 제공하고, 역할혼미 지각을 줄이며 스트레스에 따른 소진을 예방하게 되고 더 나아가 자기효능감과 자아개념을 높여 긍정적인 삶의 태도와 자신감을 갖게 된다.

세 번째, 행동조절 프로그램은 자신을 둘러싼 환경에 대해서 점검해 보는 것으로 '나의 공부환경은'이라는 프로그램이다. 한 연구조사에 따르면, 학업성취도가 높은 학생이 낮은 학생보다 자신의 학습 환경을 구조화하는 데 관심이 많고 실질적으로 그 능력도 뛰어난 것으로 밝혀졌다(김송은, 2005). 이 말은 공부를 잘하는 학생이 공부가 더 잘되도록 하기 위한 물리적 환경배열에 더 많은 노력을 기울인다는

┌ 보기 ll ┐

나의 공부환경

1. 자기 자신이 공부할 때 주의집중을 방해하는 원인이 되는 것은 무엇이든
지 적어 보세요.

1	
2	
3	
4	
5	

2. 위에서 작성한 주의산만 요인을 심리적인 것과 물리적인 것으로 나누어
적고, 분류가 애매한 것은 기타요인 란에 적으세요.

공부에 방해되는 원인에 대해서 한 번쯤 진지하게 생각해 보는 것은 바
람직하다. 자신이 공부에 집중하지 못할 때 무엇 때문인지를 알고 있
다면 좀 더 집중이 필요할 때 스스로가 방해요인을 차단할 수 있기 때
문이다.

〈나만의 주의산만 요인 분석표 작성〉

주의산만 요인	주의산만 내용	개선방안
심리적 요인	1. 2. 3. 4.	1. 2. 3. 4.
물리적 요인	1. 2. 3. 4.	1. 2. 3. 4.
기타요인	1. 2. 3. 4.	1. 2. 3. 4.

3. 계획한 공부를 잘하기 위해 좋은 학습 환경을 만들려면 어떻게 할까요?

요일학습	환경 만들기 내용
월	
화	
수	
목	
금	
토	
일	

뜻이다. 이 결과는 공부가 잘되록 하는 환경적 요인이 공부에 대한 욕구나 목표 못지않게 중요한 것임을 알려 주고 있다. 최고의 환경에서 공부를 한다면 그만큼 공부의 능률과 성취도 높아질 것이다. 자신의 학습을 성공적으로 이끌기 위해 방해되는 원인이 무엇인지를 파악해 보고 이에 대해 분석한 뒤 자기 스스로 개선점을 찾도록 훈련하게 되어 있다. 혼자 해결할 수 있는 방해 요인일 경우 스스로가 없애도록 노력하고 물리적인 원인일 경우 최선책을 찾아봄으로써 적극적으로 문제해결을 할 수 있도록 구성되어 있다. 따라서 스스로가 가장 적합한 학습환경이 무엇인지를 선택하고 구조화하며, 창조할 수 있도록 도움을 준다.

이렇게 자기주도학습의 3요인인 동기, 인지, 행동이 상호 작용해 나갈 수 있도록 프로그램을 구성하였으며, 이에 맞게 프로그램을 실시할 수 있도록 구성되어 있다. 또한 프로그램에서는 학습자가 학습에 참여하는 이유와 목적 또는 시험이나 공부로 인한 불안 처리를 더욱 긍정적으로 해결할 수 있도록 이끌어 주고, 뿐만 아니라 학습하는 데 학습자료를 기억하고 이해하는 데 사용하는 실제적인 전략에 대해 익히며, 이와 더불어 학습자 스스로가 자기에게 가장 적합한 학습환경을 선택하고 구조화하며, 만들어 갈 수 있도록 구성되어 있다.

2. 다양한 자기주도학습과 학습전략 프로그램

그 외 다른 자기주도학습 및 학습전략을 향상시키고자 하는 프로그램은 개발되어 있으나, 이는 학위논문에서 자기조절학습전략을 실시했을 경우 그렇지 않을 때보다 학습자에게 긍정적인 결과를 가져다 준다는 실험연구가 대부분이다. 먼저 자기조절학습전략에서 가장 많이 언급되고 있는 Zimmerman와 Martinez-Pons(1986)이 소개한 자기조절학습전략을 살펴보면 다음과 같다. 이 프로그램은 10주로 구성되어 있고, 첫째 날에는 자기조절 학습전략에 대한 소개 및 의의를 설명, 이틀째는 자기조절학습전략을 이해하고 있는지를 확인하며, 셋째 날에는 학생이 각자 기록한 '자기조절학습 실천 기록지'를 가지고 와서 발표하고 토의하도록 되어 있다. 그 다음부터는 일주일씩 만나게 되는데 매주 학생은 일주일분의 학습 실천 기록지를 선생님께 제출하고 주별 프로그램에 참여하게 된다. 주별 프로그램은 다음과 같다.

- 학습목표와 학습계획을 세우기
- 좋은 학습환경 만들기

- 학습자료에 대한 정보를 구하기
- 노트에 기록하고 점검하기
- 학습내용의 조직화와 바꾸기
- 계속 반복하여 외우고 기억하기
- 친구 선생님 혹은 다른 사람의 도움 구하기
- 책, 공책 혹은 평가지를 통한 복습하기
- 자기 스스로 평가하기
- 자기 스스로 칭찬하고 벌하기

위의 프로그램의 경우 학습전략에만 초점을 맞추고 있어서 학습자 스스로 어떻게 공부하는가의 공부 방법은 많은 도움이 되겠지만, 실제 학습의 필요성과 스스로 공부하는 것이 왜 중요한지의 심리적 동기를 함께 이끌어 줄 수 없어 아쉬움이 있다. 이 프로그램뿐만 아니라 대부분의 학습전략 향상에 도움을 주는 프로그램은 미시적으로 공부하는 방법, 학습내용을 조직화하는 법, 기억하는 법 등의 인지적인 수행방법을 개선하는 데 주로 주안점을 두고 있다.

다음 〈표 4-1〉은 국내에서 개발되었거나 외국에서 도입한 학습전략 프로그램의 예를 제시한 것이다.

위의 다양한 프로그램을 분석해 보면, 앞서 언급한 바와 같이 주로 학습자의 인지적 학습능력을 개발하는 데 주된 초점을 맞추고 있음을 알 수 있다. 하지만 송인섭의 자기주도학습 프로그램(2006)은 3장 자기주도학습 모형에 근거하여 다차원적으로 학습자의 학습과 관련된 영역을 향상시키는 데 주안점을 두고 있다. 자기주도학습의 모형을

| 표 4-1 | 자기주도 및 학습전략과 관련된 프로그램의 예 |

프로그램	대 상	내 용
전라북도 청소년 상담실	중고생	공부방법 진단검사, 공부계획법, 공부방법 7단계, 노트정리법, 시험준비법대학에서의 학업적 적응을 돕는 프로그램(홍경자)대학생 총 6회로 구성
대학에서의 학업적 적응을 돕는 프로그램 (홍경자)	대학생	자기이해, 가치관명료화, 직업탐색, 생의 목표 및 진로설계, 접근활동(학습계획 세우기와 소감 발표)
학습태도 개발 프로그램 (윤정륜)		– 시간관리와 정신집중으로 구분되어 구성 – 시간관리전략에는 공부스타일 확인, 현재 생활의 진단(나의 일과 분석표), 일상활동 계획표 작성 및 실천 – 정신집중전략에는 주의산만요인 분석, 환경적인 계획과 준비표 작성, 개인적인 계획과 준비표 작성, 과제관련적인 계획과 준비표 작성
학습과 사고의 전략 (김영채 · 전헌선 외 3인)	고등학생 이상	학습사고의 개발, 단편적인 사실기억(의미기억, 매개단어법, 연쇄화기법), 주제문의 이해(시각적 심상전략, 의역전략, 질문생성전략, 추론전략, 핵심아이디어의 발견전략), 장과 단행본의 이해, 요점과 노트정리전략, 시험전략, 창의적 사고
효율적인 학습상담법 (김영진)	학습부진청소년과 교사, 학부모	학습동기강화, 시간관리능력 향상, 집중력 행상, 독서지도, 기억력 증진, 노트작성, 시험관리능력 향상
초등학교 학습부진아용 교수－학습자료개발 (한국교육과정평가원)	초등학교 4~6학년 학습부진아	학습동기강화방안, 학습관리전략, 일반학습 수행전략(주의집중, 기억, 정교화), 과제특수 학습 전략
방략학습과 방략교수 (강연하 옮김)	교사, 훈련자, 학생	과학, 사회, 수학, 국어과 방략교수
4주간의 공부혁명		동기관리, 환경관리, 목표관리, 시간관리, 주의집중력 관리, 기초교과관리, 시험관리

출처: 김동일(2005). 학습전략프로그램 참조.

살펴보면 크게 세 차원인 환경, 자기주도, 결과 차원으로 나뉘게 된다.

환경차원에서는 3장에서도 설명한 바와 같이 개인을 둘러싼 가정과 학교 사회를 들 수 있다. 이 프로그램에서는 자신의 공부환경을 생각해 보게 하고, 만약 공부에 방해되는 원인이 있다면 그것이 무엇이며, 이를 개선할 방법 또한 어떤 것이 있는지를 학습자 스스로가 생각하고 찾아볼 수 있도록 구성되어 있다. 자기 스스로 문제점을 찾고 이를 해결하도록 노력함으로써 이 프로그램에서 성공했을 때보다 만족감이 향상될 뿐만 아니라 자기효능감에도 긍정적인 영향을 줄 수 있다.

두 번째 자기주도 차원을 고려하여 이 프로그램에서는 개별학습자가 스스로 자신의 학습에서 주도권을 갖고 자신의 학습요구를 진단하고 자신의 학습목표를 설정하며, 학습에 필요한 인적 · 물적 자원을 확보하고 적합한 학습전략을 선택, 실행하여 성취한 학습결과를 스스로 평가하는 과정과 활동을 수행하는 과정을 이끌어 나가는 데 도움이 될 수 있도록 구성되어 있다. 자기주도학습은 교수-학습이 이루어지 이전에 환경의 영향을 받아 결정된 학습자의 '시발행동'을 진단하고 진단결과에 따라 학습자를 적절한 교수-학습과정에 배치할 뿐만 아니라 자기주도학습을 할 수 있는 심리적 · 환경적 자극을 극대화하는 단계에서부터 출발한다. 따라서 학습자에게 충분한 도움을 제공하기 위해서 이 프로그램에서는 개별학습자가 갖는 교육환경과 학습하는 방법을 진단하도록 하고, 자신의 인생목표와 희망, 자기효능감을 확인, 점검하게 된다. 이런 각 학습자 개개인의 프로그램 결과에 따라 학습자의 수준과 상황에 알맞게 학습활동 및 심리적 상태 등을 고려하여 이들의 학습목표의 달성을 촉진하고 극대화하는 데 도움을 제공할 수 있다.

이와 같이 환경과 자기주도학습의 차원에 따른 프로그램에 적극적으로 참여한 학습자는, 앞서 제시한 모형의 결과차원인 자기주도학습으로 인한 행동특성의 변화로 학습자의 학업성취 향상과 자기조절학습능력의 향상이 이루어지고 자기주도학습 모형의 최종목적인 자기주도적 학습자 양성을 통한 이상적인 자기실현(self-actualization)을 기대해 볼 수 있다. 이 프로그램은 자기주도학습을 통해 학습자의 학업성취 향상에 도움을 주기 위한 안내자의 역할을 해 줄 수 있다.

이 프로그램의 적극적 참여로 인하여 학습자는 스스로가 자신의 학습에 영향을 미치는 요인을 관리하여 학습에 방해가 되는 요인을 제거하면서 학습을 위한 최적의 조건을 설정할 수 있고, 학습목표 달성을 위해 다양한 인지조절 전략을 사용할 수 있기를 기대해 볼 수 있다. 뿐만 아니라 앞으로 자신의 학습수준과 시발행동에 대한 이해를 바탕으로 학습목표를 달성하기 위해 자신이 어떤 인지전략을 사용하고 그 과정에서 어떤 변인을 통제하여야 하는지에 대한 인식을 갖고 있으므로 학습에 대해 동기화가 잘될 것이다. 타인에 의해 타율적으로 주어진 목표를 달성하기 위해 학습을 하는 것이 아니라 자신의 페이스에 맞게 새로운 학습과제를 성취하기 때문에 학습에 대한 내재적 동기화가 발생하고 학습에 대한 긍정적 자아개념과 태도를 가질 수 있게 된다.

아울러 자기주도학습능력의 향상을 통해 학습자는 스스로 자신의 학습에서 주도권을 갖고 자신의 학습요구를 진단하고 자신의 학습목표를 설정하며, 학습에 필요한 인적 · 물적 자원을 확보하고 적합한 학습전략을 선택, 실행하여 성취한 학습결과를 스스로 평가하는 과정과 활동을 통하여 학습의 극대화를 가져오게 하는 것이다.

3. 다양한 자기주도학습과 학습전략 프로그램의 적용

여기에서는 자기주도학습에서 학습자 스스로 학습향상 또는 학습습관을 개선을 위해 실제 적용해 볼 수 있는 다양한 프로그램을 직접 제시하고자 한다. 위에서 제시한 송인섭(2006)의 자기주도학습 프로그램 이외에 학습자가 적용 가능한 프로그램 소개를 통하여 학습자에게 도움을 주고자 한다.

1) 동기조절 프로그램

먼저 동기조절과 관련된 프로그램으로 '모델링 하기'가 있다. 이는 학교에서 학습 태도가 좋은 친구, 교우관계가 좋은 친구, 선생님 말씀을 잘 듣는 친구 등 닮고 싶은 친구의 모습을 떠올려 친구의 행동을 따라 해 봄으로써 그 친구와 같이 좋은 점을 기를 수 있다. Bandura는 학생이 자신도 모델처럼 행동하면 강화를 받을 수 있는 기회가 증가한다고 믿기 때문에 모델을 모방한다고 하였다. 이처럼 모델의 모범적이고 긍정적인 행동을 관찰하고 모방함으로써 자신의 학습습관을 긍정적으로 바꿀 수 있고 뿐만 아니라 학업성취도 높일 수 있다.

┌─ 보기 12 ─┐

모델링 하기

닮고 싶은 친구의 행동에 닮고 싶은 친구의 이름을 적고 그의 행동 특성을 적어 보세요. 살며시 눈을 감고 자신의 마음속에 있는 부정적인 생각을 내보내세요. 그런 다음 내가 그 친구라고 생각하고 그 친구의 행동을 따라해 보세요. 마지막으로 이 활동을 통해 무엇을 느꼈는지 말해 봅시다.

	닮고 싶은 친구의 이름	닮고 싶은 친구의 행동
1		
2		
3		
4		

출처: 김순혜 외(2006). 4주간의 공부혁명 참조.

다음으로 자신의 현재 모습을 인식하고 희망적이고 밝은 미래상을 그리기 위한 방법으로 '되고 싶은 나' 라는 프로그램을 실시해 볼 수 있다. 이 프로그램을 통해서 학습자는 현재 자신의 모습과 욕구에 대한 인식을 바탕으로 구체적인 미래를 설계하는 데 도움을 받을 수 있다. '나' 를 안다는 것은 그리 쉬운 일이 아니다. 나라는 존재는 '자동차' 나 '사과' 와 같은 물건이 아니기 때문에 눈으로 볼 수 없을 뿐만 아니라 항상 변화하기 때문에 오늘의 나와 내일의 나가 같다고 이야기할 수도 없다. 그렇다고 해서 변화하고 보이지 않는다는 이유로 '나' 를 점검하고 이해하지 못하게 되면 자신의 삶을 타인의 기대와 주어

┌ **보기 13** ┐

되고 싶은 나

아래 빈 곳에 자신이 경험하고 싶은 것이나 이루고 싶은 것을 생각나는 대로 솔직히 쓰세요. 그리고 그것을 했을때의 좋은 점과 나쁜 점도 써 보세요. 마지막으로 '되고 싶은 나의 모습' 을 떠올려 보고 지금부터 무엇을 할 수 있을지 말해 보세요.

내가 원하는 것은?

1. 나는 _____

    • 좋은 점 :

    • 나쁜 점 :

2. 나는 _____

    • 좋은 점 :

    • 나쁜 점 :

출처: 김순혜 외(2006). 4주간의 공부혁명 참조.

진 상황에 이끌려 따라가게 된다거나 삶의 의미에 대한 반성도 없이 매일매일 살아갈 수밖에 없게 된다. 그래서 왜 자신이 공부를 하는지 무엇 때문에 공부를 하는지 등의 질문에 답을 할 수 없게 될 것이다.

많은 학생은 시험이라는 단어를 그리 반가워하지 않는다. 하지만 시험에 대한 태도를 바꾸는 것만으로도 성적을 향상시키거나 학습을 보다 자신 있게 해 나갈 수 있다. 먼저 간단히 자신의 시험 준비 태도를 점검해 보기로 하자.

보기 14

나의 시험 준비 태도

1. 나는 시험발표가 나면 시험준비에 몰두한다.	1	2	3
2. 나는 시험 볼 날짜가 결정이 되면 계획을 짜서 공부를 한다.	1	2	3
3. 나는 시험공부를 할 때 시험에 나올 만한 문제를 예상하고 답을 생각해 본다.	1	2	3
4. 나는 시험을 보기 전에 각 과목 문제를 많이 풀어 본다.	1	2	3
5. 나는 시험 볼 때 문제를 정확히 읽고 푼다.	1	2	3
6. 나는 시험 문제를 푼 다음 문제를 제대로 풀었는지 답을 적었는지를 확인한다.	1	2	3
7. 나는 시험날짜를 매일 볼 수 있는 곳에 적어 둔다.	1	2	3
8. 나는 시험 보는 날 준비물을 잘 챙겨서 일찍 학교에 간다.	1	2	3
9. 나는 시험공부 할 때 벼락치기보다는 조금씩 나누어서 평소에 한다.	1	2	3
10. 나는 시험 볼 때 쉬운 문제를 먼저 풀고 나서 어려운 문제를 푼다.	1	2	3
11. 나는 시험 볼 때 아는 문제라도 끝까지 읽고 푼다.	1	2	3
12. 시험이 끝나면 시험의 과정이나 결과를 분석한다.	1	2	3

→ 자신의 점수가 25점 이상일 경우 양호한 편, 12~24점 사이일 경우 보통으로 훈련 시 효과가 높음, 11점 이하의 경우 시급하게 훈련에 들어가야 함

┌ **보기 15** ┐

시험에 대한 나의 기억

1. 내가 가장 잘 치렀던 시험을 떠올려 보고 다음 물음에 답하시오.

  1) 언제 치렀던 시험인가요?

  _____

  2) 시험을 잘 치렀던 이유가 무엇이었나요?

  _____

  3) 얼마나 그리고 어떤 방법으로 시험준비를 했나요?

  _____

  4) 그때의 기분은 어땠나요?

  _____

  5) 시험을 더 잘 치르기 위해 어떤 점을 고쳐야 할까요?

  _____

2. 가장 못 치렀던 시험을 떠올려 보고 다음 물음에 답하시오.

  1) 언제 치렀던 시험인가요?

  _____

  2) 시험을 잘 못 치렀던 이유가 무엇이었나요?

  _____

  3) 얼마나 그리고 어떤 방법으로 시험준비를 했나요?

  _____

  4) 그때의 기분은 어땠나요?

  _____

  5) 시험을 더 잘 치르기 위해 어떤 점을 고쳐야 할까요?

  _____

출처: 김순혜 외(2006). 4주간의 공부혁명 참조.

2) 인지조절 프로그램

다음으로 인지조절을 위한 프로그램으로 예습과 복습의 훈련방법이 있다. 효과적인 예습은 다음 수업시간에 집중할 수 있도록 도와주며 내일 배울 내용이 오늘 혹은 어제 수업시간에 들은 내용과 어떤 관련이 있는지 살펴볼 수 있으므로 교과내용의 이해력은 물론 학습의 흥미와 동기를 높일 수 있게 된다.

┌ **보기 16** ┐

내일 배울 내용 확인하기

1. 내일 공부하게 될 내용은 교과서 몇 쪽인가요?

2. 내일 공부할 내용을 간략히 적어봅시다.
   (작은 제목을 적고 내용을 20자 정도로 요약해 보세요)
   제목 : _____
   _____
   _____

3. 내일 공부할 내용 중에서 중요한 단어를 찾아 써 봅시다.

4. 내일 공부할 내용 중에서 뜻을 잘 모르는 단어를 찾아 써 봅시다.

5. 교과서 속의 그림 자료의 제목을 써 봅시다.

출처: 김순혜 외(2006). 4주간의 공부혁명 참조.

┌ 보기 17 ┐

| 오늘 배운 내용 기억하기 |

1. 오늘 수업시간에 배운 내용은 교과서의 몇 쪽인가요?

_____

2. 오늘 수업시간에 배운 내용 중에서 기억나는 것을 써 봅시다.

_____

_____

3. 공부한 내용 중에서 기억에 남은 내용을 써 봅시다.

_____

_____

출처: 김순혜 외(2006), 4주간의 공부혁명 참조.

다음은 복습방법을 향상시키는 훈련으로, 이는 그날 배운 주요 내용을 다시 확인하여 기억하는 데 도움이 되고 이전에 배웠던 내용과 관계를 지어 봄으로써 더 학습내용의 이해도를 더욱 높일 수 있다. 뿐만 아니라 다음날 배울 내용을 잘 이해할 수 있게 되고 다음날의 학습내용의 흥미를 불러일으켜 준다.

또 다른 인지능력을 향상시키는 데 도움을 주는 방법으로 '기억력' 향상시키기가 있다. 대부분의 학생이 기억과 관련하여 직면하는 중요한 문제는 회상, 즉 필요할 때 기억에서 정보를 인출하는 능력이다. 기억력은 의지가 향상시켜 준다. 따라서 기억하려고 하는 의지가 집중력, 정신과정 그리고 자료를 회상하는 능력을 향상시킬 것이다. 기억을 하는 방법으로 어떤 항목을 범주화시키는 것이 있다. 기억하려는 목록 간에 유사점과 차이점을 파악해 본다거나 목록을 범주로 묶은 뒤 범주별로 이를 반복하여 외우면 훨씬 더 효과적이다. 또 다른 방법으로 장소법이 있는데, 이는 목록에 있는 각 항목을 특별한 장소와 연합시켜 기억하는 방법이다. 이 회상방법은 매 학기 초에 선생님이 반 아동을 외우는 방법으로 좌석배치표를 사용하여 누가 몇 번째 줄의 몇 번째 좌석에 앉는지 그 학생의 이름과 결합시켜 기억하는 것이다. 또는 시를 암송할 때 유용한 방법으로 상향식 기억방법이 있는데, 이는 시 전체를 읽고 제일 마지막 줄을 외우고, 다시 시 전체를 읽고 마지막 줄의 바로 앞줄을 외우며 또다시 시 전체를 읽고 그 윗줄을 외우는 방식으로 진행해 나간다. 이 방법은 대체로 학생의 수행이 후반부로 갈수록 저하되는 것을 이용한 것이다.

┌ 보기 18 ┘

기억관리 연습

1. 다음 목록을 회상하기 위해 아래 목록을 범주화해 보세요.

> 살구, 시금치, 배추, 앞치마, 헬리콥터, 자두, 양상추, 재킷, 오토바이, 뗏목, 파인애플, 스웨터, 사과, 와이셔츠, 버스, 복숭아, 치마, 포도, 지하철

2. 범주화된 항목을 중심으로 아래 목록을 기억해 보세요.

출처: 한순미(2002). 학습의 기술 참조.

3) 행동조절 프로그램

행동조절에 도움을 줄 수 있는 훈련 중에 먼저 집중력을 향상시키는 방법이 있다. 집중력은 지속성과 노력으로 최대화될 수 있으나 집중력을 더욱 높이려는 시도는 때때로 오래된 나쁜 공부습관과 갈등을 빚을 수 있다. 주의가 분산되는 것은 여러 형태와 크기로 일어나지만, 내적 주의분산과 외적 주의분산 두 가지로 나누어 볼 수 있다. 이 둘은 학업과제에 주의의 초점을 맞추는 어떤 시도도 방해할 수 있다. 외적 주의분산은 쉽게 이해할 수 있는데, 학습자 근처에 있는 어떤 외부 소음, 광경 또는 다른 자극도 외적 주의분산의 요소로 볼 수 있다. 이런 외적인 것에 의해 주의가 분산되는 것을 막는 방법은 외적 자극이 최소한이 되도록 학습환경을 바꾸는 것이다. 시각적이거나 청각적인 자극을 제한시킴으로써 주의를 분산시키는 것에 대한 민감한 반응을 최소화할 수 있을 것이다.

내적으로 주의를 분산시키는 것은 외적인 것에 비해 한층 더 강력한 것일 수 있다. 내적으로 주의를 분산시키는 것을 다루는 가장 좋은 방법은 주의가 분산되었다고 느낄 때, 스스로에게 안 된다고 크게 외치면서 집중을 자신이 통제할 수 있는 스크린으로 시각화하고, 어떤 것도 이를 흩뜨리지 못할 것이라고 스스로에게 되뇌이는 것이다.

또 다른 집중력 향상 프로그램으로 '주의집중 시간을 점차 늘리기' 훈련이 있다. 이는 짧은 시간의 주의집중 훈련을 통해 긴 시간 집중할 수 있도록 도와주고 주의집중할 수 있는 시간을 스스로 정해 나가고 이것을 지킴으로써 공부하고 싶은 마음이 생기도록 한다.

『보기 19』

집중력 연습하기

1. 집중하려 할 때 자신의 주의를 분산시키는 것의 목록을 만들어 보세요.

   다음의 것을 고려해 볼 수 있습니다.

소음	당신이 보는 사물
집중하려 하는 것을 방해하는 생각	온도
불편한 의자	빛이나 밝기 부족

   목록을 작성한 후에 주의 분산을 가져오는 것을 극복할 만한 계획을 세워 보자. 집중을 방해하는 것에 대해 해야 할일을 결정해 보자. 자신의 집중 정도를 확실히 기록해 보자.

2. 집중력을 개선시키기 위한 다음의 절차를 연습해 보자.

   1) 자신에게 '나는 집중할 것이다.' 라고 말하라.
   2) 나의 정신적 스크린을 시각화하라. 그것을 TV 스크린을 닮은 것으로 생각할 수 있다. 이 스크린은 집중의 초점이 될 것이다. 나는 그 스크린에 무엇을 줄지에 관한 전체적인 통제권을 갖는다. 나 스스로에게 이 집중 통제권을 갖는다고 말하라.
   3) 정신적 스크린을 공백상태로 만들어라. 그런 다음 집중하고 싶은 것을 그 스크린 위해 올려놓아라. (이것은 내가 읽고 있는 것, 공부하는 것, 듣는 것이 될 수 있다.)
   4) 집중이 흐려지거나 주의가 분산되면 무엇이 집중을 떨어뜨리는지를 파악하라. 주의를 분산시키는 것을 기록하고 그것이 다시 주의를 분산시키지 못하도록 피하는 방법에 대해 생각해 보라.
   5) 위의 단계를 반복해 보아라.

출처: 한순미(2002). 학습의 기술 참조.

4) 자기주도학습 프로그램의 활용방안

학습자가 스스로 공부를 하고 학습에 긍정적인 학습습관을 채득하
며, 좋은 성적을 얻게 되는 것을 우리는 기대하고 있다. 위에서 제시
된 훈련방법이나 전략을 따르는 것은 학습의 일반적인 이해와 세부
지식을 발전시키는 데 도움이 될 것이다. 앞에서 적시에 효과적으로
공부하는 방법, 학습효과를 최대화하는 방법, 자신감을 향상시키는
방법, 최적의 학습 환경을 마련하는 방법을 제시하였다. 또한 학습자
가 스스로 현실적인 목표를 설정하고 이 목표를 향한 진전을 점검할
수 있는 방법 역시 제시하였다. 이 모든 것은 태도, 계획, 수행에서 더
좋은 학생이 되는 방법이다. 학습자 스스로 학습 시스템의 각 부분을
개선시킴에 따라 다른 모든 부분에도 많은 향상을 가져다줄 것이다.
우리는 이 모든 기술을 익히고 습득함으로써 학습자가 훨씬 더 생산
적이고 성공적인 삶을 살아 갈 수 있기를 기대한다.

어떤 시도에서든 스스로에 대한 높은 기대, 열심히 노력하는 것, 수
행영역의 능력을 잘 수행하는 것은 필수적인 것이다. 학업상황에서
높은 기대, 최선을 다한 노력, 공부기술은 성공의 밑거름이 될 것이다.

(1) 기대

사람들은 자신에 대한 기대에 의해 제한을 받는다. 사고와 수행에
서 그것의 효과에 관한 다음 세 가지 원칙을 염두에 두자.

• 인간의 잠재력은 우리가 상상한 것보다 강도와 다양성에 있어

훨씬 더 크다.

- 의미 있는 인간 경험의 더 큰 부분은 무의식적인 과정으로 이루어져 있다.
- 가장 중요한 무의식적인 과정은 우리 자신의 기대, 스스로에 대한 이미지, 우리가 자신에게 두는 한계, 그리고 미래에 대한 우리의 이미지다. 이 모든 것이 우리의 능력을 제한하거나 향상시킨다.

자신이 잠재력으로 수행하고 있다고 느끼는가? 모든 가능성을 놓고 보았을 때 자신은 수행할 수 있는 것조차 수행하지 않았다는 것을 안다. 극소수의 사람만이 그렇게 한다. 자신의 잠재력에 접근할 수 있는 단계를 밟고, 능력을 점점 더 많이 사용하길 시작해야 한다.

그리고 자신을 좀 더 높게 생각하도록 노력해야 한다. 스스로에 대해 생각하는 것은 항상 무의식적인 사고에 영향을 미치기 때문에 자신이 의식적으로 긍정적인 사고를 함으로써 무의식적인 부정적 사고를 극복해 낼 수 있다. 매일 잘하고 있고 얼마나 훌륭한 사람인지 그리고 얼마나 뛰어난 성취를 하는지를 한두 번 생각해 보는 것이 좋다. 그렇게 함으로써 자신이 생각해 온 이상적인 인간상으로 나아갈 수 있게 된다.

또한 스스로에게 설정한 한계에 대해 생각해 보는 것도 좋다. 어떤 누구도 모든 일을 할 수 없기 때문에 어느 정도는 자신에게 제한을 두게 된다. 그러므로 자신에게 가장 쉽고 즐거운 일부터 우선순위에 두고 이를 실천함으로써 자신은 하고 싶은 일을 한다는 마음가짐을 가지는 것이 좋다.

위의 송인섭(2006) 외 여러 가지 자기주도학습 프로그램을 실천, 적용해 봄으로써 자신에게 더욱 자신 있고 성공적이며, 앞으로의 비전을 향상시키는 데 도움을 받을 수 있을 것이다.

(2) 노력

위의 프로그램을 스스로가 참여하고 적용해 보는 것, 그리고 그 안의 목표를 지키는 것은 많은 노력이 필요하다. 성공을 기대한다면 자신의 전 인생을 걸고 노력해야 한다. 성공적인 사업은 기대하는 것 이상으로 커다란 서비스와 생산품을 제공하며, 자기가 지불하는 것 이상의 것을 주는 사업이다. 하늘에서 뚝 떨어지는 듯한 결과를 찾기는 매우 힘들다. 자신이 무언가를 원한다면, 그것을 위한 피나는 노력이 필요하다. 위에서 다양한 프로그램을 제시해 주었음에도 자신이 이를 위해 스스로 노력하지 않으면 어떤 도움도 되지 않는다. 따라서 프로그램의 효과를 100%, 200%로 얻고자 한다면 최선의 노력을 기울여야 한다.

(3) 공부기술

지금까지 살펴본 프로그램에서 공부기술에 필요한 전략을 몇 가지 제시하고 있다. 성공적인 학생이 되기 위해 적절한 공부기술은 필요하다. 성공은 능력을 요구하기 때문이다. 성공적인 학생은 듣기, 노트정리, 읽기, 수업참여, 기억, 집중, 예습 복습, 자기관리, 시험 치기 등에 뛰어난 능력을 가지고 있다. 따라서 이런 프로그램 중 자신에게 취약한 부분이 있다면 이를 적극적으로 활용하는 것이 매우 필요하다. 자신의 장점을 살리고 약점을 극복함으로써 주어진 능력을 좀 더 향상시킬 때 원하는 미래상, 성공적인 삶을 획득할 수 있을 것이다.

자기주도학습을 통한 학업성취 향상

1. 자기주도학습을 통한 자생적 사고 개발

학교 정규수업을 시작하기 1시간 혹은 1시간 30분 전에 등교하도록 하여 세계 유례없는 '0교시'라는 사전에도 없는 말을 만들어 꼭두새벽부터 수업을 시작한다. 수업을 마친 후에는 특기적성교육, 보충수업, 자율학습이란 명목으로 밤늦게까지 학생을 강제로 잡아 둔다. 학생은 밤 10시경에 하교를 한 후에도 밤 12시 전후까지 학원을 수강하고 집에 돌아와서는 교육방송 강의를 시청한다.

이는 우리나라 중·고등학생 상당수가 생활하고 있는 한 단면을 보여 주고 있다. 이 생활은 입시를 준비하고 있는 대한민국 모든 학생에게 해당하는 생활시간이라고 해도 무리가 아닐 것이다. 중학교에

진학하면서부터 입시라는 생소한 단어에 익숙해질 수밖에 없게 하는
한국 교육의 현실을 뒤돌아보게 하는 단면이라고 할 수 있다.

학교에서 이루어지는 수업만으로는 좋은 대학을 갈 수 없다는 불
안감으로 무계획적으로 학원을 찾게 되고 자신의 실력과는 무관한 높
은 수준의 내용이나 학교 진도를 앞서는 학습내용을 미리 배운다. 또
한 학원에서 이루어지는 선행학습으로 배우는 지식은 거의 출제 빈도
가 높은 문제 중심의 발췌된 지식이다. 이런 공부에 익숙한 학생은 설
사 시험 점수가 높더라도 그 분야에 대한 온전한 지식을 가졌다고 보
기 어렵다. 응용력·창의력은 물론 다음 단계의 지식을 습득하기 위
한 기초나 자기주도적 학습력을 갖추지 못했다는 말이기도 하다. 따
라서 운 좋게 대학에 들어가도 대학 이후의 단계에서 요구하는 학습
을 따라가기 어렵고 결국 뒤처지게 된다.

한국교육개발원(KEDI)이 서울지역 고교 2학년 학생 1,165명 중
4년 이상 과외·선행학습을 계속한 학생과 과외를 전혀 하지 않은 학
생의 중1~고2 때 내신 성적을 추적한 연구결과 과외나 선행학습을
수년간 해도 고학년으로 갈수록 그 효과가 크게 떨어져 과외를 전혀
받지 않은 학생과 성적 차이가 거의 없는 것으로 밝혀졌다.

선행학습으로 얻게 된 강제적인 지식 주입은 학생의 자기주도적인
학습능력을 상실하게 만든다. 학습대상에 대한 탐구심을 결여한 채
진행되는 반복학습은 공부란 지겨운 것으로 인식하게 만들며 스스로
제 몸에 맞는 학습방법을 터득하지 못하게 한다. 따라서 현재 우리 사
회에서 유행하고 있는 무분별한 학원 중심의 선행학습은 소중한 우리
학생에게 도움보다는 해를 줄 수 있음을 인식해야 한다.

우리 자녀를 우등생으로 만들기 위한 첫 단계는 아이 자신이 소화해 낼 수 있는 학습시간과 보충과목을 스스로 선택하고 학습방법을 계획하도록 유도함으로써, 아이가 자유롭게 택한 스스로의 결정을 쉽게 바꾸거나 포기하지 않게 해 짧은 기간 동안에 큰 발전을 할 수 있도록 하는 것이다.

다시 말해 몇몇 친구와 그룹과외를 하고, 유명학원이나 족집게 선생님의 정보 수집에 열중하는 것보다는 학습자 스스로 자신의 학습욕구를 진단하고, 학습목표를 설정하고, 효과적인 학습을 위해 인적 · 물적 자원을 파악하여 적절한 학습전략을 선택하고 이를 실행하는 '아이 스스로 공부하기', 즉 '자기주도학습'이 필요하다.

자기주도학습은 학습에 대한 학생의 생각과 의지가 중요한 것이다. 학습의지가 없는 학생에게는 학교수업이 그저 그런 것처럼 학원수업 역시 무의미하다. 학원수업 시간에도 그냥 자리만 채우고 앉아 있을 것이며, 학원숙제도 마지못해 하는 수준일 것이다. 부모는 그런 현실에는 눈감은 채 당장 자녀가 집에서 빈둥거리는 모습이 눈에 띄지 않으니 좋아하고, 학원에 가 있는 시간에는 당연히 공부하고 있을 것이라고 생각하며 흐뭇해한다. 학원 수업 듣기와 숙제하기가 진짜 공부는 아니다. 진정한 공부는 자기 공부시간에 스스로 하는 자기주도학습이다.

숙명여대 송인섭 교수는 "스스로 공부하는 능력 기르기를 시도하는 것이 학업성적을 높이는 지름길"이라고 조언하면서 "유명학원의 유명강사의 강의를 아무리 많이 들어도 혼자서 공부하는 시간을 갖지 않으면 진정한 실력의 높은 학업성취를 얻을 수 없다."며 "학원수강은 자신의 부족한 과목에 대해서만 최소한의 도움을 받을 수 있는 단기간의 수단으로 활용되어야 한다."고 말한다. 이것은 자신의 공부를 남에게 기대지 않고 스스로 공부하는 것이 진정한 의미의 공부라는 의미일 것이다.

혼자서 공부하는 시간의 양이 많고 적음에 따라서 학업성적이 달라진다는 사실은 객관적 연구결과로도 이미 확인됐다. 한국교육개발원(2005)이 서울 지역 고교생 5,000명을 대상으로 설문조사를 한 결과, '학업성적 상위 10% 이내 학생' 중 74.3%가 '하루 3시간 정도 책상에 앉아 집중적으로 공부한다.' 고 답했다. 따라서 공부를 잘하기 위해서는 하루에 못해도 3시간 정도는 혼자 힘으로 공부하는 시간계획을 잡아 두어야 한다.

같은 조사결과에서 나타난 '공부 잘하는 학생' 의 또 다른 특징은 학교 수업시간에 집중하고 수업내용을 체계적으로 필기하는 등 수업 참여태도가 좋았다는 것이다. 이들은 또 학원강의를 듣는 것보다 혼자 공부하는 것이 더 효율적이라고 생각하고 있다. 이는 학원에 기대지 않고 혼자서도 공부하는 학생이 좋은 성적을 내는 것은 학습을 스스로 계획하고 수행할 수 있는 '자기주도학습능력' 이 얼마나 중요한지를 시사해 준다.

2. 자기주도학습의 출발

앞 장에서 자기주도학습의 역사를 설명하였으나 이 절에서는 간단히 자기주도학습의 출발의 계기를 논의하고자 한다. 자기주도적 학습의 교육적 의미에 대한 관심이 태동한 것은 1960년대 초 성인을 위한 학습전략으로 인정을 받기 시작하면서부터다. 가장 직접적인 계기는 1961년 시카고 대학교의 houle 교수가 『The Inquiring Min』라는 책자를 출간하면서 평생교육의 차원에서 시작하였으며, 이어서 Houle 교수의 제자였던 캐나다의 Tough에 의해 이론이 형성되고 Knowles에 의해 본격적인 기반이 다져지게 되었다.

　'자기 스스로 학습을 선택하고 실행하는 것'이라는 포괄적 의미로 자기주도적 학습을 지칭하는 용어는 매우 다양하다. 즉, 자기주도학습, 자기교수, 자습, 자율적 학습, 개별학습, 자기술선적 학습, 자기 계획적 학습, 자력학습 그리고 자기조절학습 등의 다양한 용어가 사용되어 오고 있다(홍기칠, 2004).

　자기주도적학습의 통합적 개념으로 "개별 학습자가 타인의 조력 여부와는 상관없이 학습자 스스로 학습에서 주도권을 가지고 자신의 학습요구를 진단하고, 학습목표를 설정하며, 학습에 필요한 인적 · 물적 자원을 확보하고, 적합한 학습전략을 선택하고 실행하여 성취한 학습결과를 스스로 평가하는 과정과 활동"이라고 정의할 수 있다(Knowles, 1979).

　자기주도학습 연구는 자기조절학습과 마찬가지로 효과적인 학습이 외적 환경에 의해 발생하기보다는 학습자 스스로가 자신의 학습과정을 조절함으로써 이루어진다고 보고(Zimmerman, 1989), 효과적인 학습자가 어떤 방식으로 학습을 진행하는지를 탐구하고자 하였다. 이들은 학습을 오랜 인내와 노력을 요구하는 자기주도의 과정으로 보았기 때문에 학습과정에 중점을 두었으며 효과적인 교수방법과 같은 교사중심의 사고에서 벗어나 학습자가 보이는 효과적인 학습방법에 주목하기 시작하였다(양명희, 2004).

Zimmerman(1986)은 좋지 않은 환경에도 불구하고 성취를 이루는 학습자 내부의 힘에 주목하면서 이런 힘이 자기주도학습을 형성한다고 믿었다. 자기주도학습자란 "그 자신의 학습과정에 상위 인지적, 동기적, 행동적으로 적극적으로 참여하는 자"라고 한 그의 정의를 바탕으로 자기주도학습은 '학습자가 능동적으로 상위 인지적, 동기적, 행동적인 전략을 사용하여 학습과정을 조절해 가는 학습'이라고 할 수 있다.

효과적인 학습을 하기 위해서는 지적인 능력, 동기와 더불어 어려운 과제를 해내려는 의지가 있어야 한다. 또한 실패에 직면하였을 때에도 좌절을 극복하고 학습을 지속할 수 있는 힘이 있어야 한다. 이런 자기주도에 필요한 여러 특성을 갖추기는 어렵지만 일단 획득하고 나면 주변 상황이나 학습 환경이 아무리 불리해도 환경적인 제약을 극복할 수 있는 원천적인 에너지가 된다. 따라서 자기주도학습능력을 개발하고 향상시키는 일은 일차적으로는 인지적인 교육을 중시하고 더불어 정의적인 교육을 포함시켜야 한다. 특히 오늘날과 같은 정보화 시대에 이르러서 학습에 적극적으로 참여하여 자신의 학습을 독립적으로 진행해 나가는 능력에 대한 요구는 더욱 절실해졌다. 이 때문에 스스로 자신의 학습을 조절해 나가는 자기주도학습능력은 이 시대가 요구하는 중요한 개인의 특성 중 하나라고 할 수 있다.

3. 자기주도학습능력

자기주도학습능력이 높을수록 학생의 성취도는 현저하게 높아진다. 그럼에도 불구하고 우리나라 학생의 자기주도학습능력은 학년이 올라갈수록 현저하게 낮아지고 있는 것을 볼 수 있다. 즉, 교육인적자원부(2005)의 학업성취도 평가결과에 따르면 초등학생 6학년을 대상으로 한 자기주도학습능력 정도에서 10.5% 정도가 상 수준으로 나타났으며, 중 3의 경우 자기주도학습능력 정도가 상수준인 학생이 약 7% 정도, 고 1은 6% 정도였으며 대부분의 학생이(약 77%) 중간 정도 수준에 머무르고 있었다. 학년이 올라갈수록 자기주도학습능력이 떨어지는 이런 반비례 현상은, 아마도 고학년이 되면 입시경쟁을 피부로 직접 느끼게 됨으로써 대부분의 학생이 학원 문을 두드리게 되기 때문이라고 생각한다.

학원에 의지하게 됨으로써 자신이 무엇을 어떻게 배워야 할지에 대한 고민을 학원에 맡기게 되고, 자신의 학습계획을 세밀하게 계획할 수 없게 되며, 학습 내용이 제공되었을 때 무의미하게 수동적으로 받아들이게 된다. 자신의 학습활동의 정확한 목표 없이 주어진 과제에 대한 완수만을 목적으로 공부를 끝내는 타인 주도적 학습자로 전락하게 되는 것이다.

가톨릭 대학교 성기선 교육학과 교수가 서울대학교 등 6대 대학 471명 학생의 '학습활동 및 태도'를 조사한 결과를 살펴보면 과외를 받지 않은 학생의 대학성적 및 생활적응도가 과외를 받은 학생에 비해 우수한 것으로 나타났다. 과외를 받지 않은 학생은 혼자서 공부하는 태도와 습관 형성 측면에서 더 높은 평균점수를 받았으며, 자료를 찾아 리포트를 작성하는 능력이나 강의를 이해하는 정도, 체계적으로 전공서적을 읽는 수준, 토론 능력, 졸업 후 진로에 대한 목표의식 등에서 과외학생을 앞질렀다. 성 교수는 이런 점에서 과외가 자기주도적인 학습태도를 갖추는 것을 방해하고 고등교육 활동을 위한 태도와 능력을 형성하는 데 부정적인 영향을 미치는 것으로 판단된다고 분석했다.

한편 이번 조사에서는 과외 · 비과외 대학생의 학습시간이 하루 평균 1시간이 채 되지 않는 53.37분으로 조사되는 등 자기주도적 학습능력이 전반적으로 결여되어 있는 것으로 나타났다. 이런 사실은 학습능력이 뛰어난 학생은 지능이 높다기보다 올바른 학습습관을 체득하고 있는 경우가 많기 때문에 입시 위주의 주입식 교육에서 탈피해 스스로 학습하는 자기주도형 학습분위기를 만드는 것이 필요함을 시사한다.

21세기가 요구하는 인간상은 창의적이고 자율적인 인간상이다. 단순히 무엇을 받아들이는 접수자가 아니라 스스로 만들어 내는 자생자를 만드는 것이 자기주도적 학습이다. 전문가 중심의 지력사회는 성격상 다양한 전문분야가 독자적인 원리에 따라 번창하는 기능주의 사회를 말한다. 이런 사회의 주역은 다양한 부문에서 창의력을 발휘하는 사람이다. 이들은 각 분야에서 사회구성원, 즉 수요자와 사회 각 부문의 필요를 발견하고 이를 해결하는 능력을 갖춘 그런 사람이다. 당연한 일이지만 이들은 설계자요, 디자이너며, 문제를 찾아내는 문제발굴자며 해결사다. 이들은 단순히 상부의 지시에 따라 조립이나 용접만을 하는 공장노동자와는 다르다. 따라서 사고하는 능력이 있어야 하고 문제를 찾아내고 문제를 풀어 해답을 얻어 내는 능력을 갖추어야 하며, 변화된 환경조건에서 신축성을 발휘해야 한다. 이런 자생할 수 있는 능력을 갖춘 한 인간을 만들고자 하는 일이 곧 이론적으로나 실제적으로 자기주도적학습의 한 테마가 되어야 한다(송인섭, 2006).

21세기 우리 교육의 목표는 미래지향적인 지식강국의 건설과 긴밀하게 연결되어 있어야 한다. 지식사회에서는 인간의 창조적 상상력과 개인적 전문성이 경쟁우위 확보의 주요 자산이다. 즉, 인간의 창의력과 지적 활동을 통한 고부가가치 창출이 국가 경쟁력 확보의 주요 원천이 된다고 할 수 있다. 국가 경영의 측면에서 이것은 지식과 정보를 창조적으로 생산하고 이용할 수 있는 사람을 확보하고, 이를 체계적으로 관리, 활용하는 것이 국가의 생존과 지속적 발전에 기본이 된다는 것을 의미한다.

그러나 우리나라 대부분의 중등학교에서는 학습자 개개인의 잠재능력이나 소질이야 어떠하든 간에 입시 위주의 준비, 즉 지식을 외우는 데 급급해 왔다. 이런 입시위주의 교육 속에서 우리의 아이는 친구와 어울리고, 다양한 취미활동을 하며, 교과서나 참고서 이외의 다양한 책을 통해서 꿈을 키우고 인생을 논할 겨를이 전혀 없다. 이는 우리 아동의 창의성의 신장을 저해한다. 주입식 암기 위주의 수업은 탐구능력, 비판적 사고능력, 고등정신기능 등을 기르는 기회를 제약할 뿐 아니라 창의적인 문제해결 능력도 기를 수 없게 한다.

상급학교 진학을 개인적으로는 인생의 목표로, 학교로서는 교육의 최상의 목표인 것처럼 여기는 우리나라의 모든 교육활동은 입시대비에 초점이 맞춰 있어 우리나라 현실은 아무리 뛰어난 소질과 잠재능력을 가지고 있더라도 이를 발휘할 수 있는 기회가 주어지지 않기 때문에 사장된다. 그 결과 아동의 창의성은 제약을 받게 되고 논리적인 사고 능력도 길러지지 못하며 틀에 박힌 평균적 사고의 답습으로 자율성 있는 사고를 하지 못하게 되는 것이다.

오늘날 창의성은 급변하는 21세기 미래 사회에의 적응과 경제, 사회, 문화 발전을 위한 아주 중요한 개인적 특성이다. 우리나라 제7차 교육과정에서도 창의적인 사고와 창의적인 문제해결을 갖춘 인간육성을 교육의 목표로 두고 있다. 자신의 문제를 스스로 판단해서 해결할 수 있는 창의적 능력을 위한 교육은 학습자의 독자적인 사고를 허용하고, 학습자 자신이 학습의 주체가 되어서 그의 다양한 흥미와 호기심을 충족시켜 나갈 수 있는 자기주도학습능력을 길러 주는 것이 필요하다.

4. 자기주도학습의 사례

1) 과외공부로 실패한 사례

(1) 과외공부로 성적은 좋은데 시험에 실패한 상훈이

상훈이는 특목고 진학을 목표로 했다가 실패하고 일반 고등학교로 진학하게 된 고등학교 1학년 학생이다. 초등학교 때부터 쭉 과외를 해 와서 기초 실력이 탄탄했고, 중학교 시절 나름대로 열심히 공부해서 성적도 상위권이었다. 자신감도 있었는데 특목고 시험에서 실패한 뒤로는 공부에 대한 자신감도 없어지고 이젠 어떻게 공부해야 하는지도 모르는 상태다. 자신감이 없어지다 보니 학교생활도 적응하기 힘들고 성적도 오르지 않고 있다.

상훈이는 분명 특목고에 진학할 만한 성적을 유지하던 아이였다. 어릴 적부터 우수한 선생님에게서 과외를 계속 받아 왔고 수학이나 영어 성적은 특히 월등했다. 이런 상훈이가 특목고 시험에서 왜 떨어졌을까?

상훈이는 진로에 대한 분명한 비전을 가지고 있었으며 미래에 대한 설계가 구체적이고 자신의 꿈을 이루기 위한 열망이 강한 학생이었지만 오랫동안 과외를 받아온 영향으로 스스로 공부하기보다는 항상 도움을 받아 공부하는 의존적인 학습습관을 가지게 되었고, 창의력과 응용력이 떨어지게 되는 결과는 가져온 것이다.

상훈이는 시험성적은 우수하였으나, 창의력과 응용력을 요구하는 면접관 앞에서는 자신의 생각을 자신 있게 표현하지 못한 점을 진학 실패의 결정적 요인으로 볼 수 있다. 상훈이의 자신감 상실은 시험에 대한 불안과 긴장으로 이어지게 되며, 이로 인해 학교생활에도 적응하지 못하게 되었다고 볼 수 있다.

이런 상훈이에게 가장 중요한 것은 스스로 공부할 수 있는 자기주도적 학습습관을 형성시켜 주는 것이다. 상훈이에게 가장 효율적인 학습방법을 찾아주기 위해 자아개념검사, 자기주도력검사, 종합학습검사 등의 진단검사를 실사하고 그 결과를 토대로 창의력과 응용력 향상을 위한 노력을 해야 한다.

더불어 상훈이가 혼자서도 공부할 수 있는 습관 형성을 돕기 위해 혼자서 예습 복습을 할 수 있도록 지도하고, 자기표현을 위한 발표력을 향상시켜주기 위해 발표를 자주 할 수 있는 기회를 마련해 준다. 특히 시험 때는 시험불안에 대한 잘못된 생각을 바로잡아 주고, 미리 시험에 대비하게 함으로써 불안을 극복하게 하고 자신감을 회복시키는 데 주력해야 한다.

(2) 학원을 다녀도 성적이 오르지 않는 주영이

맞벌이 부모님을 둔 주영이는 어렸을 때부터 학원에 다니는 것에 익숙해 있는 고등학교 2학년 학생이다. 학교에 다니는 것처럼 학원을 너무나 당연하게 들려야 하는 곳으로 알고 있다. 자신의 학습습관이 부모의 부재로 제대로 이루어지지 못했다고 생각하는 주영이는 혼자서 공부하려는 노력을 하려고 해도 지금까지 혼자 공부해 본 적이 없어서 공부하는 방법을 모른다.

학교수업에서는 집중도 안 되고 아무리 신중히 학원을 골라도 늘 후회만 되고 학원을 바꾸기 수십 번이다. 자신을 이해해 주지 못하는 부모님과 짜증, 불평, 불안으로 갈등이 크다. 학원을 다니지만 혼자서 스스로 공부하는 시간을 가지기가 힘든 주영이는 충분한 효과를 얻지 못하고 있으며, 오히려 학원을 다니지만 오르지 않는 성적으로 더 큰 스트레스와 함께 하루하루를 우울하게 생활하고 있다.

주영이에게는 너무나 당연시 여겨지는 학원의 필요성에 대해서 충분히 인지하게 해 주는 것이 중요하다. 왜 학원을 다니며 학원에서 무엇을 얻을 수 있는지, 무조건 학원을 가면 공부는 저절로 잘하게 되는 곳이라는 생각과 학원에서 보내는 시간이 진정한 공부시간은 아니라는 점을 알려 주는 것이 중요하다. 또한 학교나 학원에서 부족한 과목에 대해 도움을 받은 내용을 충분히 복습을 통해 자기 것으로 만들 수 있는 방법을 가르쳐 주는 것이 필요하다.

또한 잦은 실패의 경험으로 타인의 반응에 매우 민감하여 깊은 상처를 받는 편이므로, 너무 높은 목표를 세우지 말고 스스로 이룰 수 있는 만큼의 학습목표를 세워 보게 하는 것 또한 중요하다. 그런 경험은 주영이로 하여금 혼자 공부하는 것에서 느끼는 불안감을 낮추어 주고 잃어버렸던 자신감과 학습에 흥미를 잃지 않게 할 것이다.

2) '1등' 하는 아동의 공부비법은 '스스로' 공부법

(1) 미국 10개 명문대에 동시 합격한 박 양의 공부 방법

미국의 10개 명문대에 동시 합격해 세간의 이목을 끌었던 박(17) 양이 자신의 공부 비법으로 공개한 것도 '스스로 계획해서 공부한다.' 는 것이었다. 해외 거주 경험은 물론이고, 한 달 이상 어학연수를 받아 본 적도 없는 박 양은 중학교 때부터 공부계획 세우기를 즐겨 했다. 시간관리를 철저히 해서 자투리 시간이 낭비되지 않도록 체계적인 계획을 세우는 것이 공부 잘하는 최고의 비법이라고 충고했다. 스스로 세운 계획이기 때문에 반드시 해낸다는 의지를 발휘할 수 있었고 그만큼 공부에 집중할 수 있는 것이다.

더불어 수업시간에 선생님 말을 최대한 집중해서 들어 말 한마디도 놓치지 않으려고 했고 선생님이 칠판에 적는 필기를 매우 중요시하였는데, 여기서 중요한 것은 선생님이 적어 주신 대로 그대로 수동적으로 옮겨 적지 않고 스스로 묻고 답하는 적극적인 자기 나름의 언어로 이해하고 받아들이는 공부방법을 추천하였다. 이는 자신의 공부를 능동적으로 자기 나름의 사고와 방법으로 해야 하는 것이 중요하다는 것을 다시 한 번 강조하는 것이라고 볼 수 있다.

민족사관 고등학교를 2년 만에 졸업하고 하버드, 프린스턴, 스탠퍼드 대학교 등 미국의 10개 명문대학에 동시에 합격한 박 양은 분명 겉으로 보기에는 천재소녀로 보일 수 있다. 그러나 천재소녀라는 말에 "17세의 천재소녀라는 말은 나에게 낯설고 민망한 말이다. 천재 아닌 내가 진짜 천재 속에서 열심히 땀 흘려 노력하다 보니까 결과적으로 얻게 된 전리품일 뿐 나는 좋아하는 가수가 TV에 나오면 열광하는 평범한 소녀일 뿐이다."라고 답하는 그녀에게서 공부에는 정말로 왕도가 없으며 단지 스스로 끊임없이 노력하는 길이 공부를 잘하는 최고의 방법임을 다시 한 번 확인할 수 있다.

(2) 어려운 가정환경 딛고 미국 프린스턴 대학교에 합격한 김 군의 공부 방법

한국과학영재 고등학교를 수석 졸업하고, 미국 프린스턴 대학교에 특차 합격한 김 군은 누구나 부러워할 만한 성공을 거뒀지만 스스로는 그 이유에 대해서 학창 시절 평범한 머리와 어려운 가정환경을 극복하기 위해 남다른 노력을 기울였을 뿐이라고 하였다.

그는 '공부는 머리 좋은 사람이 하는 게 아니라 엉덩이 무거운 사람이 하는 것'이라는 말을 믿는다. 천재가 아닌 자신이 천재보다 더 공부를 잘한 것은 노력과 오기 덕분이었다고 생각하기 때문이다.

김 군은 어려운 가정형편으로 학원 다니기가 어려웠다. 김 군은 수학경시에서 낮은 점수를 받은 후 1, 2학년 수학교과서를 혼자 독파하며 다른 학생과 보조를 맞추기 시작했다. 두세 달쯤 지난 뒤에야 조금씩 수업내용이 이해되기 시작했고, 나중엔 그 반에서 우수한 그룹에 속할 수 있었다고 하였다. 이는 난방이 제대로 되지 않는 집에서 몸을 녹이느라 손에는 장갑을 끼고, 가스레인지에 구운 몽돌을 수건에 싸서 발밑에 둔 채로 공부한 끝에 얻어 낸 결과였다. 한국과학영재 고등학교에 진학해서도 과학사고력 영역 능력시험에서 100점 만점에 60점을 받은 김 군은 한 선생님에게서 "미안한 말이지만 머리는 그다지 좋지는 않은가 보구나."라는 말을 들을 정도로 최악의 점수를 받은 적이 있지만, 어려운 과목은 이해가 될 때까지 친구의 도움을 받으며 밤을 새워 공부한 결과 '진짜 노력파'라는 별명과 함께, 최후에는 천재만 모아 둔 한국과학영재 고등학교에서 수석 졸업의 영예까지 얻게 되었다.

자신의 타고난 재능은 머리가 아니라 무서울 만큼 노력할 수 있는 능력이라고 말하는 김 군은 어려운 환경을 딛고 일어나 이제는 대한민국을 대표해 세계를 이끌어 나갈 인물의 한 대열에 서기 위한 또 다른 도전을 위해 그 노력을 다시 시작한다.

몇 가지 실례를 더 보면 서울공대 응용화학부 1학년 안(19) 군의 사교육 전력은 고1 때 학원에서 영어와 수학 과목을 들은 정도다. 그의 학습법은 독특하다. 문제 푸는 것보다 해설을 열심히 읽는다. "문제는 적게 풀어도 해설을 열심히 읽고 개념이나 원리를 확실히 익혔어요. 흔히 입시가 가까워지면 초조해져서 문제를 많이 풀려고 하는데,

나는 그 반대로 했어요."

　김(여·20·고려대학교 경영학과 2학년) 양도 과외를 거의 받지 않았다. 중 2때 학원에서 수학강좌 6개월 다닌 것이 고작이라고 했다. 김 씨는 초등학교 때부터 혼자 공부하는 습관을 들였다. 혼자서 정리하고 모르는 것은 학교 선생님에게 질문했다. "고 2때부터 3학년 1학기까지 학교 친구 3명과 스터디 그룹을 했는데 도움을 많이 받았어요." 스터디 그룹은 1주일에 3~4번 한 번에 1시간씩 했는데, 각자 한 과목을 맡아 정리해서 설명해 주고 모르는 것은 서로 묻는 식으로 진행했다.

　연세대학교 공학계열 1학년 김(19) 군은 지난해 수능에서 390점을 받았다. 김 씨는 초등학교 때 컴퓨터·웅변·서예학원은 다닌 적이 있지만, 중·고등학교 때는 학원을 거의 안 다녔다. "학원 다니면서 안 좋다고 생각했어요. 내 타입을 잡을 수 없거든요." 그는 "남에게 의존하기보다 자기에게 맞는 공부 방법을 찾는 게 좋다."며 "학원을 이리저리 왔다 갔다 하면 길에서 버리는 시간이 많다."고 말했다.

　수험생 부모로서의 경험을 바탕으로 지난해 6월 『과외 절대로 시키지 마라』라는 책을 낸 노덕임 씨는 "아이가 책을 많이 읽고 가정 분위기가 아이를 격려하는 쪽이라면 과외 같은 건 필요 없다."며 "아들이 고 1때 사춘기를 겪으면서 성적이 떨어지자 지방대학교에 가도 괜찮다며 마음을 편하게 해 줬다."고 말했다. 노 씨는 현재 서울대학교 공과대학 전기공학부 3학년생인 아들 김 군과 고 2인 딸을 두고 있다. 아이에게 공부를 강요하지 말고 흥미를 유발시키는 게 중요하다고 강조하였다.

그런데 여기서 오해하지 말아야 할 것이 있다. 아이 스스로 공부한다는 것이 누군가의 도움 없이 혼자서 독학을 해야 한다는 것을 뜻하는 것은 아니라는 것이다. 과외나 학원을 계획표에 넣더라도 문제는 아이가 '공부를 해야겠다.' 는 스스로의 의지만 있다면 그보다 더 좋은 것이 없다. 다만 그런 방법이 자칫 아이의 '의존성' 만 키우기 쉽다는 위험이 있으므로 가급적이면 그것을 피하면서 방법을 찾아보자는 것이다.

5. 자기주도학습 프로그램

1) 자기주도학습 프로그램 개발(4장 참조)

이 프로그램은 효과적인 자기주도학습을 위해 매일의 학습목표와 학습계획을 세우고 그 계획이 얼마나 실행되었는지를 판단해 보는 것이다. 이를 통해서 무엇이 부족했는지 알아보고 다음 계획을 좀 더 현실성 있게 세우는 데 참고할 수 있다. 실행 정도는 양적·질적인 측면 둘 다 고려해야 한다. 우리가 오늘 무슨 내용을 공부할 것인지 계획을 세우게 되면 자신이 세운 학습목표가 명확해지기 때문에 구체적인 학습을 이행할 수 있게 된다. 또한 자신이 학습했던 내용을 어떤 방법(요약하기, 반복하여 외우기, 개념도 그리기)을 통해 습득했는지 기록해 두는 것도 좋다.

이것은 하루하루에 대해 자기 스스로 평가해 봄으로써 자기반성뿐만 아니라 발전적 계획을 세우는 데 도움을 주게 된다. 이와 같이 매일 이행되는 학습목표 세우기, 학습내용 익히기, 자기반성을 통해 자신이 어떻게 공부를 하고 있는지, 그리고 얼마나 향상되어 나가는지를 알 수 있게 되고, 프로그램이 진행되는 동안에 더욱 발전적인 자기의 모습을 발견할 수 있게 될 것이다. '자기주도학습 실천장'의 구체적인 사항은 아래와 같다.

첫째, '오늘 공부할 학습목표를 구체적으로 세운다.' 이 부분에서 학습자는 하루 동안의 공부할 학습목표를 세워 볼 수 있다. 이때 '수학 공부하기, 영어 공부하기' 등의 구체화되지 않은 학습목표를 세우는 것은 실천하기에 어려움을 느낄 수 있다.

둘째, '세운 목표를 이루기 위해 할 것을 순차적으로 학습계획을 세운다.' 이 역시 좀 더 구체적으로 시간을 기록해 놓을 때 시간활용 면에서 매우 유용하다. 자투리 시간을 활용하는 데 우리는 매우 약하다. 그러므로 이 부분에서는 세운 목표를 어떤 시간에 할 것인지, 또는 자투리 시간을 어떻게 활용할 수 있을지 고려해 볼 수 있다.

셋째, '오늘 공부한 학습내용을 자신의 방법대로 반복하여 외우고 기억한다.' 이는 자신이 학습한 내용을 어떤 방법으로 이해했는지에 대해 기록하는 부분이다. 만약 이 방법이 자신에게 별로 도움이 되지 않았을 경우 학습방법에 대해 다시 한 번 점검해 볼 수 있다.

넷째, '여러분이 공부할 때 모르는 내용을 다른 사람에게 물어본다.' 모든 학습을 스스로 해결하기에 무리가 있는 부분이 있다. 이럴 경우 우리는 주위 친구에게 물어본다거나 혹은 선생님, 부모님, 언니, 누나에게 도움을 청할 수 있다.

다섯째, '여러분이 세운 학습목표를 생각하면서 자기 스스로 평가한다.' 이 부분에서는 자신이 스스로 해결하지 못한 문제를 어떻게 해결했는지 점검하고 어떻게 이해했는지 다시 확인할 수 있다. 따라서 귀찮거나 어려워한 부분을 다시 한 번 스스로가 점검할 수 있게 된다.

위와 같이 '자기주도학습 실천장'은 매일 자기 스스로가 작성해 나가는 것이며, 이 실천장을 매일 작성해 나감으로써 스스로 공부하는 습관의 밑거름을 만들 수 있고 자신의 학습습관 및 시간 관리를 객관적으로 분석해 볼 수 있다. 자신이 세운 학습목표를 이행하는 학습 방법 역시 구체적으로 잘 서술하여 스스로에게 만족을 했을 경우, 스티커를 붙여서 만족도를 표시한다.

또한 이 자기주도학습 프로그램을 진행함에 있어 자기주도학습의 3요인인 동기, 인지, 행동이 상호 작용해 나갈 수 있도록 이에 맞게 프로그램을 실시할 수 있도록 구성하였다.

(1) 동기조절 프로그램

동기란 인간의 행동을 일으키는 근원적인 힘으로서 행동을 시작하게 하고 지속시키며, 방향 짓게 하는 힘이다. 학습동기는 학업의 성취를 위한 동인과 그의 충족을 위한 노력 또는 활동의 활성화와 지속의 정도다(김영채, 1990). 이것은 '나는 할 수 있어'라는 자신감 향상 프로그램, 공부하는 이유와 공부의 중요성이 무엇인지를 스스로 인식할 수 있도록 내재적 가치를 이끌어 주는 프로그램인 '내가 되고 싶은 사람', 학습활동에 대해 가지는 목적으로서 자기가 학습에 어떻게 접근하고 참여하는지를 결정할 수 있도록 도움을 주는 목표향상 프로그램인 '내가 하고 싶은 사람' 까지 총 3개로 구성되어 있다.

'나는 할 수 있어' 의 자신감 향상 프로그램은 학습자가 학습의 성취 장면에서 자신의 능력에 대해 긍정적인 기대를 갖도록 도움을 주게 된다. 학습에 있어서 자신의 능력에 대한 긍정적 기대는 보다 적극적으로 학습활동을 선택하게 하고 학습의 노력의 양을 늘릴 뿐만 아니라 학습의 지속성에 도움을 준다. 핵심적인 사항은 아래와 같다.

① 내가 성공했던 일 다섯 가지를 적어 본다.

② 내가 실패했던 일 다섯 가지를 적어 본다.

③ 여러분의 학교생활에서 자신이 없다고 생각하는 것 다섯 가지를 적어 본다.

④ 3번에서 자신이 없다고 생각한 것을 '할 수 있다' , ' 할 자신이 있다' 로 바꾸어 써 본다.

⑤ 학교생활에서 자기가 잘못했던 일 중에서 친구, 선생님, 부모님 탓이라고 생 각했던 일 다섯 가지를 적어 본다.

⑥ 학교생활에서 자기가 잘못했던 일 중에서 친구, 선생님, 부모님 탓이라고 생 각했던 일을 '~ 했던 것은 내 탓이다.' 라고 바꾸어 적어 본다.

위와 같이 자신이 성공한 일과 실패한 일을 점검해 봄으로써 어떤 부분이 자신이 있고 어떤 부분에 있어서는 실패를 하는지 다시 한 번 생각해 볼 수 있게 된다. 따라서 실패하거나 자신이 없어 하는 부분을 스스로에게 할 수 있다는 신념을 제공함으로써 도전해 보고 부딪쳐 보게 함으로써 스스로 문제를 해결할 수 있도록 하는 기회를 제공해 주는 것이다.

두 번째 동기조절에 해당되는 프로그램인 '내가 되고 싶은 사람'은 왜 공부를 하는지, 공부의 중요성이 무엇인지를 스스로 인식할 수 있도록 학습자의 내재적 가치를 이끌어 주는 데 도움이 된다. '내가 공부하는 이유는?'은 다음과 같은 사항을 확인한다.

- 나는 왜 학교에 다니고 있는지 그 이유를 솔직하게 적어 봅시다.
- 20년 후의 자신의 모습을 떠오르는 대로 적어 봅시다.
- 20년 후의 모습처럼 되려면 어떤 과정을 거쳐야 하나요?
- 왜 내가 공부해야 하는지 그 이유를 적어 봅시다.

그 다음으로 '내가 되고 싶은 사람', '나의 인생목표는?'은 '목표지향성 향상' 프로그램이다. '목표지향성 향상' 프로그램은 학습자가 학습활동에 대해 가지는 목적을 학습에 어떻게 접근하고 참여하는지를 이해하고 더욱 명확하고 구체적인 목표설정을 하게 된다. 잘 세운 꿈과 비전은 학생의 학습동기와 의지를 강화시켜 준다.

'내가 되고 싶은 사람'의 구체적인 사항의 예는 다음과 같다.

- 나의 장래 희망은 _____이다.
- 이와 같은 사람이 되려고 하는 까닭은 무엇입니까?
- 이 꿈을 이루기 위해서 학교나 가정에서 꼭 노력해야 할 일은 무엇이라고 생각하나요?

그리고 '나의 인생목표는?'의 구체적인 사항은 4장에서 자세히 소개된 바와 같이 '각 시기 동안에 여러분이 학습에서 달성하고 싶은 것이 무엇인지를 생각해 보고 이루고자 하는 바를 기록하십시오.'를 제시한 후, 기간에 따른 인생목표를 제시한다. 위의 '내가 되고 싶은 사람'에서 자신이 미래에 되고 싶은 밑그림을 그렸다면, '나의 인생목표는?' 프로그램에서는 그 목표를 위해 보다 구체적인 목표를 시간별로 세워 보는 것이다. 크게는 10~20년 후, 작게는 오늘까지 자신이 미래에 되고 싶은 모습을 위해 어떤 일을 해야 하는지를 생각해 보는 것이다.

특히 자신의 꿈을 구체화하기 위해 '○○ 대학의 연극영화과'와 같이 상세한 목표를 세우는 것이 좋다. 이것은 자신이 이루고 싶은 목표를 위해 구체적인 경로를 세워 미래의 삶에 대한 중심을 잡는 계기가 된다. 단순히 영화감독이 되어야지보다는 ○○ 대학의 연극영화과라는 목표설정이 학습의 동기를 더 이끌어 줄 수 있기 때문이다.

(2) 인지조절 프로그램

인지조절 요인이란, 학습자가 자료를 기억하고 이해하는 데 사용하는 실제적인 전략을 어떻게 사용하느냐로 흔히 열심히 공부를 하는데, 성적이 오르지 않는 학생을 볼 때 이런 인지조절 능력이 필요하다고 할 수 있다. 이 프로그램에서도 좀 더 효율적인 인지조절 방법을 통해 학습에 투입한 시간의 양만큼의 효과를 거둘 수 있도록 실시하게 된다.

사회와 국사와 같은 암기과목의 경우 매일 작성하는 학습장에 자신이 배운 내용을 정리하고 주요개념을 찾고 마지막으로 요약을 할 수 있도록 제시되어 있고, 수학의 경우 오답노트를 통해 자신이 풀었던 풀이과정과 정답의 풀이과정과의 차이를 이해, 분석할 수 있도록 구성되어 있다. 마지막으로 영어단어의 경우 지속적인 반복과 기억이 필요하기 때문에 반복연습과 기억할 수 있는 영어단어노트를 제시하고 있다(4장 참조).

어느 정도 수준에 오르게 되면, 자기만의 단어장을 만드는 것이 매우 좋다. 왜냐하면 자신이 풀었던 독해 지문에서 모르는 단어를 단어장에 기록해 두고 이를 직접 사전에서 찾아 정리를 해 두면, 후에 단어를 기억할 때 독해 지문의 내용도 더불어 기억에 떠올라 암기하는데 도움이 될 뿐만 아니라 사전에서 함께 찾아 두었던 파생어나 동의어, 반의어를 같이 외울 수 있기 때문이다.

학습을 잘하는 데 매우 중요한 요소 중 하나는 학습한 내용을 얼마나 잘 정리해 두는가다. 어떤 학생은 자신의 필체가 엉망이기 때문에 노트에 정리해 둔 것을 읽어 보면 오히려 짜증만 난다고 말한다. 하지만 공부를 잘하는 친구를 보면 대부분 노트정리를 깨끗하게 잘하고 있다. 중요한 것은 노트 정리를 얼마나 깨끗이 하느냐가 아니라 얼마나 학습내용의 요점을 잘 파악하고 있느냐다. 따라서 수업시간에 선생님의 설명을 집중해서 듣고 이를 적극적으로 필기하다 보면, 처음에는 매우 어렵고 까다로운 작업이라고 생각되겠지만 어느 정도 익숙해지면 정확한 요점을 노트에 담을 수 있게 된다.

(3) 행동조절 프로그램

행동조절 프로그램에서는 학습자가 자신의 학습을 성공적으로 이끌기 위해 가장 적합한 학습 환경을 선택하고, 구조화하며, 창조하는 데 도움을 준다. 여기에는 크게 시간과 공부조절, 노력, 학습행동조절 부분으로 나누어지는데, 먼저 시간과 공부조절이란 학습자가 자신의 학습시간과 공부방법을 효과적으로 조절하는 것을 의미하고, 노력조절이란 학습자가 과제를 수행하기 위해 학습자 스스로 노력을 분배 관리하거나 필요한 도움을 요청하는 등 학습을 수행하기 위해 노력하는 것이며, 학습행동 조절이란 학습자가 자신의 학습행동을 조절하는 것을 말한다. 행동조절에 해당되는 프로그램에 대해서 구체적으로 살펴보면 다음과 같다.

먼저 '우선순위 정하기'로, 이는 흔히 대개 더 비중이 높고 중요한 일을 하기에 앞서 일상적이고 하찮은 일에 빠지기 쉬운 우리의 모습을 깨닫도록 하는 데 도움이 된다. 자신이 해야 할 일을 인식하고 이것이 목표 설정과 관련하여 얼마나 달성할 수 있는지를 파악하고 자신이 실천할 수 없는 계획이 있다면, 이것이 왜 실행에 옮겨지지 않는지의 이유를 분석하여 조직화할 필요가 있다.

두 번째 행동조절 프로그램은 앞서 세운 목표설정에 대한 중·장기적 안목을 세우는 것으로 구체적 활동으로 일일계획, 주간계획, 수년 후까지 중·장기 계획을 세워 보는 훈련을 하게 된다. 그리하여 시간관리의 중요성을 체감하고 실제로 자신에게 좀 더 적절한 계획을 세워 나갈 수 있도록 도움을 준다. 이 프로그램은 단순히 현재 시간을 낭비하지 않고 분주히 쓴다는 좁은 의미에서 한 개인의 활동, 삶을 관리한다는 생활관리 혹은 인생 관리의 넓은 의미로 확장시켰다.

시간관리 프로그램은 자기 생활을 능동적으로 분석하고 의미 있는 목표를 세우며, 이를 실천할 수 있도록 자기 생활과 활동을 통제하고 관리하여 진정한 의미에서의 시간관리를 실천할 수 있게 된다. 그러므로 기대되는 실제적인 효과로 학업만족도를 높이고 학업성취를 올릴 수 있는 기반을 제공하고, 역할혼미 지각을 줄이며, 스트레스에 따른 소진을 예방하게 되고, 더 나아가 자기효능감과 자아개념을 높여 긍정적인 삶의 태도와 자신감을 갖게 된다.

세 번째, 행동조절 프로그램은 자신을 둘러싼 환경에 대해서 점검을 해 보는 것이다. 한 연구조사에 따르면, 학업성취도가 높은 학생이 낮은 학생보다 자신의 학습 환경을 구조화하는 데 관심이 많고 실질적으로 그 능력도 뛰어난 것으로 밝혀졌다(김송은, 2005).

이 프로그램은 자신의 학습을 성공적으로 이끌기 위해 방해되는 원인이 무엇인지를 파악해 보고 이에 대해 분석한 뒤 자기 스스로 개선점을 찾도록 훈련하게 되어 있다. 혼자 해결할 수 있는 방해 요인일 경우 스스로가 없애도록 노력하고, 물리적인 원인일 경우 최선책을 찾아봄으로써 적극적으로 문제해결을 할 수 있도록 구성되어 있다.

2) 미국의 자기주도학습 프로그램

이 장의 앞부분에서는 송인섭의 자기주도학습모형에 근거하여 설계된 국내의 자기주도학습 프로그램을 제시하고 있다. 우리는 효과적인 자기주도학습방법에 대한 정보를 얻기 위해, 그리고 우리나라 밖의 외국에서는 자기주도학습이 어떻게 이루어지는지를 살펴보기 위해 미국 스탠퍼드 대학교의 'EAST PALO ALTO HIGH SCHOOL' 의 실제 수업 사례를 위에서 제시하고 있다. 그리고 스탠퍼드 대학교에서 이런 교육프로그램을 주도하고 있는 Paul, Kim 교수와의 인터뷰를 통해 미국에서 자기주도학습이 어떻게 이루어지고 있는지에 대해 살펴보고자 한다.

질문 : 스탠퍼드 대학교의 'EAST PALO ALTO HIGH SCHOOL'을 세운 목적이 무엇인지 이야기해 주세요.

답변 : 우리가 특히 관심을 두고 있는 부분은 역할수행과 성취입니다. 공부를 잘하는 학생에 대한 연구도 있겠지만, 대부분 많은 학생 중에 공부를 잘할 수 없는, 학습을 잘 따라갈 수 없거나 또 어떤 여러 가지 영향 때문에 공부를 할 수 없는 그런 학생에 대한 많은 연구가 이루어지고 있습니다. 어떻게 하면 그런 학생이 자기주도적으로 공부를 하고 학습을 해서 자기가 가지고 있는, 성취할 수 있는지에 대한 연구를 많이 하고 있습니다.

질문 : 주로 어떤 연구가 이루어지고 있는지를 자세히 말씀해 주세요.

답변 : 낮은 학습수행자를 어떻게 하면 높은 학습수행자로 바꿀 수 있는가. 어떻게 리드를 하고 학생이 스스로 자기가 공부를 하는 계획을 세우고, 또 공부하는 시간이라든지 여러 많은 그런 것을 스스로 찾아서 계획해서 성공적으로 공부할 수 있게 하는지. 그런 여러 가지 이론적인 훈련을 많이 하고 있지요.

성공적인 학습자는 단순히 다른 사람에 비해 더 많은 지식을 가지고 있는 사람이 아니라 지식에 접근하고 그것을 효과적으로 효율적으로 이용할 수 있는 학습전략을 가지고 있으며, 스스로 동기화할 수 있고, 자신의 행동을 점검하고 스스로 행동을 변화시킬 수 있는 자기주도적 학습자다. 즉, 자기 스스로 학습하고 스스로 지식을 생산해 내는 자기주도적 학습능력을 갖춘 학습자다.

질문 : 낮은 학업성취를 향상시키기 위해 구체적으로 무엇을 합니까?

답변 : 주로 보면, (학습)동기에 관련된 것이 많이 있어요. 예를 들어 자기주도적 학습을 어떻게 이끌어 나가게 하느냐 할 때, 그렇다면 학생이 어떤 한 부분요소만 볼 수 있느냐가 아니라 그것에 관련된 여러 가지 자기 자신에 대한 생각, 그 다음에 자기가 가지고 있던 목표, 그 다음에 환경. 여러 가지 많은 생각을 전체적으로 도움을 줄 수 있는 그런 환경을 조성해 주고, 그런 모델을 또 보여 주고 했을 때 학생이 많은 발전을 하게 되고, 자기주도적으로 학습을 할 수 있게 되지요.

물론 선생님, 커리큘럼, 학습교재 등도 좋아야 되겠지만 자기 인식, 자기성찰이 이루어져야 합니다. 그래서 학생에게 '스스로 자신에 대해서 설명을 해 봐라. 스스로 자기가 모자란 부분이 어떤 것인지에 대해서 설명을 해 봐라.' 등의 훈련을 통해서 자기를 정확히 판단을 하고, 내가 있는 위치, 내가 처해 있는 환경이라든지 공부해야 될 목표, 공부해야 될 과제물에 대한 것을 스스로 이해를 하고, 설명을 하게 하는 훈련을 많이 합니다.

물론 기존의 주입식 방법은 학생이 자기 과제를 이해했느냐 하지 못했느냐보다는 그냥 선생님이 많은 것을 설명해 주잖아요. 상당히 수동적이고 비능동적으로 학생이 따라오게 커리큘럼이 설계가 되어 있습니다. 그러나 'EAST PALO ALTO'에서는 학생이 스스로를 이해하고, 스스로 학습과제를 이해하고, 자기 목표를 이해하고, 또 그 자기가 가지고 있는 목표까지 가기 위한 이정표가 있습니다. 어떤 단계를 거쳐서 그 목표를 갈 수 있는지. 거기에 대한 것을 잘 계획을 할 수 있게끔 하는 게 있어요. 자기가 시간을 얼마만큼을 할애해서 얼마만큼을 계획하고 얼마만큼의 양을 공부하고, 또 모자라는 부분을 어떻게 채워 주고 또 내가 모자라는 어떤 부분이 있을 때 다른 사람이나 학생에게 물어보거나 그룹 스터디 같은 경우에 아니면 선생님한테 여쭤 보거나 하는 여러 가지 전략을 스스로 계발하게 하는 겁니다. 그래서 주입식으로 해서 '이렇게 했을 땐 이렇게 해라.'가 아니라 학생 스스로를 깨우치게 하는 거지요. 자기를 알고, 목표를 알고 어떻게 해야 되는 것을 스스로 자꾸 설명하게 하는 겁니다.

성공적인 학습자는 학습에 영향을 미치는 요인을 관리하고 통제한다. 그러므로 그들은 학습을 위한 최적의 조건을 설정하고 학습에 방해가 되는 장애를 제거한다. 학습교재가 구조화되어 있지 않거나, 공부하는 주변이 시끄럽더라도 자기주도적 학습자는 학습을 방해하는 요인을 극복하고 학습할 수 있는 방법을 발견한다.

학습과 동기에 대한 연구가 계속되면서 연구자와 교육자는 학습자가 자신의 인지, 동기, 행동을 조절하기 위해 적절한 전략을 이용함으로써 좀 더 성공적인 학습자가 될 수 있다는 것을 발견하게 되었다.

교수-학습과정에서의 교육목표 달성과 학습의 효과를 극대화하기 위해 자신의 학습을 방해하는 변인을 통제할 수 있는 전략, 학습내용의 숙달을 위한 효과적인 학습전략, 행동전략을 제공하여 학습자는 학습과정에서의 모든 의사결정과 행위의 주체가 되어 학습을 책임지고 학습자 스스로가 자생적으로 학습을 이끌어 학습의 효율성을 극대화할 수 있는 학습방법이 자기주도학습이다.

질문 : 자신의 학습에 대한 점검은 처음에 어떻게 이루어지나요?
답변 : 저희는 컴퓨터를 많이 이용하지요. Sunnyvale school에서 보신 그런 Concept Mapping 툴 같은 것을 많이 이용합니다.

Concept Mapping 툴의 예를 들어 보지요. 지금 내가 배워야 할 부분이 어디고, 목표가 어디고. 어떤 것을 했을 때 내가 성공적으로 학습을 마칠 수 있겠는가. 어떤 그냥 하나의 수업을, 과제를 할 때는 주위에 필요한 것이 무엇인가를 스스로 시각화하는 겁니다. 시각화하다 보면 내가 과연 이쪽으로는 설명하기가 힘들구나. 이쪽으로는 자신감이 없다는 등을 스스로 깨닫게 하는 거지요. 미국에서는 실력 위주의 결과를 상당히 추구하는 추세예요. 학생이 그 사지선다형 시험만 봐 가지고 과연 이 학생이 학습을 제대로 성공적으로 마쳤는지 안 마쳤는지, 87점을 맞았다 90점을 맞았다라고 하는 것이 과연 얼마나 의미가 있는 척도가 될 것인지. 그런데 회의적인 연구자가 연구를 하기 시작해서 실력 위주의 결과 연구를 해야 된다고 하다 보니까 포트폴리오 같은 평가기준이 나오게 되는데, 그 개념지도와 포트폴리오가 연계가 되어서, 요즘 학생이 과연 프레젠테이션을 잘할 수 있는가, 학생이 웹페이지를 만들 수 있는가, 학생이 어떤 에세이를 잘 쓸 수 있는가에 대한 정보를 종합적으로 모아서 전체적인 총체적인 결과를 하게 됩니다.

질문 : 자기주도적 학습이라고 하지만, 결국은 많은 사람의 조언이라든가 도움이라든가 그런 것이 있지 않으면 불가능한 것 같은데… 100% 자기 스스로 자기조절학습이 될 수 있는 것 같지가 않은 것 같은데요?

답변 : 맞습니다. 어떤 비타민제를 먹고 나서 갑자기 몸이 좋아지는 그런 마법은 없습니다. 모델링을 통해서 선생님이나 교사가 그 수업을 진행하면서 모델이 되어 이런 식으로 했을 때 도움이 된다는 걸 많이 보여 줘야 합니다. 그리고 또 더욱더 중요한 것은 학생 스스로가 그것을 깨달아야 합니다. 내가 왜 이것을 해야 하는지. 보통 학생에게 커서 뭐가 될 거니? 하고 이렇게 물어보면

사실 크게 제대로 대답할 수 있는 학생이 그렇게 많지 않습니다. 그랬을 때 많은 자료를 통해서 그런 학습 자료를 통해서 많은 관심도를 높여 주는 거지요. 여러 분야에… 과학, 음악, 예술, 여러 가지 분야에 많은 관심을 가질 수 있게끔 그런 경험을 시켜준 뒤에 자기 관심을 나타낼 수 있는 평가 방식, 즉 Concept Mapping이라든지 포트폴리오를 이용한다든지. 그래서 그런 경우에 많은 여러 가지 측면을 봤을 때 이 학생은 이쪽으로도 관심이 있구나. 또 관심이 있는 쪽에는 학생이 스스로 참여하게 되거든요. 그러니까 제기 이렇게 한국의 교육 문제를 봤을 때 상당히 사교육을 많이 시키고 있지 않습니까? 하버드, 스탠퍼드 대학교를 꼭 입학해야 된다라고 하지만 과연 학생이 그것의 필요성을 느끼고 있는지. 그렇지 않다면 그 학생이 거기에 그 많은 시간과 노력을 할애할 것인가를 봤을 때 분명히 그렇지 않다고 보입니다. 상당히 수동적이 되겠지요.

질문 : 자기주도적 학습을 위해서는 그럼 어떻게 해야 할까요?

답변 : 이런 모형화를 통해서 자기 스스로를 알고, 자기가 가지고 있는 여러 가지 큰 계획을 세울 때 자신이 해야 할 것, 그 단계적인 것까지 모두 다 알아서 스스로 인지를 할 때 그런 자기만의 문제해결전략이 나오게 되는 거지요. 그렇기 때문에 부모님도 참여가 필요하고 교사, 또 학교의 환경 또한 중요합니다.

질문 : 결과적으로 이야기를 들어 보면 가장 중요한 것이 동기로, '내가 왜 공부를 해야 되는지에 대한 동기가 있어야만이 공부가 된다.' 이렇게 이해했거든요. 제 말이 맞는 건가요?

답변 : 그렇지요. 자기관심이 있어야 되겠지요. 관심이 없는 경우에는 또 할 수 없게 되겠지요. 헌데 다른 중요한 면으로는 내가 이 일을 할 수 있는지 없는지를 판단하는 것도 중요합니다. 예를 들어, 학생이 학습목표라든지 어떤 과제물을 봤을 때 그것이 너무

힘들다하면 그걸 하지 않겠지요. 또 너무 쉽다면 하지 않겠지요. 그렇게 때문에 곡선이 이렇게 납니다. 너무 쉽지 않고, 너무 어렵지 않고… 어떤 적당하게 쉬우면서 도전적인 그런 학습목표를 주게 되면 학생의 관심을 함께 연관지어 학업에서 상당히 능동적으로 참여할 수 있게 되는 겁니다. 그래서 교사의 목표는 학생에게 가장 적절한 학습목표를 설정해 주고, 또 스스로 학생이 그런 것을 반복하여 참여하면서 성공하는 거지요. 조그마한 단계에서 성공을 하게 되면 자기효능, 자기확신이 늘어나는 겁니다. 처음부터 어려운 임무를 주고서 공부를 해 봐라. 그러고 나서 못 하니까 '아니, 넌 왜 못하니.' 이렇게 질책하기보다는 그 학생의 입장에서 그 학생의 위치에서 그 학생이 알고 있는 그런 환경에서 성공할 수 있는 그런 임무를 주는 겁니다. 그런 임무를 주어서 성공했을 때 자신감이 더 생기고, 그 다음에 좀 더 어려운 것을 할 수 있게 되고 그런 식으로 해서 점진적으로 자기가 성공을 계속하는 것을 경험하게 하는 겁니다. 그렇게 계속 성공을 경험하게 하다 보면은 자기 자신감이 상당히 많이 늘어나고, 그래서 더욱더 어렵고 복잡한 임무에 참여해서 성공적으로 마칠 수가 있는 거지요. 어떻게 보면은 자기가 자기에게 최면을 건다라고도 할 수 있겠어요. 교육적인 이론은 아니겠지만 자아성취를 하는 겁니다. 자기 스스로 '내가 과연 할 수 있구나.' 라고 여길 정도로 조금씩 점진적으로 임무를 줄 때, 학생이 나중에는 완전히 스스로 모든 공부를 하게 되는 거지요. 계획도 짜고, 모니터링도 하고, 자기 인식도 하고 평가도 하게 되는 거지요.

Paul, Kim 교수와의 인터뷰를 통해 미국 스탠퍼드 대학의 'EAST PALO ALTO HIGH SCHOOL'의 교육과정이 어떻게 이루어지는지에 대한 정보를 얻을 수 있었다. 교사는 학생 개개인과의 대화를 통해 학생의 관심사가 무엇인지, 장점은 무엇이고 어떤 점을 보완해야 하는지에 대한 자세한 정보를 얻는다. 이런 개개인의 정보는 학생의 목표를 설정과 목표달성과정으로 자연스럽게 이어지게 되고, 매일 매일 이룰 수 있는 목표를 제시함으로써 성공경험을 통해 학습자는 동기화되고 최종적으로 독립적인 학습자가 된다는 것이다.

이런 'EAST PALO ALTO HIGH SCHOOL'의 교육과정은 송인섭이 제시하는 자기주도학습과 일맥상통한다. 자기주도학습의 핵심은 개별학습자가 스스로 자신의 학습에서 주도권을 갖고 자신의 학습요구를 진단하고 자신의 학습목표를 설정하며, 학습에 필요한 인적·물적 자원을 확보하고 적합한 학습전략을 선택, 실행하여 성취한 학습결과를 스스로 평가하는 과정과 활동을 수행하게 하는 것이다. 인터뷰 내용을 통해 인터넷을 이용한 Concept map을 사용하느냐, 책자화된 셀프다이어리(self-diary)를 제공하는가의 자기주도학습을 위한 툴 제공의 방법에는 차이가 있지만 궁극적으로 스스로 학습하고 지식을 생산하는 자생적인 자기주도학습자를 기르기 위해 노력한다는 점에서 21세기 한국의 교육패러다임을 바꿀 수 있는 교육접근법이 자기주도학습이라는 것을 다시 확인할 수 있었다.

6. 자기주도학습 프로젝트를 통한 자아성취

앞의 여러 가지 논의를 통해서 자기주도학습의 필요성을 인식하고, 21세기에 대비한 학습전략은 불가피하게 아이 '스스로 공부하는 것'이라는 것을 예고하고 있다.

이에 '자기주도학습 프로젝트'를 통해서 학생이 자기 스스로 학습을 주도하여 개별적인 학습과제를 해결한 뒤, 자기가 평가하고 피드백을 함으로써 완전학습에 이르도록 하는 데 있다. 자기주도학습을 위해 선행되어야 하는 것은 먼저 자신의 능력을 지각하여 적절한 학습목표를 설정하고, 다양한 전략을 통하여 실행하며, 그 결과에 대하여 자기평가를 하는 것으로, 이 모든 것은 자발적으로 수행할 수 있어야 한다. 자기주도학습력 향상 프로젝트의 기대효과는 크게 두 가지다.

- 공부가 하고 싶어지도록 심리적인 변호를 유도한다.
- 스스로 공부하도록 습관을 들이는 훈련을 한다.

'자기주도학습 프로젝트'는 '자기주도학습' 요인인 동기, 인지, 행동조절 능력에 따라 세 집단으로 구분하여 학생에게 스스로의 학습실태를 점검하고 학습계획을 세우고, 자신에게 맞는 공부방법을 찾도록 도와주며, 학생의 자기통제 능력을 높이기 위해 '셀프다이어리(self-diary)'를 쓰게 하면서 스스로 시간을 어떻게 쓰고 있는지 돌아보고 6주간 시간 관리법 익히기, 자신감 찾기, 개별 학습과정의 문제점 파악과 개선책 처방 등이 과정을 거쳤다.

이 프로젝트에 참여한 학생은 서울 덕수 중학교 전체 201명의 2학년 학생을 대상으로 자기주도학습능력을 진단하여 '자기주도학습력 검사' 점수가 25% 이하면서 성적이 중하위권인 박성은, 이상건과 '자기주도학습력 검사' 점수가 75% 이상으로 모두 높으나 성적은 중하위

권에 있는 최만성, 마지막으로 '자기주도학습력 검사' 점수가 75% 이
상이면서 성적도 최상위권인 이예은, 동은비, 이승민 등 6명을 선별하
여 진행하였다. 그 결과 프로젝트에 참여한 학생의 '자기주도학습력
검사' 점수가 평균적으로 15점 상승하였고, 성적 또한 평균 13점 상승
이라는 성취를 가져왔다. 자기조절을 잘하면 성적이 올라갈 수 있다
는 것을 입증하였다.

특히 이번 실험에 참여한 성은이는 실험 시작 전에는 뚜렷한 목표
를 찾아보기 힘들었고, 공부를 하고자 하는 동기도 낮았으나, 6주 후
에는 컴퓨터를 놀이도구로 즐기는 것이 아니라 자신이 하고 싶은 일
을 하기 위해 자료를 찾아보는 도구로 활용하게 되고, 서울 모 인터넷
고등학교로 가고 싶다는 진학목표도 생겼다.

수치화된 결과뿐만 아니라 6주 동안의 프로젝트에 참여하면서 조
금씩 변해 가는 6명의 학생의 모습을 더 자세히 살펴본다.

1) 학원 중심의 안전제일주의 승민이

승민이의 사전 '자기주도학습력 검사' 점수를 각 영역별로 보면 동
기영역인 자기효능감이 99%, 내재적 가치 98%, 목표지향 38%, 인지
영역인 정교화 93%, 시연 13%, 점검 98%, 마지막으로 행동조절영역
을 보면 시간과 공부조절 72%, 노력조절 90%, 학습행동조절이 88%
로 나타났다.

승민이는 학교 성적이 상위 5% 이내에 속하고 전과목 성적이 매우
우수하고 품행이 방정하고 믿음직스러울 뿐 아니라 리더십이 매우 높

아 학급 친구에게 인기가 좋다. 승민이는 어렸을 때 피아노 경연대회, 백일장, 수학·과학 경시대회 등 다양한 대회를 통한 수상경험으로 인해서 스스로 자신감을 가지게 되었다고 생각한다. 또한 이종사촌이 특목고 진학을 거쳐 외국 명문대를 입학한 것을 모델링으로 하여 자신의 목표를 구체적으로 정하고 있으며 학습동기가 매우 높은 학생이라고 할 수 있다. 겉으로 보기에는 승민이의 학습동기에는 아무런 문제가 없는 것으로 보인다.

그러나 이런 높은 학습동기와 우수한 성적에도 불구하고 자신이 성취할 수 있는 것보다는 낮은 성적을 받는 학생이다. 승민이의 학습동기는 매우 높지만 그것은 좋은 성적을 받거나 교사의 칭찬을 받기 위한 것이다.

승민이는 좋은 성적 때문에 교사에게서 계속 칭찬을 받고 공부에도 자신감 가지고 있는 것처럼 보인다. 그러나 승민이는 도전의식을 가지고 있지 않다. 다소 도전적인 과제나 시험에 대해서는 자신이 성공적으로 수행할 수 있을지 자신감이 없다. 따라서 공부를 할 때 가장 안전한 방법을 선택한다. 교사가 강조하는 내용이나 시험에 출제될 것이라고 예상되는 것만을 공부한다.

승민이의 학습행동을 자세히 살펴보면 자신의 학습시간이 전적으로 학원중심으로 이루어져 있다는 것을 알 수 있다. 학습목표를 설정하고, 그것을 달성하기 위해서 몇몇 특정 학원을 스스로 찾아다니면서 준비하고 있었다. 승민이는 학원에 의존해 공부하다 보니 슬럼프에 빠지는 일이 잦았다. 늘 같은 방식의 수업이 질려서 다른 학원으로 옮겨도 보고, 지금 다니는 학원보다 다른 학원이 더 좋다고 입소문이

나면 그곳으로 옮기면서 나름대로 열심히 다녔다. 스스로가 '학원중독'이라고 말할 정도다.

승민이는 학원을 하루라도 가지 않으면 매우 불안해한다. 그래서 자신이 해야 할 학원공부는 반드시 해야 한다고 생각하고 또한 반드시 해낸다. 이렇게 학원에 매달리다 보니 독서할 시간이 없다고 했다.

승민 : 전에는 책을 많이 읽었는데, 요즘에 학원에 다니면서 그럴 시간조차 없어서 책을 못 봐요.

승민이는 자신에 대한 불신과 자율성의 심각한 결여로 스트레스를 가지고 있었다. 그리고 감성 또는 정서의 불안과 어떤 문제를 해결하려고 할 때 그 문제에서 일어날 수 있는 다양한 변화에 대한 적응 능력이 보통학생에 비해서 떨어져 있는 듯 보였다.

6주간의 자기주도학습 프로그램에 참여하면서 승민이는 자기 스스로 공부하는 것이 가장 좋다는 생각이 들었다고 했다. 그동안은 학원에서는 공부하지 않고 수업만 들어도 공부했다는 생각이 들어서 따로 공부를 하지 않게 되는데, 이제는 알아서 공부를 해야 하기 때문에 더 열심히 하게 되고, 자신의 꿈을 위해 스스로 찾아가면서 공부하다 보니 더 넓은 세계를 볼 수 있었다고 했다.

자기주도학습 프로그램에 참여하여 6주간의 훈련을 받은 후 승민이의 '자기주도학습력 검사' 점수는 동기영역인 자기효능감이 99%, 내재적 가치 99%, 목표지향 78%, 인지영역인 정교화 97%, 시연 98%, 점검 100%, 마지막으로 행동조절영역을 보면 시간과 공부조절 100%, 노력조절 97%, 학습행동조절이 98%로 변화하였다.

승민이는 학교 친구가 학원이나 독서실에 가는 게 낫지 않느냐고 하지만 스스로 변화한 점을 많이 느끼게 되니깐 자기주도학습이 훨씬 낫다고 하였다.

2) 시험불안을 겪고 있는 은비

중학생인 은비는 학교에서 1, 2등을 다투는 학생이다. 은비는 학업 성적이 우수한 학생으로 겉으로 보기에는 자기조절에 아무 문제가 없는 것처럼 보인다.

은비의 사전 '자기주도학습력 검사' 점수를 각 영역별로 보면 동기 영역인 자기효능감이 92%, 내재적 가치 84%, 목표지향 65%, 인지영역인 정교화 86%, 시연 90%, 점검 95%, 마지막으로 행동조절 영역을 보면 시간과 공부조절 98%, 노력조절 93%, 학습행동조절이 91%로 나타났다.

은비는 학교생활도 모범적이고 공부하려는 의지 역시 매우 강하고 예습과 복습을 철저하게 하는 학생이다. 그러나 이런 우수한 성적에도 불구하고 은비는 항상 시험에 대한 불안감을 갖고 있다. 그 불안감을 떨쳐 내기 위해서 밤늦게까지 학원을 다닌다고 한다. 그래서 이 프로젝트에 참여하면서 학원시간을 제대로 맞추지 못한다는 이유로 초기 회기에 그만두려는 뜻을 비추기도 했다. 그러나 담당 연구원은 자신의 발전을 위해 한 번 더 깊게 생각하도록 지도했으며, 다음 회기에 은비는 다시 마음을 다지고 참여하였다.

은비 : 학원 과외 같은 데서 선생님이 같이해 주시면 쉬우니까.

6주간 프로젝트 기간 동안 은비는 자신이 자랑스럽게 생각하는 언니에 대해서 많이 말을 했다. 자신은 언니에 비해 똑똑하지 못하기 때문에 매우 열심히 공부를 해야 하며, 지금의 성적은 유지하기 힘들다는 생각을 갖고 있었다. 언니를 본보기로 또는 경쟁상대로 생각하고 있었다. 은비는 언니에게 강화를 받아서 좋은 성적을 받고, 친구가 공부를 잘한다고 부러워하는 모습을 보거나 학교 선생님의 칭찬을 받으면 공부를 하는 게 매우 즐거웠다.

그러나 그 즐거움도 잠시 불안하고 무거운 마음이 은비를 짓누르고 있었다. 6주간의 자기주도학습 프로그램에 참여하면서 그동안 학교에서 중요하다고 강조한 부분은 열심히 공부를 하지만 그 외에 학습에 도움이 되는 책을 읽는다거나 취미생활 등은 전혀 하지 못한 자신을 발견할 수 있었다. 은비는 단지 자기에게 주어진 과제의 범위 내에서만 체계적으로 공부할 따름이지 창의적인 노력은 거의 하지 않은 것이다. 학교에 다녀와서 학원에 가고 과제를 다 하면 시간이 남아도 다른 공부는 하지 않았다는 것이다. 은비는 학습을 통해 우수한 성적을 받을 수 있었지만 진정한 학습의 기쁨이나 흥분을 느끼지는 못했다.

은비는 6주간의 자기주도학습 프로그램에 참여하면서 그동안 자신이 정해진 학교수업시간과 학원에서의 시간에 그리고 과제에 꽁꽁 묶여 자신이 스스로 찾아서 공부하는 방법을 모르고 살고 있었다는 사실을 깨닫게 된 것이다. 자기주도학습 프로그램에 참여하여 6주간

의 훈련을 받은 후 은비의 '자기주도학습력 검사' 점수는 동기영역
인 자기효능감이 95%, 내재적 가치 90%, 목표지향 78%, 인지영역인
정교화 84%, 시연 90%, 점검 95%, 마지막으로 행동조절영역을 보면
시간과 공부조절 96%, 노력조절 90%, 학습행동조절이 98%로 변화하
였다.

또한 은비는 생각에 여유를 가지게 되었다. 전과는 달리 프로그램
진행하는 동안 시계 보는 행동이 줄었고 학교 동아리 가입도 고려하
게 되었다. 중간고사가 다가오니깐 긴장은 많이 되지만 예전처럼 많
이 불안한 것이 아니라 좋은 성적을 받아서 내가 열심히 공부한 것을
확인하고 싶다고 했다.

지금처럼 열심히 공부한다면 중학교 공부는 무리 없겠지만 학년이
올라가면서 창의력을 요하는 부분이 많아진다. 단편적인 예로 '수학
능력시험'을 보면 교과서뿐만 아니라 문화, 예술, 시사적인 부분 등
각 분야에서 문제를 출제하고 있다. 이런 것에 대처하기 위해서 은비
는 지금의 틀에서 벗어나 좀 더 발전적인 자기주도적 노력을 계속할
필요가 있다.

3) 수학 학원에 의지하는 수학 우수 상건이

상건이는 부모님과 고 1인 누나 한 명 이렇게 네 식구 중 막내다.
부모님은 맞벌이를 하시는 관계로 상건이에게 세심한 관심을 가지지
는 못하는 상황이지만 막내이면서 장남인 상건이에 대한 애정은 가지
고 있다. 하지만 부모님 모두 상건이가 학업을 하는 데 인지적 가이드

라인(지침서)은 전혀 제공해 주지 못하고 있다. 또한 상건이의 누나는 사춘기가 접어들어서 가족 간에 대화가 전혀 이루어지지 못함으로써 상건이의 공부를 지도해 줄 만한 역량이 되지 못하는 상황이었다.

상건이의 사전 '자기주도학습력 검사' 점수를 각 영역별로 보면 동기영역인 자기효능감이 3%, 내재적 가치 5%, 목표지향 6%, 인지영역인 정교화 2%, 시연 0.6%, 점검 3%, 마지막으로 행동조절영역을 보면 시간과 공부조절 2%, 노력조절 5%, 학습행동조절이 8%로 나타났다.

초기 평가 기초자료를 통해서 알아본 결과에서도 선호과목으로 수학, 과학, 국어를 좋아한다고 했으나 수학 이외에 성적은 중·하위권이었다. 또한 도움이 필요하면서도 싫어하는 과목으로 영어, 사회와 같은 암기과목이라고 하였으며, 이는 자기조절 학습점수에서 인지조절과 행동조절 요인이 낮은 원인과 같은 맥락이라고 할 수 있다. 스스로도 성적 향상을 원하고 있다는 의사를 밝혔으나 동기, 인지, 행동조절 요인에서 어려움을 겪고 있어서 혼자 하다가 포기하는 경우가 많았다. 특히 자기조절학습 점수에서도 보았듯이 가장 저조한 점수인 시간과 공부조절에서 가장 큰 문제점은 컴퓨터 게임이었다.

상건이 엄마 : 학교에서 숙제를 내주는지 안 내주는지 잘 모르겠는데 복습하는 건 별로 못 보고, 학원에서 내준 거 조금하다가 주로 컴퓨터 게임을 많이 해요. 잠들기 직전까지 해요.
송인섭 교수 : 상건이의 무기력은 학습 동기, 자신감 부족에서 나오는 것입니다. 긍정적인 이유 있는 평가 쪽으로 바꿔야 하고 상건이가 대부분의 시간을 컴퓨터를 하는 것은 미래에 밝지가 않으니까, 그걸 비판하고, 비판하는 시간을 조정

하면 지금과는 다른 모습으로 바뀔 것입니다. 그리고 수학에만 흥미를 보이는 점을 감안해 수학도 잘하니 다른 과목도 잘할 수 있다는 부모의 격려가 필요합니다.

즉, 상건이가 자기행동을 통제 및 조절하고, 행동조절을 할 수 있는 분위기를 만들어 주도록 했다. 그래서 상건이 부모님에게는 상건이가 잘하는 것에 대한 더욱 적극적인 칭찬과 보상이 필요하다고 알려 주었다. 칭찬을 할 때는 즉시 칭찬을 하고, 잘한 일에 대해서는 명확히 말을 해야 한다. 이렇게 잘한 일에 대하여 긍정적인 감정을 공유하는 것이 중요하며 앞으로도 계속 잘해 나가도록 격려를 아끼지 말아야 한다.

6주간의 훈련을 받은 후 상건이의 '자기주도학습력 검사' 점수는 동기영역인 자기효능감이 62%, 내재적 가치 21%, 목표지향 42%, 인지영역인 정교화 10%, 시연 24%, 점검 14%, 마지막으로 행동조절영역을 보면 시간과 공부조절 73%, 노력조절 27%, 학습행동조절이 12%로 점수가 많이 향상하였다.

'자기주도학습' 프로젝트에 참여하면서 상건이는 처음에는 다른 친구와 어울리는 것도 어려워하고, 발표를 할 때도 시선은 아래를 향하고, 학습동기와 자신감이 부족했다. 프로그램이 진행되는 동안 담당 연구원은 학습동기를 부여하고 자신감을 가지게 하는 데 전력을 쏟았다.

연구원 : 네가 수학에 대한 흥미만큼이나 관심만 가지면 이건 충분히 올릴 수 있는 있어. 영어도 사회도 암기과목이거든. 수학도

어떻게 보면 암기과목인데 네가 해내고 있잖아. 그러니깐 너가 충분히 해낼 수 있는 부분이야.

회기가 지나면서 처음에 대충 짰다고 생각한 계획표를 스스로 다시 세워서 담당 연구원과 면담을 하였다.

> 상건 : 처음 짠 생활 계획표는 제가 봐도 이상해요. 그래서 벽에 붙여 놓고 몇 번 고민하다가 다시 짰어요. 한번 봐 주세요.

컴퓨터 게임이 대부분이었던 처음의 계획표와는 확연하게 달라졌다. 컴퓨터 게임이 공부하는 데 방해가 된다는 것은 알지만 하루아침에 안 할 수는 없는 것이고 점차 그 시간을 줄여 가면서 수학을 제외한 다른 과목의 성적 향상을 위해서 공부시간을 더 투자하고, 엎드려서 공부하는 자세도 고치겠다고 하였다.

> 상건 : 수학에 대한 흥미만큼 관심만 가진다면, 다른 과목도 충분히 올릴 수 있을 거라는 선생님 말씀에 자신감이 생겼어요.

그리고 이전에는 '자기주도학습 프로그램'을 진행하는 중 연구원이 발표를 시키면 수줍어서 말도 못하고 떨기만 하던 상건이가 자기주도학습을 시작하고부터는 발표도 곧잘 했다.

상건이는 EBS 영어 프로그램을 듣는다. 자기주도학습 프로그램을 시작한 뒤 상건이는 영어 공부를 시작했다. 부모님과 선생님의 조언이 컴퓨터 앞에서 게임만 하던 상건이의 마음을 움직였고, 학습행동의 변화를 일으켰다.

상건이 아버지 : 인터넷에서 교육프로그램을 즐겨 보는 거 같더군요. 그전에는 통 그런 프로그램을 보지 않았는데, 나와서 가끔 들여다보면 교육프로그램을 보는 것 같더라고요.

상건이 아버지는 하루하루 조금씩 발전하는 아들의 모습을 지켜보면서 기뻐하셨다.

4) 학원에 의지하지 않는 성은이

성은이의 사전 '자기주도학습력 검사' 점수를 각 영역별로 보면 동기영역인 자기효능감이 32%, 내재적 가치 2%, 목표지향 5%, 인지영역인 정교화 8%, 시연 2%, 점검 1%, 마지막으로 행동조절영역을 보면 시간과 공부조절 7%, 노력조절 6%, 학습행동조절이 6%로 나타났다.

성은이의 부모님은 맞벌이를 하시고 대학을 다니는 오빠가 있지만, 기숙사 생활을 해서 주말에만 집에 오기 때문에 성은이의 공부를 봐 줄 상황이 되지 못하고 있다.

성은이의 하루 일과는 아침에 일어나 학교에 가서 수업을 듣고, 학교수업이 끝나면 집에 돌아와 저녁 늦게까지 컴퓨터 앞에 앉아서 놀다가 잠을 잔다. 저녁식사도 컴퓨터 앞에서 하는 경우도 많다. 주로 컴퓨터로 공부를 하기보다는 오락을 하거나, 친구 홈페이지, 연예인 사진 등을 본다. 다른 학생은 보습학원에서 주로 시간을 보내지만, 성은이는 부모님이 힘들게 돈을 버신다고 생각해서 초등학교 때 다니던 학원을 그만두게 되었다. 학원을 그만두고 혼자 스스로 공부를 해 보겠다고 부모님을 설득하였다. 그러나 참고서나 문제집도 다른 학생에 비해 거의 없는 편이며, 책은 학교 사물함에 놓고 다닌다. 그래서인지 성은이는 집에 돌아와서 컴퓨터 앞에 앉아서 하루를 보낸다.

> 성은 : 책 사는 건 돈 아깝잖아요. 그냥 컴퓨터 보면 다 되는데… 시험 기간에 책 조금만 보면 돼요. 제가 한 것보다 성적이 잘 나오는 것 같아요.

컴퓨터로 게임만 하는 것이 아니라 교육방송을 청취하기도 하는데, 시험기간에만 있는 일이라고 한다. 공부는 시험기간에만 하는 것이고, 시험 성적에 대해서 불만도 없다고 하였다. 좀 더 해서 성적을 향상시키고 싶다는 생각보다 자기가 한 것에 비해서 성적이 좋다고 생각하고 있었다.

성은이는 뚜렷한 목표가 아직 없는 상태다. 장래희망에 대해서도 구체적으로 생각해 본 적이 없다. 빨리 성인이 되어 직장을 다니면서 돈을 벌고 싶다는 막연한 생각만을 하고 있을 뿐 자신의 꿈에 대해서 구체적으로 생각해 보지 않았다. 성은이는 이해력과 암기력은 좋으나, 뚜렷한 목표의식이 없고 공부에 전혀 흥미가 없는, 지금까지 열심히 공부해야 하는 이유를 생각해 본 적이 전혀 없는 학생이라 할 수 있다.

6주간의 훈련을 받은 후 성은이의 '자기주도학습력 검사' 점수는 동기영역인 자기효능감이 38%, 내재적 가치 18%, 목표지향 8%, 인지영역인 정교화 18%, 시연 84%, 점검 18%, 마지막으로 행동조절영역을 보면 시간과 공부조절 58%, 노력조절 54%, 학습행동조절이 62%

로 변화하였다.

'자기주도학습' 프로젝트에 참여하면서 처음에는 매 회기마다 하는 진행방식을 귀찮아하고 자세도 바르지 않았었다. 그러나 담당연구원과의 지속적인 대화와 지도를 통해서 성은이는 달라지기 시작했다. 회기가 지나면서 적극적으로 프로그램에 참여하고 쉬는 시간에는 담당연구원이 사 준 문제집을 풀고 있었다.

성은 : 문제집이 있으니깐 자꾸 보고 싶어져요. 재미있어요.

프로그램에 참여한 초기에는 쉬는 시간이면 휴대폰으로 친구에게 문자 메세지를 보내거나 엎드려서 MP3로 음악을 듣던 아이가 학습에 흥미를 가지게 스스로 변화하게 되었다. 자기가 무엇을 해야 할지에 대해서도 진지하게 생각하였다.

성은 : 제가 제일 자신 있는 게 컴퓨터거든요. 조금이라도 나이가 어릴 때부터 시작하면 나중에 좋을 것 같아요. 그래서 모 고등학교에 진학해서 프로그래머가 되려고요. 멋지죠.

이렇게 되면서 성은이는 공부에 대한 욕심을 가지게 되었고 '다음 시험에는 몇 점을 올려야겠다.'는 학습목표를 가지고 시험공부 계획표를 짜는 모습을 보였다. 자기주도학습을 시작하고부터는 문제를 풀 때 지문도 읽고, 숫자도 정성껏 쓰고, 오답도 줄었다. 공부하는 태도가 바뀌었고 욕심이 생겨서인지 예전 같으면 몇 개 틀려도 그냥 넘어가던 아이가 '많이 틀렸다.'며 아쉬워하고, '왜 틀렸는지'에 대한 의문을 갖게 되었다.

행동과 생각의 변화에도 불구하고 사후 수학시험에서 사전 점수와 같은 점수를 받았다. 시험문제가 어려웠냐는 연구원의 질문에 성은이는 놀라운 말을 했다.

> 성은 : 그냥 찍지 않고 아는 문제만 풀었어요, 제가 얼마나 알고 있는지 알아보려고요. 점수는 같은데 문제가 이상하게 눈에 들어왔어요.

자신이 불과 6주 전과는 달라졌는데 그 변화를 여러 가지 방법으로 느끼고 싶어 했다. 심리학에서 말하는 자기암시와도 비슷한 것으로 학습자 자신이 공부에 대해 '나는 하면 된다.' 와 같은 긍정적인 자아를 형성하고 스스로 발전해 가는 단계에 있는 것이다.

성은이는 먼 훗날 우리나라에서 최고 실력 있는 멋진 프로그래머가 되겠다는 장래희망을 자신 있게 말했다.

5) 타율적 학습에 길들여진 예은이

사전 '자기주도학습력 검사' 점수를 각 영역별로 보면 동기영역인 자기효능감이 96%, 내재적 가치 50%, 목표지향 95%, 인지영역인 정교화 97%, 시연 90%, 점검 96%, 마지막으로 행동조절영역을 보면 시간과 공부조절 18%, 노력조절 86%, 학습행동조절이 95%로 나타났다. 예은이는 동기조절능력의 하나인 목표 지향성이 높은 아이다.

예은이는 학교에서 1, 2등을 다툴 정도로 학업성적이 우수한 학생으로 겉으로 보기에는 자기조절에 아무 문제가 없는 것처럼 보인다.

그러나 이런 우수한 성적에도 불구하고 예은이의 모든 학습 스케줄은 학원 일정에 따라 움직이고 있다. 학교에서 돌아온 후 학원으로 가 잠자리에 들기 전까지의 일정은 학원에서의 시간표에 따라 움직인다.

이 연구에 따르면 학원에 의존하는 면이 너무 많아서 정작 자신이 혼자 공부를 해야 하는 학교 방과 후 시간과 주말 시간에는 TV 시청 등에 시간을 많이 소모하기 때문에 자기 스스로 공부를 계획하고 관리하지는 못한다고 생각한다.

아직 예은이는 미래에 무엇이 되고 싶은지에 대한 뚜렷한 목표가 없다. 엄마가 중학교 때 공부를 잘해 두지 않으면 고등학교에 가서 힘들어진다고 하고, 시험성적이 좋게 나오면 엄마가 칭찬해 주고 선물도 사 주시고 하니까 공부를 열심히 하는 것이다. 그리고 엄마의 말씀에 전적으로 수긍이 가기 때문에 엄마의 말을 잘 듣는 학생이다. 그러나 정작 어떤 학과에 가고 싶은지, 어떤 일을 하고 싶은지에 대해서는 명확히 생각해 보지 않았다.

이번 자기주도학습 프로그램에 참여해서 스스로 시간조절을 잘해서 효과적으로 즐거운 마음으로 혼자 공부하고 싶다고 했다.

> 예은 : 시간이 없어요. 그래서 늘 나만 바쁜 것 같아요. 학원 다니기 싫은데 엄마가 자꾸 가라고 해요. 학원 같은 것도 정보 같은 것도 엄마가 다 알아봐 주셔서…. 만약에 이번 이 프로젝트 결과가 좋으면 엄마가 학원 안 가고 혼자 공부하게 둘 거래요.

자기주도학습 프로그램에 참여하여 6주간의 훈련을 받은 후 예은이의 '자기주도학습력 검사' 점수는 동기영역인 자기효능감이 99%, 내재적 가치 95%, 목표지향 95%, 인지영역인 정교화 97%, 시연 98%, 점검 98%, 마지막으로 행동조절영역을 보면 시간과 공부조절 100%, 노력조절 86%, 학습행동조절이 96%로 변화하였다.

예은이는 공부를 싫어하지는 않지만 시간에 쫓기고 자신이 부족한 과목을 스스로 잘할 수 있다는 자신감이 있고 학습에 대한 동기도 뚜렷해졌다. 6주간의 자기주도학습 프로그램에 참여하면서 자기 모르는 사이에 자신의 변화에 신기해했다.

> 예은 : 예전엔 집에 가서 자기 바빴는데 이제는 엄마랑 대화하는 시간도 생기고 안 하던 집안일도 돕고 주말에는 운동도 해요. 엄마도 좋아하셔요.

그렇다고 예은이가 다니던 학원을 그만두거나 공부를 하지 않는 것은 아니다. 자신에게 맞는 할 수 있는 범위를 정해 계획을 세우고 그것을 실천함으로써 학습능률도 오르고 시간적 여유도 생긴 것이다. 또한 성취감을 맛볼 수 있어서 공부하는 것이 즐거워진 것이다. 타율적 학습에서 벗어나서 스스로 학습이라는 것이 예은이에게 더 큰 여유와 만족감을 선물했다.

예은이는 사전 '자기주도학습력 검사'에서도 점수가 높게 나타났으나 사후 점수가 더 높게 나타났고, 성적 또한 상위권을 유지하였다. 예은이의 경우는 스스로가 자신의 변화에 대해서 굉장히 만족해하고 부모님도 예은이가 원하는 대로 학원을 그만두고 혼자 스스로 공부할 수 있도록 도와주었다.

6) 혼자서 공부하는 만성이

만성이는 3남 중 장남이고 부모님이 맞벌이를 하신다. 활발하고 밝은 성격이며 매사 적극적이고 상담 중에도 뭐든 할 수 있다는 자신감을 보였다. 그러나 학습동기는 강하나 행동으로 옮기기까지가 어려워 보였다. 그리고 본인이 할 수 있는 학습량과 자신에게 주어진 시간의 배분을 잘하지 못하고, 굉장히 산만하고 집중력이 부족하다.

> 만성 : 하면 되죠. 근데 그게 안 돼요. 귀찮고, 앉아 있는 그거, 앉아 있으면 집중, 집중이 안 돼요.

만성이의 사전 '자기주도학습력 검사' 점수를 각 영역별로 보면 동기영역인 자기효능감이 90%, 내재적 가치 97%, 목표지향 72%, 인지영역인 정교화 91%, 시연 88%, 점검 92%, 마지막으로 행동조절영역을 보면 시간과 공부조절 92%, 노력조절 88%, 학습행동조절이 96%로 나타났다. 동기조절, 인지조절, 행동조절 점수 모두 높게 나타났다. 그러나 프로그램에 참여하는 다른 친구와 비교해 볼 때 높은 자기조절 검사에 비해서 성적은 중하위권에 속하는 학생이다.

만성이는 학원이 자신에게 도움이 되지 않는다는 생각에 작년(2005) 12월에 끊었고 지금은 학습지 선생님의 지도를 받으면서 영어, 수학을 혼자 공부를 하고 있다. 그러나 학습지를 보는 것도 잠시, 냉장고에서 아이스크림 꺼내 먹으면서 영어를 공부하다가 인터넷으로 공부해야 하기 때문에 컴퓨터 앞에 앉는다. 컴퓨터로 음악을 들으면서 영어를 잠시 보다가 갑자기 일어나서 책상 앞에 서서 수학문제를 푼다. 30분도 채 안 되는 시간 동안 만성이가 한 일은 무려 다섯 가지나 된다. 학습동기도 높고 인지력도 뛰어난 만성이가 성적이 안 오르는 것은 산만함이 문제였다.

> 송인섭 교수 : 자기 행동을 통제, 조절을 못하네. 저럴 때는 행동조절을 좀 투입하고, 행동 조절을 할 수 있도록 분위기를 부모와 서포터가 조정하면 될 것입니다.

'자기주도학습' 프로그램을 진행하면서 만성이가 먼저 학습의 집중력과 책상의자에 앉아 있는 습관을 기를 수 있도록 하기 위한 학습목표를 '양'보다는 '질'에 두고 학습의 우선순위를 정해서 자신이 할수 있는 범위를 정해서 그 범위를 소화할 때까지 의자에서 일어나지 않도록 했다.

> 연구원 : 예를 들어 수학 문제를 푼다고 내가 할 수 있는 혹은 해야 하는 범위를 하는 거야. 수학시험지 한 장을 다 풀고 일어나서 다른 일을 한다거나… 암기과목 중 국사를 외운다는 생각을 접어 두고, 책을 그냥 책상의자에 앉아 읽는다는 생각으로 계속 읽는 거야. 물론 범위를 정하고 한 단원을 읽는다고 스스로 정했다면 그 단원을 읽을 때까지 다른 것은 신경 쓰지 않는 거야.

암기과목은 집중력이 부족한 만성이가 특히 어려워했었다.

> 만성 : 앞부분을 잊어버려서 자꾸 앞장을 넘겨서 보게 되서 시간이 많이 걸렸는데 언제부턴지 모르겠는데 이제는 앞으로 넘기지 않고 계속 읽으니깐 앞과 뒤가 연관이 되는 부분이라서 앞부분이

자연스럽게 이해가 됐어요.

이후 만성이는 전과 다른 자신감을 얻을 수 있었고 학습에 흥미를 느끼기 시작했다.

자기주도학습 프로그램에 참여하여 6주간의 훈련을 받은 후 만성이의 자기조절 점수는 동기영역인 자기효능감이 79%, 내재적 가치 69%, 목표지향 58%, 인지영역인 정교화 86%, 시연 96%, 점검 92%, 마지막으로 행동조절영역을 보면 시간과 공부조절 99%, 노력조절 96%, 학습행동조절이 90%로 변화하였다.

사후 '자기주도학습력 검사'에서 다른 사람을 의식해서 좋은 쪽으로 체크하려고 했던 예전과는 달리 현재의 자신의 모습에서 자신을 알아가기 시작했다. 그래서 동기조절과 인지조절의 점수는 낮아졌고, 행동조절 점수는 향상되었다. 성적도 향상되었다. 그러나 사전, 사후 검사 간의 차이가 있어 한 번의 '자기주도학습력 검사' 실시가 필요하다고 보인다.

만성이는 성적도 향상되었지만 행동에서 큰 변화를 보였다. 한 과목을 10분 이상 공부하지 못하고 15분 이상을 책상 앞에 앉아 있지 못했는데, 6주간의 시간이 지나는 동안 만성이는 몰라보게 침착해지고 공부할 시간과 노는 시간을 구분하고 자투리 시간도 잘 활용하게 되었다. 쉬는 시간에 수학문제를 푸는 만성이를 보고 친구이 "너 왜 그래? 어디 아퍼?"라는 말을 들을 정도로 행동에 있어서 많은 변화를 보였다. 쉬는 시간 10분을 무의미하게 보는 것보다 수학 한 문제를 풀거나 영어단어 2개를 외우고 다른 일을 하면 무리하지 않고 재미있게 공부할 수 있다는 것이다. 이것 또한 만성이가 자기에게 맞는 공부 방법을 스스로 선택한 것이다.

7) '자기주도학습 프로젝트' 참여 후

실제로 아동의 하루는 오전 8시에서 오후 3시까지는 학교, 그 이후 시간은 학원으로 이어지는 반복된 일상이다. 중학교 2학년 아동의 하루 계획표에 따르면, 학원에서 보내는 시간이 많게는 5~6시간, 스스로 공부하는 시간은 거의 없다. 학습에서는 자기 스스로의 행동을 책임지게 하는 학습조건이 주어져야 한다.

우리 아동의 자기주도학습능력은 지속적인 노력을 통하여 상향 조정될 수 있을 것이다.

> 송인섭 교수 : 이 프로젝트에서 기대하고 목적하는 것은 자기주도학습력을 높이는 것인데 스스로 인지적인 능력을 높이는 능력, 스스로 동기적 능력을 높이는 능력, 스스로 학습행동을 높이는 능력, 즉 학습전략을 높이는 능력과 학습에 대한 자신감을 높이는 능력 그리고 학습계획을 스스로 짤 수 있는 그런 능력을 높일 수 있는 자기주도학습에 능력이 과연 얼마나 향상될 수 있는가에 이론적 · 실제적, 현장적용의 가능성을 보기 위한 것이라 볼 수 있다.

6주간의 자기주도학습 프로젝트에 참여한 아동은 공부하는 방법을 하나하나 익혀가고 행동의 변화 생각의 변화를 가져왔다.

성은이는 예전에 필요 없다고 말한 문제집이며 참고서에 대한 생각이 달라졌다. 목표를 정하고 나니 엄마가 문제집을 사다 놓은 것이 싫지만은 않은 눈치다.

> 성은: 이거까지 4권 샀어요. 과학, 수학, 영어… 이거 다 엄마가 사주셨어요.

엄마가 사준 『16살 네 꿈이 평생을 결정한다』 책처럼 이제 성은이는 목표를 향해 달려갈 일만 남았다.

> 상건 : 맨 처음에는 공부는 안 하고 날마다 게임만 하고, 요즘에는 게임을 줄이고, 공부시간은 늘어나는 거 같아요.

만성이는 집중력 향상을 위한 행동조절을 유도했다. 그 결과 책상에 한 시간 앉아 있기에 성공했다.

> 만성 : 한 과목 공부가 끝날 때까지 앉아 있으라고 하셔서… 처음에는 힘들었는데, 오늘은 한 시간 넘게 앉아서 공부했어요.
> 은비 : 계획 짜는 것도 시간을 별로 안 뺏기고요. 오늘 계획 짠 것을 못 하면 계속 생각이 나서 하려고 해요.
> 예은 : 집에서 원래 공부 안 했는데요. 방에 가서 공부하다고 하면 할머니랑 엄마가 TV도 안 보시고 신경을 써 주세요. 대견스러워 하세요.

아동은 자기주도학습력 향상 프로그램을 통해 색다른 성공 경험을 했다. 스스로 성취감을 찾을 때 공부는 자연히 신이 난다. 신나는 공부, 공부의 해법은 거기서부터 출발한다. 공부의 해법은 아동마다 다를 수 있지만 결국은 '남'이 아닌 '내' 안에 공부의 왕도가 있는 것이다. 앞으로 아동에게 남은 과제는 자기 자신과의 약속을 지키는 일이다.

7. 자기주도학습을 통한 성취

"천리길도 한걸음부터."

공부하려는 마음가짐 없이 여기저기 돌아다니면서 기웃거리기만 해서 얻은 잡다한 지식은 곧 무너지게 되어 있는 모래성과 같다. 분명히 말하건대 공부방법이 제대로 되었다면 본인이 스스로 그것을 느낄 수 있고, 객관적으로도 성적이 대폭 올라서 확인이 된다.

1) 변화를 느낄 수 있다

스스로 끊임없이 연구해서 제대로 된 공부 방법을 깨닫는다면 곧 변화를 느낄 수 있다. 제일 처음의 변화는 공부에 흥미를 더 느끼고 있는 자신을 발견한다. 스스로 생각하고 문제를 풀고 하기 때문에 지루함이 한결 덜하게 되고 자연히 오랜 시간 책상 앞에 앉아 공부하는 자신을 보고 스스로 놀라는 경우도 있을 것이다. 자신이 느끼는 것보다 시간이 빨리 흘렀다면 그것은 곧 공부가 재미있다는 것을 의미한다.

또 하나는 끊임없이 질문이 떠오른다는 것이다. 책에 있는 내용을 받아들이는 것이 아니라 그 논리를 생각하며 자신이 전개해 가기 때문에 수시로 막히게 되고, 책이나 참고서에서는 그럴 때 어떻게 풀어 나갔는가에 대해 의문을 품게 된다. 아이 스스로 답을 확인하는 데 시간이 조금 걸리겠지만 아동이 자신의 생각과 대립되는 의견에 직면하게 될 때, 그 문제에 대해 다시 생각해 보도록 동기가 유발되어 다시 생각해 보게 되고 다른 사람의 관점에 대해서도 이해하게 한다.

변화의 징후를 느꼈을 때는 계속 정진하는 것이 중요하지만, 공부 방법에 대한 관심도 계속 유지해야 한다. 스스로 변화를 느낀 다음에는 나름대로 공부 방법에 대한 평가를 얻을 수 있을 것이며, 그 이전에는 느끼지 못했던 좋은 교훈을 새삼스럽게 깨달을 수 있기 때문이다.

변화는 자신뿐만 아니라 함께 생활하는 부모님도 느끼고 있다. 예전에는 아무리 시켜도 하지 않던 아이가 스스로 시간조절을 하고 있는 것을 볼 수 있어 흐뭇하다고 한다. 그리고 아이가 스스로 공부하니까 재미를 느끼는 것 같고, 엄마가 시켜도 그만큼 하지도 않을 뿐더러 스스로 하는 것을 더 좋아하게 되어 표정이 밝아졌다고 한다. 전에는 엄마가 짜 준 스케줄에 맞춰 시키는 공부를 하고 나서 '엄마, 나 이제 뭐 해요?' 라고 물었는데 이제는 '뭐해요?' 라는 말을 하지 않는다고 한다. 아이 스스로 공부를 하는 것이다.

2) 집중력이 향상된다

같은 시간 공부해서 남보다 실력을 더 많이 쌓는 것은 집중력과 공부 요령을 터득하는 것이다. 입시를 준비하는 학생이 아무리 잠을 자지 않고 열심히 공부해도 남보다 2배 이상 많은 시간을 공부하는 것은 불가능하다. 그러나 같은 시간 공부를 하면서도 100배, 200배 효과를 낼 수 있다면, 이미 승부는 일찌감치 결정난 것이다.

하루 종일 책을 봐도 3쪽밖에 보지 못하고 그 3쪽의 내용도 기억하지 못했지만, 열심히 노력하여 집중력이 길러진 이후로는 하루에 수백 쪽을 쉽게 보았으며 그 내용도 생생하게 기억할 수 있었다. 누구나 그렇게 될 수 있고 결론은 집중력이다.

자기 스스로 공부하고 있다는 인식을 확인하기 위해 공부하는 양에만 신경 쓰는 경우도 있다. 심지어 어떤 학생은 참고서를 열 번이나 독파했다고 자랑하는 경우도 있다. 참고서를 꼼꼼하게 두 번만 독파해도 큰 효과를 볼 수 있는데, 열 번을 독파했다면 정말 대단할 것이다. 그런데 그런 학생의 성적이 형편없는 경우가 많았다. 책에 집중하지 않고 눈으로만 열 번을 본다고 공부가 되는 것이 아니다.

모든 학습은 집중력에 있다는 것은 누구나 동의한다. 단지 사람에 따라 그 집중력을 달리 표현할 뿐이다. 어떤 사람은 집중력은 흥미에서 생긴다고 하며, 어떤 사람은 강한 의지에서 생긴다고 한다. 어떤 이는 집중력은 재능의 차이고 선천적으로 주어질 수 있다고 하고, 어떤 이는 후천적이기는 하나 어릴 때부터 키워지는 것이라고 한다. 어느 것이 옳은지 우리로서는 알기 어렵다. 그러나 중요한 사실은 집중력이라는 것은 때론 필요에 의해, 때로 의지에 의해 노력하고 훈련하면 키워질 수 있다는 것이다.

공부에 재미를 느끼지 못하는 사람은 처음부터 다시 생각해 보는 것이 좋다. 물론 대부분의 사람에게 공부란 힘든 것이다. 그러나 제대로 집중해서 공부하면 그 힘든 가운데서도 나름대로 흥미를 느낄 수 있는 요소가 있으며, 그렇게 재미를 느낀다면 훨씬 쉽게 공부를 열심히 할 수 있다는 것이다.

어떤 사람은 선천적으로 강력한 집중력을 가지고 태어났을 수도 있다. 그것은 중요한 부분이 아니다. 단지 집중력이 훈련에 의하여 키워질 수 있다면, 어떤 훈련이 적합한 훈련이겠는가가 우리의 관심사다.

3) '실천 가능한' 목표를 설정한다

철학자 프란시스 베이컨은 "아는 것이 힘이다."라고 말했다. 이는 옳은 말이다. 그러나 이 문장을 완벽하게 만들려면 단어 하나를 더 넣어야 한다.

"아는 것을 실천해야 힘이다."

실천하지 않는 계획과 실천하기 힘든 목표설정은 진정한 학습이 아니다. 공부에 대해 백 번 걱정하고 계획을 세우는 것보다 하나의 실천이 더 유익하다. 열정을 가지고 실천하지 않으면 아무리 좋은 공부방법을 알고 있더라도 쓸모가 없다.

공부하는 데 있어 자신의 능력에 맞게 정확한 목표를 설정하고 학습계획을 세우면 학습효과가 향상된다. 덧붙여서 자신이 '할 수 있는 것'을 목표로 설정하고 그것을 실천하는 것이 무엇보다 중요하다.

너무나 당연한 사실 같지만 많은 사람은 이 단순한 사실을 받아들이지 않는다. 어떤 일에서든 계획이 있게 마련이듯 학습에 있어서도 학습하는 아이가 직접 자신의 수준에 맞는 학습계획을 세우고 스스로 평가하고 다음 계획을 세워서 실행하도록 해야 한다. 사람들은 무턱대고 높은 목표를 세워 놓고 뒤에 그 목표에 이르는 심리적인 혹은 능력상의 문제로 중도에서 의욕을 상실하거나 좌절하는 경우가 적지 않다. 목표는 되도록 도달하기 가깝게 세워 달성하도록 하는 것이 좋다.

공부하는 계획을 세우는 데 최종 목표의 설정도 중요하지만 대개는 단순하고 작은 학습목표를 달성해 가는 데 역점을 두도록 이끌어 주어야 한다. 여기에서 유의해야 할 사항은 실패를 두려워한 나머지 처음부터 목표를 너무 낮게 잡는다든지 반대로 너무 높게 잡음으로써 강박관념을 유발하는 경우다. 아동의 학습계획과 목표는 아동 스스로 자신의 능력을 감안하여 짜도록 하며, 부모는 다만 주변인으로서 아동이 목표달성을 할 수 있도록 도와주는 입장이 되어야 한다.

'자기주도학습'으로 아동은 동기와 목표를 찾아간다. 아이 스스로 학습에 대한 흥미를 느끼고, 미래의 자신에 대한 꿈을 키우다 보면 구체적인 목표가 생기고 목표를 위해 어떻게 준비를 해야겠다는 생각은 자연스럽게 학습동기를 유발한다.

4) 자신감을 가진다

자신의 현재 공부방법이 최선이 아님을 깨닫고 자신이 할 수 있는 범위에서 공부방법을 연구한다. 자신의 학습속도에 따르면 주어진 과목을 얼마나 공부할 수 있을 것인데, 그 경우 어느 정도 이해할 수 있는지 자신이 알게 된다. 자신의 능력과 환경을 알고 공부요령을 터득하게 되면 예전에 1시간 해도 이해되지 않던 것이 단 30분에 할 수 있고 그로 인해 자신감과 자부심을 갖게 된다.

'스스로 학습'에서 자신감을 얻은 아이는 학습동기를 자극하고, 아동의 자신감과 도전정신도 함께 성장하게 된다.

자기주도학습에서 가장 중요한 것은 '나는 할 수 있다.'는 자신감을 가지는 일이다. 어떤 아이는 어려움이 있더라도 끝까지 해내고 또 어떤 아이는 그냥 포기하고 마는 경우를 흔히 본다. 자신감 상실에서 그 이유를 찾을 수 있다.

자기주도학습은 무기력함에 빠진 아이에게 '해냈다'는 뿌듯함을 맛보게 함으로써 공부뿐만 아니라 생활에서도 자신감을 가지게 한다. 그리고 '자신감'을 가짐과 동시에 '독립심' 또는 '자립심'을 길러 준다. 자기 스스로 공부 계획을 짜고 지식을 자기 것으로 만들어 가는 과정에서 아이 스스로 어떻게 해야 하는지를 터득하기 때문에 '독립심' 또는 '자립심'이 강한 아이로 자라게 된다.

어떤 아이는 모르는 문제가 있으면 어차피 학원이나 과외 선생님이 해결해 준다는 생각에 스스로 공부하는 것을 잊어버리고 만다. 아동은 도와 줄 사람이 없으면 조용히 스스로 문제를 해결하려고 한다. 주위에서 사람들이 얼마나 잘 참아 주느냐에 따라서 자립심이 강한 아이로 자라게 하고 그로 인해서 자신감도 강한 아이로 자라게 된다.

스스로 하는 공부는 감성과 정서의 안정이 불씨를 일으켜 주며 '자신감'과 '자립심'이 활활 지속적으로 타오르도록 돕는다.

5) 머리를 쓰는 공부를 한다

노벨상 수상자 300여 명 중 100여 명이 유태인일 정도로 유태인은 머리가 좋은 민족으로 소문이 나 있다. 이는 이스라엘에서는 '머리가 좋아지는' 교육이 아니라 '머리를 쓰는' 교육을 하고 있기 때문이다.

이스라엘식 육아법을 가만히 들여다보면 머리가 좋게 태어났다기보다 머리가 좋아지도록 키워진다는 것을 알 수 있다. 그들은 아동이 머리를 쓰지 않고는 견딜 수 없게 학교나 가정의 시스템을 아예 전부 그렇게 짜 둔다. 아주 어릴 때부터 유태인답게 사는 것은 몸보다 머리를 써서 사는 것이라고 가르치고 있다. 하지만 머리를 쓰게 한다고 여러 가지 책을 보게 하거나 수학문제를 풀게 하는 건 아니다. 그 대신 아이가 어디에 관심과 흥미를 가지는지 어떤 특별한 창의성이 있는지 어떤 잠재력을 품고 있는지를 주의 깊게 관찰해서 그쪽을 계발시키기 위해 꾸준히 지도하고 스스로 무엇인가를 하게 한다.

아동을 세상 속에 지극히 자연스럽게 풀어놓고 가능한 한 많은 것을 직접 느끼게 하고 생각하게 만들어 열린 사고구조를 가지게 한다.

공부는 두뇌를 쓰면서 해야 한다. 이는 너무도 당연한 말이기에 많은 사람이 의아해하겠지만, 실제로 많은 학생이 생각을 하지 않고 단순하게 눈으로만 공부한다는 것이다.

학생이 스스로 생각하도록 하는 공부가 진정한 공부이기에 오래 전부터 교육은 그런 형태를 유지해 왔다. 최근 어쩔 수 없이 대규모 교육이 이루어져야 하는 사정 때문에 일일이 학생의 반응을 살펴보지 못하게 되었지만, '스스로 공부' 하는 습관을 들이면 지금도 충분히 머리로 생각하고 고민하는 공부다운 공부를 할 수 있다.

머리를 쓰는 공부의 가장 큰 특징은 끊임없는 의문이 생긴다는 것이다. 공부를 하면서 아무런 의문도 느끼지 못한다면 그 공부는 죽은 공부이며 하나마나한 공부가 되어 학습효과를 기대할 수 없다. 공부의 본질은 단편적인 여러 지식을 논리적이고 체계적으로 연결시키는 능력을 의미하는 것인데, 어떤 책도 그 모든 관련사항을 낱낱이 밝혀 놓을 수는 없기 때문에, 제대로 공부하는 사람에게는 항상 설명이 부족하게 마련이다. 따라서 자신이 알고 있는 논리체계로 이것저것을 연결시키다 보면 자연 많은 의문이 생기게 마련인데, 이런 의문이 떠오르지 않는 공부라면 그것은 처음부터 잘못된 공부라고 할 수 있다. 머리를 쓴다는 것은 단순히 외운다는 것 이상을 의미한다는 것을 교훈으로 삼을 수 있다.

과외공부가 치명적이 될 수 있는 이유가 과외로 인해 머리를 쓰지 않을 가능성이 있기 때문이다. 흔히 과외에서 학교보다 진도를 빨리 나가는 경우가 있는데 과외선생은 원리보다는 내용을 요약해서 문제를 쉽게 푸는 법을 알려 주는 데 능한 사람이다. 따라서 처음에 학생이 의문을 가질 수 있도록 논리체계를 차근차근 설명하지 않고 내용만 요약해서 설명해 주면, 학생은 아무런 의심 없이 지식만 받아들이게 된다. 이 학생이 다시 학교에서 강의를 들을 때는 이미 알고 있는 사항이기 때문에 새롭게 의문을 갖기는 어려울 것이다.

다시 말하면 이 학생은 스스로 생각할 기회를 과외로 인해 박탈당하게 되고 스스로 생각해서 깨우치는 기쁨도 느껴 보지 못하여 곧 공부에 흥미를 잃을 가능성이 많다. 이런 과외는 독약이 될 수 있다.

6) 시간관리를 효율적으로 한다

평소 학생의 학습 활동을 살펴보면 하루의 일과는 온통 학교 수업과 학원, 과외, 인터넷 강의로 꽉 채워져 현기증이 날 지경이다. 시험

전에 날밤을 세워 가며 공부했던 내용이 시험이 끝남과 동시에 감쪽같이 휘발되어 버리고 마는 기현상도 혼하게 발생한다.

아이가 스스로 공부 습관을 갖게 하는 가장 중요한 요소는 바로 시간 관리다. 스스로 시간을 배분해 할 일을 해 나가면 시간 관리 능력과 시간조절 능력을 몸소 익히게 된다.

세심한 데까지 신경을 쓰면 다양한 아이디어를 얻을 수 있는데, 예를 들어 어떤 이는 수업 시작 전과 끝난 후 1~2분이 매우 중요하다는 주장도 있다. 마음이 차분하고 정리가 되어 있어야 공부가 잘되는데, 수업 전 1~2분을 이용하여 마음을 비울 뿐 아니라 지난 시간에 무엇을 배웠나 잠깐 살펴봄으로써 공부의 효율을 크게 높일 수 있다는 것이다. 수업이 끝나고 나서도 그냥 책을 덮는 것이 아니라 하던 일을 마치면 작업대를 정리하듯이 간단하게 수업내용을 정리해서 마치 머릿속에서 매듭을 짓는 듯해 두면 좋다는 것이다.

실제로 '자기주도학습 프로그램'에 참여한 학생도 학교에서 쉬는 시간을 그동안은 그냥 흘러가는 것으로만 생각했는데, 곰곰이 생각해 보면 하루 6~7시간 수업에 쉬는 시간 10분씩이면 60분인데 그것을 그냥 흘러 보내기는 아깝다는 것이다. 거기에 점심시간을 합하면 60분이 넘는다는 것이다. 수업 후 쉬는 10분 동안 무엇을 할 수 있을까 하는 생각의 변화를 느끼면서 실제로 그 시간 동안 자신이 할 수 있는 것을 계획하게 된다고 한다. 수업시간에 노트를 한 번 읽어 본다든지 영어단어 2~3개를 본다든가 또는 수학문제 1개를 푼다고 한다. "티끌 모아 태산"이라는 속담이 있듯이 정말로 시간이 좀 지난 후 학습량을 보면 자신이 모르는 사이에 차곡차곡 쌓여져서 따로 시간을 낼 필요가 없어졌다고 한다.

예전처럼 시간에 쫓겨서 허둥되지 않고 자신의 통제하에 주말 오후에는 휴식을 취한다든지, 공부에 방해가 되지 않을 정도로 1시간 정도 가벼운 운동을 한다든지 하면서 규칙적인 생활의 큰 골격을 깨지 않도록 노력하는 것이다.

7) 서서히 진전이 있다

"첫술에 배부르랴."라는 속담이 있듯이 '스스로 공부하는 아이'로 이끈다는 것은 하루아침에 할 수 있는 일이 아니다.

스스로 공부하는 습관을 가지게 되면 오랜 시간 책을 보기 때문에 서서히 생각도 단순화되고, 이에 따라 잡념이 많이 사라지게 된다. 자연히 마음이 편안해지고, 괜히 불안해서 자리가 들썩이는 그런 생리적 이상 현상은 저절로 없어진다. '오늘은 어제보다 더 많이, 더 열심히 공부해야지.' 하는 생각에 잡념이 끼어들 틈이 없을 것이다.

우리는 한번 열심히 공부해서 성적이 많이 올라 자신도 모르게 자만심이 생길 수 있다. 한 열흘 다시 여유 있게 보내고 시험공부를 조금 했더니 성적이 유지가 되어서 이제는 습관이 제대로 들었나 보다 생각하고 안심했는데, 정신을 차렸을 때는 이미 성적이 한참 떨어져 복구하기가 힘들 정도가 된다. 무언가 되어 가는 듯하니 이제는 여유를 가지고 영화도 보고 아침에 늦잠도 좀 자고 하지 뭐하다가 망쳐 버렸다는 것이다. 규칙적인 생활을 하지 않고 공부하지 않는다면 자신이 쌓아 놓은 학습관이 무너지게 된다.

여러 번 시도하였으나 실패한 뒤라서 이제는 필살의 무기로서 덤벼들어 다시는 그런 일이 없도록 한번 굴복에 완전히 공부에 손을 놓아 버리게 만드는 그런 경우가 있다. 자기주도학습을 통하여 실패와 시행착오를 한 자신에게 더 과감히 기회를 주는 여유와 계속 도전하는 힘이 길러진다.

8. 자기주도학습을 통한 교육의 패러다임의 변화

인간은 본래 선천적으로 능력 개발을 추구하는 경향이 있고 자신의 기대와 다소 불일치하는 사태나 활동, 즉 신기성(novelty)을 추구하고 자율적인 존재로서의 자신의 의지에 따라 어떤 활동에 참여하려고 하는 선천적인 욕구를 가지고 있다.

한국교육개발원(KEDI)은 성적 향상을 위한 올바른 학습태도와 학습전략 및 환경 등을 정리한 『스스로 공부하는 아이가 21세기를 지배한다』는 책자를 최근 발간했다. KEDI는 이 책에서 지난해 고교 2년생을 대상으로 중학교부터 5년간의 선행학습 효과를 연구한 결과 "성적 향상의 비결은 자율적인 학습태도와 학습 환경에 있었다."며 '스스로 공부하기'의 중요성을 강조했다.

어떤 전문가는 성적과 과외, 학습태도의 관계를 분석한 결과 과외는 학업 성취에 별 영향을 주지 못하면서 의존적 학습태도를 갖게 하는 등 나쁜 영향을 준다고 지적했다.

21세기가 요구하는 교육은 학생 자신이 예습, 복습, 심화, 절대 평가를 해 가며 지식을 쌓아 가도록 하는 자기주도적 학습을 강조한다. 자신의 학습, 나아갈 방향, 결과에 대해 책임을 지고자 하며 또한 책임질 수 있는 능력을 지니고, 교과 내용의 지도가 아닌 학습자의 학습할 수 있는 능력 배양함으로써 학습지식 축척의 기쁨이 있기에 학생의 눈빛이 또한 생생하고 창의적인 인간으로 발전하게 된다.

무슨 일이든 마음에서 우러나서 '스스로' 할 때와 그렇지 않을 때 그 결과는 크게 다를 수밖에 없다. 공부 역시 마찬가지다. 억지로 공부할 때와 공부의 필요성을 인식하고 누가 시키지 않아도 알아서 공부하는 것에는 엄청난 차이가 있다. 비싼 과외를 받고 한창 성장할 나이에 쏟아지는 잠을 쫓아가면서 무리하게 공부하지 않아도, 부모님이 전전긍긍하며 억지로 학원에 보내지 않아도, 공부에 대한 강한 의욕과 자신감으로 '스스로' 인식하고 공부한다면 우수한 성적을 얻고 상위권에 드는 것은 시간문제다.

스스로 공부해 훌륭한 성취를 이룩한 아동의 방법은 수없이 많지만 그 많은 방법 중 작더라도 실천 가능한 한두 가지를 찾아 아이의 학습계획에 반영해 봄으로써 자기주도학습을 시도하는 계기로 활용하는 것이 필요하다. 당장의 점수를 가지고 경쟁했던 주변 아동의 학습계획과 비교하면 내심 불안해질 수도 있겠지만 '스스로 하도록 만드는 것'이 아이의 미래 학업 성취도가 훨씬 높아질 것이란 확신을 부모가 먼저 가져야 한다.

스스로 하는 공부에 익숙해지면 곧 공부가 매우 재미있다고 느끼게 된다. 반면에 눈으로만 공부하는 사람은 공부에 흥미를 느끼지 못하게 되고, 자꾸 전에 보았던 것을 잊어버리게 되니 공부에 대한 의욕을 점차 상실하게 된다. 심지어는 공부할 때마다 졸리게 되는데 많은 학생은 몸이 피곤해서 그런가 보다 생각하지만 실제로는 하기 싫은 공부를 강요에 의해서 시험 때문에 과제 때문에 혹은 머리를 쓰지 않고 관심과 흥미가 없기 때문일 가능성이 더 높다.

흔히 어린 학생에게 고전음악을 들려주면 졸립다고 하는데, 그 이유는 바로 그 음악이 귓전만 때릴 뿐이지 감정에는 전혀 영향을 미치지 못하기 때문일 것이다. 즉, 관심 밖의 영역이기 때문이다. 반면에 최근 유행하는 경쾌한 음악을 들으면 신이 나서 머리를 흔들거나 자신도 모르게 춤을 추는 경우가 있다. 음악에 대해 그렇게 반응한다는 것은 그 음악이 귀에서 흘려듣는 것이 아니라 우리의 관심을 끌 만한 이유로 감각기관을 움직이는 두뇌에까지 영향을 미쳤다고 볼 수 있다. 음악을 들어도 관심과 흥미가 없이 머리를 쓰지 않으면 재미가 없기에 졸린데, 하물며 공부는 어떤 반응을 보일지 눈에 선하지 않은가?

영화도 마찬가지다. 어린 소년에게 시어머니와 며느리의 고부간의 갈등을 그린 영화를 보여 주면 아무런 재미도 느끼지 못하고 곧 졸거나 아니면 딴 짓을 하게 된다. 반면에 대부분의 결혼한 여자는 영화 속의 이야기에 몰두해서 때로는 눈물을 줄줄 흘리고 때로는 분노를 느끼면서 감정을 분출하는데, 이 모든 것이 바로 스스로 느끼기 때문에 가능한 것이다. 마찬가지로 하나하나를 느끼면서 깨우칠 때 눈에 들어오는 글자는 색다른 의미를 지니는 것이고, 그렇지 못하고 그저 바라만 볼 때 글자는 의미 없는 신호의 반복으로 졸음을 재촉하게 되는 것이다.

공부는 자신과의 경쟁이다. 흔히 많은 사람이 입시가 경쟁을 조장한다고 주장한다. 그러나 앞서 밝힌 대로 공부가 무엇인지를 제대로 인식하면 이런 주장은 잘못이라는 것을 알 수 있다. 물론 대학은 중간 목표며, 대학에 입학할 수 있는 수가 한정되어 있기 때문에 남보다 점수가 높아야 대학에 진학할 수 있고 이런 면에서 입시가 경쟁을 조장한다는 점을 부인할 수는 없다. 그러나 그 이전 공부는 여러 사람에게 표준이 될 만한 질서, 즉 기율(紀律, discipline)을 터득하기 위해 자기 절제력을 키우는 자신과의 싸움이다.

자신과의 경쟁에서 이긴 학생은 어느 대학이든지 갈 수 있다고 생각한다. 원래 목적인 자신과의 경쟁에서 이기지 못했기 때문에 그런 학생끼리 경쟁을 하는 것에 지나지 않는다는 것이다. 그리고 자신과의 경쟁, 즉 동물적 본능에서 벗어나고자 하는 경쟁에서 이기지 못하면 완전한 인격체가 되기는 어렵다는 점을 다시 강조해 본다.

자기주도학습은 21세기 정보화 사회가 가장 요구하는 중요한 능력이다. 이제 학교교육은 인간 데이터베이스와 같이 무엇을 많이 알고 있는 사람을 양성하는 것이 목적이 아니라 스스로 탐구하고 학습하고 문제를 해결할 줄 아는 문제 해결인을 양성하는 것을 그 목적으로 하고 있다. 따라서 지식의 전달보다 자기주도학습력의 함양이 더 중요해지고 있다.

자기주도학습은 미래 사회의 성공적인 생존의 관건이자 교육의 본질이며 궁극적인 목적이다. 정말로 공부를 잘한다는 것은 시험 성적을 잘 받는 것 이상의 어떤 것이어야 한다. 자기주도적 학습능력을 키우면 일시적인 효과가 아닌, 장기적 효과를 기대할 수 있으며 누구나 다 진짜 공부 잘하는, 스스로 공부하는 아이가 될 수 있다.

급변하는 미래사회에서는 각 개인에게 주어지는 문제를 스스로 판단해서 해결해 나가는 자기주도학습능력을 자라나는 세대에게 키워 줘야 한다. 그 이유는 개성, 자율성, 독자성을 가진 창의적인 잠재능력을 계발할 수 있는 지도자를 시대가 요구하고 있기 때문이다.

'자기주도학습'은 교육 패러다임의 변화이자 미래를 밝히는 강한 힘이다.

인재교육과 창의력
그리고 자기주도학습

    인재교육과 창의력 관계는 인재교육하면 창의력이 생각될 정도로 창의력은 인재교육의 중심에 자리 잡고 있다. 인재교육에서 다루고 있는 개념은 일반 지능, 특수 학문 적성, 창의적 또는 생산적 사고, 지도력, 시각적 공연 예술, 정신운동 능력, 집착력, 지도력 그리고 정의적 특성 등 다양하나 그중의 핵심적인 개념이 창의력 개념인 것은 누구도 부인할 수 없다. 이렇게 중요한 창의력의 본질을 어떻게 개념화하고 인재교육 속에서 어떻게 의미를 찾느냐의 문제는 아주 중요한 문제다.

    지금까지 창의력 하면 주로 심리학자의 관심사로 국한되어 있거나, 좁게는 심리측정학자에 의해서 연구되는 가운데서 그 모습을 찾으려는 노력을 하고 있었다. 그래서 창의력 하면 몇 가지의 제한된 개념을 통해서 이해하려고 하는 큰 우를 범하고 있는 것도 사실이다. 이렇게 된 이유 중 하나는 창의력에 대한 개념 이해의 난해성 때문에 더욱 그런 듯하다.

이 장에서는 첫째, 21세기 정보화시대에 창의력이 강조되어야 하는 이유를 사회구조적 측면에서 생각해 보고자 한다. 둘째, 창의성 하면 몇 가지의 심리적 구인을 측정하려는 듯한 잘못된 인식을 반성하려는 계기로 삼고자 한다. 셋째, 창의적인 인간의 모습과 창의적 성장을 위한 환경 조건을 생각해 보고자 한다. 더 나아가 창의력에 대한 포괄적인 개념을 인식함으로써 창의성의 제한되고 국한된 인식을 확장하는 계기로 삼고자 한다.

이 같은 창의력 교육을 위해서는 타율지향적인 한국교육의 문제를 해결하고 미래가 요구하는 창의적이고 생산적인 인간상을 목표로 하는 자기주도학습에 관심을 두는 것이 필요하다. 이에 대한 구체적인 현장적 적용을 시도하는 자기주도학습관이 제시하는 교육접근방법은 우리의 관심을 끄는 데 충분하다. 이는 한국사회 교육문제의 핵심적인 문제로 대두되고 있는 학원중심의 타인지향적인 학습방법을 지양하고 스스로 학습하는 방법을 극대화하고자 하는 교육접근법이다.

다음에서 이에 대해 자세히 살펴보기로 하겠다.

1. 정보화 사회와 창의력 교육

1) 정보사회구조와 인재교육

인재교육은 한 개인이 처한 사회·문화적 환경의 상황과 관련해서 논의되어야 하다. 인재교육에서의 강조점은 시간적 상황적으로 달라질 수 있다. 인재교육이 가지고 있는 기본 특성은 일관성이 있으나 언제 어디서 어떤 모습으로 강조되느냐는 상이할 수 있다는 말이다. 인재교육의 시간적 상황적 일관성을 너무 강하게 전제하면 우리는 인재교육의 여러 특성에 대해 너무 정태적인 생각에 빠지기 쉽기 때문이다.

흔히 자연과학에서는 시간이 중요한 변수다. 그러나 사회과학에서는 극단적으로 말해서 시간은 망각된 변수다. "교육이 발전되어야 경제가 발전 된다."와 같은 명제에서 시간차원은 빠져 있다. 그러나 인재교육의 시상 차원에서 시간이라는 개념은 중요한 명제로 대두될 수 있다.

우리는 인류역사상 그동안 상상조차 하기 어려웠던 일이 펼쳐질 새 시대에 막 들어서고 있다. 이 새 시대를 정보통신시대라고 부르기도 하고, 제3의 물결시대라고 말하기도 한다. 탈산업사회시대 또는 지식산업시대라고 부르기도 한다. 어떻게 부르든 간에 확실한 것은 인간의 개성과 창의력이 그 어느 때보다 더 강조되는 시대에 우리가 돌입하고 있다는 사실이다. 한마디로 이 같은 개인의 창의성과 재능은 힘껏 계발하지 않으면, 그 나라와 사회는 낙후되고 말 것이다. 바로 이런 점을 이해하기 위해 먼저 21세기의 특징에 대해 간단히 살펴보아야 한다. 앞으로 논의되는 21세기의 특징은 자생적이며, 창의적인 사회의 환경을 의미한다. 이런 환경에 적응하기 위해서는 자생적으로 사고하는 인간이 필요하다. 이 같은 자생적 사고의 출발점은 자기주도학습을 통하여 형성된다고 볼 수 있다.

(1) 21세기의 특징

첫째, 새 시대는 정보통신혁명의 효과를 삶 속에서 누리게 되는 시대다. 정보통신혁명의 효과는 무엇인가? 그것은 공간의 제약 또는 거리의 불편에서 인간을 해방시키는 효력이다. 산업혁명은 거리의 불편을 감소시킨 생활혁명이었다. 그런데 정보혁명은 거리의 불편을 아예 제거시켜 주는 놀라운 효과를 자아내고 있다.

21세기는 일의 원격적 처리능력을 급속하게 증가시켜 주는 시대임을 뜻한다. 언제, 어디서나 일을 처리해 나갈 수 있되, 주로 집에서 일을 해낼 수 있게 된다. 재택근무, 재택교육, 재택재판, 재택물품구입, 재택진료 등이 가능해진다. 돌이켜보면 산업혁명으로 인해 인류에게 큰 도움을 준 모든 일은 주로 특정 공간에서만 가능했다. 일은 직장에서, 교육과 학습은 학교라는 장소에서, 진료는 병원에서, 물품구입은 상점에서 이루어졌다. 소비자나 고객은 그런 장소까지 가야만 했다. 그런데 정보통신혁명으로 21세기에는 특정장소까지 가야 할 필요가 없어지게 될 것이다. 공간의 제약을 감소시켜 준 산업혁명의 혜택에 견주어 공간의 제약을 아예 제거시켜 버린 정보통신혁명의 혜택에 주목해야 한다. 그만큼 인간은 더 자유로워졌고, 자유로워진 것만큼 인간의 창의력도 증진되어야 한다.

둘째, 새 시대에는 부가가치가 높은 소프트웨어의 사회경제적 비중이 크게 높아지는 시대다. 산업사회에서 제조업이 차지했던 자리를 이제 새 시대에는 지식산업이 차지하게 된다. 그중에서는 영상, 음성, 정보를 통합하여 인간의 문화적 욕구를 충족시켜주는 소프트웨어가 크게 각광을 받게 된다. 스필버그 감독의 영화 한 편이 100만 대의 자동차 판매에서 얻는 수익을 능가한다는 것은 소프트웨어 창조의 중요성을 단적으로 말해 준다. 세계화와 정보화가 동시에 펼쳐지는 오늘날 각 국가마다 국제경쟁력 강화에 앞서려고 노력하고 있는데, 그 노력의 초점은 바로 새로운 사회 간접자본으로서의 초고속 정보통신망 구축과 함께 소프트웨어 개발에 있다. 일류국가를 지향하는 모든 나라가 앞으로 더욱 부가가치 높은 소프트웨어 생산에 국력을 쏟을 것이다.

그런데 바로 이런 상황에서 인간의 창의성은 크게 요청되고 있다. 왜냐하면 소프트웨어 생상은 인간의 기발한 발상, 창조적 충동을 통제하게 되면 이뤄지기 어렵기 때문이다. 이른바 제2의 물결시대의 소프트웨어는 표준화나 체계화보다는 창조적 영감과 창발적 동기를 더 요구하기 때문이다. 인간의 창의적 욕구와 재능을 억제하는 사회제도나 교육 구조를 크게 개혁하지 낳을 수 없는 까닭이 바로 여기에 있다.

셋째, 정보통신시대는 쌍방향 통신이 가능해지는 시대다. 라디오나 공중파 TV시대 시청자는 객체로 취급되었다. 일방적 방송이 지배적이었다. 이른바 대중사회(mass society)에서 대중매체(mass media)는 막강한 위력을 발휘하여, 시청자를 '바보' 같은 객체로 전락시킬 위험을 안고 있었다. 대중산업사회에서 대중매체는 많은 사회과학자가 염려했던 바와 같이 전체주의적 통제의 길을 열어 줄 수도 있는 불안하고 불길한 사회이기도 했다. 전체주의 체제가 요구하는 획일적 통제, 총제적 국가간섭, 시민사회의 완전배제, 전체적 억압 등을 원활하게 해 주는 수단의 하나가 바로 일방향적 대중매체이기도 했다. 그래서 대중사회의 인간은 객체로서 무력한 대중(mass), 고독한 군중의 하나로 묘사되기도 했다. 심지어 파블로프의 개 같은 대상으로 전락되기도 했다.

그런데 정보통신혁명은 쌍 방향 통신을 가능케 함으로써 시청자를 단순한 정보의 소비자로서만이 아니라, 정보의 공급자로 올려놓는다. 대중사회의 대중매체처럼 매체의 일방적 군림을 허용하지 않는다. 시청자가 무력한 대중이나 객체가 아니라, 이제는 적극적으로 대응하는 시민이요, 주체다. 이런 상황에서 원격적 일 처리가 가능해진다는 것은 떨어져 있으나 편리한 곳(주로 가정)에서 자기가 주체로서 보내고 싶은 정보를 공급해 주고, 또 요구할 것은 요구할 수 있음을 뜻한다.

교육과 학습에 있어 쌍 방향 통신은 엄청난 교육개혁을 가능하게 한다. 원래 바람직한 교육방식이란 일방향적인 주입식 교육방식이 아니다. 그것은 쌍 방향적 대화 교육방법으로서 학습자(피교육자)의 자율적 선택을 존중해 주는 방식이다. 학습자가 스스로 진리를 발견하도록 대화식으로 도와주는 교육 방식이어야 한다. 이것을 우리는 자기발견적 교육법(heuristic approach)이라고 한다. 학습자 중심의 교육이 바람직한 교육이라고 한다면, 그것을 가능하게 해 주는 것이 바로 정보통신 혁명이기도 하다. 나아가 초고속정보통신망의 구축과 그

합리적 운영은 바로 이 같은 쌍 방향 통신을 가능케 함으로써 자율적 선택을 해내는 시청자에게 엄청난 양의 정보와 음성과 영상을 전달해준다. 교육과 학습이 초고속 통신망사업과 유기적으로 연결되어야 할 까닭이 바로 여기에 있는 것이다. 이런 상황에서 필요한 것은 자기주도적인 학습태도를 갖고 자생적 지식을 창출하는 것이다.

넷째, 새 시대는 자유시장체제와 민주주의가 더욱 활성화될 것이다. 노동집약산업에서 기술집약산업으로 나아갈 것이다. 자유시장은 고도의 지식과 기술을 요하는 소프트웨어를 날로 크게 요구하고 있다. 시장의 이 같은 요구는 새로운 발상을 또한 요구하고 있다. 새로운 발상은 재능계발을 또한 요구할 것이다. 자유시장체제의 활성화가 자유민주주의 체제를 자율적으로 활성화시키는 것은 아니다. 이 양자 간의 관계를 새롭게 조명한 후꾸야마의 책(Frnacis Fukuyama, *The End of Histiry and the Last Man*, NewYork, Penguin Books 1992.)을 참조하기 바란다. 특히 대중산업시대의 경제와 정치가 대중정치, 대량생산, 대량통신, 대중교통 등을 통해 동질화를 촉진시켰다. 정치에서 중앙 집중화, 조직의 극대화와 관료제화 그리고 일의 표준화가 일반화되었다. 그리고 공장 경영이 모든 조직운영의 모델이 되었다. 21세기 정보화시대에는 탈표준화, 탈관료제화, 탈공장모델, 탈대중화가 요청되면서 동질화보다 개성의 차이를 존중하게 된다. 그러기에 새 시대에는 개성과 다양성을 존중하는 관용의 가치관이 더욱 요청된다. 이런 환경에서는 노동자도 포디즘(Fordism)이 지배했던 상황과는 달리 개성 있게 창발적으로 사고하고, 당연한 것도 일단 회의하며, 기존의 것을 끊임없이 개혁하면서 개척자적이고 기업가적인 모험을 하도록 요청받게 된다. 개성 있고 재능 있는 노동자가 더 성공할 수 있다.

결국 21세기를 정보통신시대라 부르든, 제3의 물결시대라고 하든, 탈산업시대라고 말하든 간에, 그것은 개성과 재능을 발휘해야만 개인과 사회가 함께 발전할 수 있는 시대라고 하겠다. 개성과 재능을 표준화 하거나 획일화할 때 개인과 국가는 함께 퇴영하고 말 것이다. 프로크루테스(Procrutes)의 철침대식 획일화와 표준화는 인간과 구조를 모두 고사시키게 될지도 모른다. 이 같은 21세기의 정보통신시대는 획일화되고 접수적인 사고가 아니고 자생적이며 창의적인 인간을 요구한다. 이런 인간의 특성은 자기주도적 학습을 통하여 형성된다는 것이 지금까지의 학문적 결과다.

(2) 한국가정교육의 문제점

그렇다면 한국가정은 개성과 재능을 꽃피우는 교육환경을 조성하고 있는가? 과연 오늘의 한국가정교육은 21세기가 요구하는 창조적 인간을 길러 내고 있는가?

한국 부모의 자녀관을 보면 문제를 낙관할 수 없다. 대체로 자녀의 인격적 독립성과 자율성에 대한 존중이 결여되어 있다. 자녀를 부모의 생물학적 연장선상에서 보면서, 마치 부모의 소유물처럼 인식하기도 한다. 그러기에 자녀가 개성있는 자율적 존재로서 그들이 원하는 것, 하고 싶은 것이 무엇인지를 묻기 전에 부모가 하고 싶은 것을 자녀에게 일방적으로 강요한다. 부모의 강요는 자기주도적 사고를 저해하고 자기주도적 학습을 통한 자생적이며 창의적 지식을 창출하지 못하는 결과를 낳는다.

때때로 부모가 일찍 이룩하고자 했으나 이룩하지 못했던 것을 자녀를 통해 대리성취하려고 한다. 이것은 자녀를 자기만족의 수단으로 활용하는 일이다. 자녀에 대해 청지기 의식을 갖기보다 소유자 의식을 갖는다. 바로 이 같은 한국 부모의 가치관 때문에 적지 않은 자녀가 자기가 하고 싶지 않은 분야를 타율적으로 공부하게 된다. 이런 상황에서 자녀의 재능이 활짝 꽃핀다는 것은 참으로 어렵다. 결국 부모의 잘못된 자녀관과 부모의 천박한 탐욕이 자녀의 재능을 억압하게 만든다. 그만큼 창의력은 줄어들게 되고, 21세기가 요구하는 개성 있는 창발력은 제약받게 될 것이다.

둘째, 한국 부모는 아마도 세계에서 가장 강력하게 자기 자녀에게 공부를 강요하는 부모일 것이다. 그만큼 한국 아동은 공부 스트레스를 많이 받는다. 최근 어느 교육학자의 조사에 따르면, 응답자의 20%에 가까운 자녀가 공부를 못해 성적이 나쁘면 죽고 싶은 심정에 빠진다고 한다. 죽고 싶을 정도의 스트레스라면 이것은 심각한 문제다. 사람 되게 하는 것, 사람답게 살게 하는 것이 교육의 목적이라면 공부가 죽고 싶은 심정을 심어 주는 결과를 낳는다면 무엇인가 단단히 잘못된 일이다.

물론 이 같은 스트레스는 잘못된 한국 학교교육에서 오는 것이기는 하나, 그것을 부모가 한술 더 떠서 강화시킨다면 자기 재능을 맘껏 발휘하게 하는 가정 분위기란 아예 존재하지 않는 것이다. 원래 가정이란 가정 밖에서 받게 되는 온갖 스트레스를 해소해 주는 일차집단의 기능을 담당해야 한다. 그런데 한국 부모가 학교 담임선생보다 더 표독스럽게 공부압력을 넣는다면, 한국 자녀의 재능발휘는 고사하고 그 정신적 건강을 유지하는 일조차 어렵게 될 것이다.

　여기서 부모의 공부강요가 또 다른 결과를 자아낸다는 사실에 주목해야 한다. 그것은 편법주의 가치관을 번지게 한다는 사실이다. '공부만 잘하면 된다.' 는 것은 어떻게 하든 성적만 좋게 나오면 된다는 말과도 통한다. 이것은 좋은 성적이라는 목표를 달성하기 위해 무슨 방법을 써도 좋다라는 생각을 낳게 된다. 바로 여기에 일탈적 동기와 행동이 쉽게 나오게 된다.

　그뿐만 아니라 왜 공부를 해야 하는지를 합리적으로 설득시키지 않고, 무작정 공부압력을 넣는 한국 부모는 통탄케 하는 비극을 맛보게 될 수도 있다. 공부를 해야 하는 까닭을 도덕적 차원에서 설명, 설득을 해 주어야 한다. 한마디로 적극적 공부가치관은 없고 공부만을 강조하고 있는 한국 가정을 염려하지 않을 수 없다. 공부 잘하는 자녀에게 공부윤리를 제대로 가르쳐 주지 않을 때 공부 잘하는 재능이 나중에 반윤리적 행위를 잘하는 것으로 이어질 수 있기 때문이다.

　오늘의 주제에 관련해 얘기한다면, 부모의 공부압력이 자녀의 창조적인 충동을 억제시킨다는 사실이다. 우리는 에디슨의 삶을 기억할 필요가 있다. 그의 학력은 보잘것없다. 허나 그는 세기적인 발명왕으로 기억된다. 에디슨이 오늘날의 한국 가정에서 자랐다면 에디슨이 될 수 없을 것이다. 에디슨뿐이랴. 장한나, 장사라도 어릴 때부터 학교공부에만 매달리도록 공부압력을 받았다고 한다면 오늘의 수준에 이르렀겠는가.

　이 같은 한국 가정 분위기에서는 어릴 때 자녀가 갖는 순수한 지적 호기심이 창조적 사고로 이어지기 어렵다. 사과나무에서 사과가 왜 떨어지나를 끈질기게 묻고 그 해답을 얻으려는 자녀에게 한국 부모는 영어, 수학, 국어를 더 많이 공부하라고 강요할 것이기 때문이다. 결국 에디슨 죽이기, 뉴턴 죽이기 교육을 한국 가정이 일정하게 담당하고 있는 셈이다. 이것은 자녀의 천부적 재능을 죽이는 일이기에 참으로 안타까운 일이다.

최근 『TIME』에서는 지능지수(IQ)를 증사시키는 주지주의 교육의 문제를 정서지능(EQ)의 문제와 비교하여 다루고 있다. 정서지수란 일종의 인간적인 공감능력으로서 자기의 격정, 분노, 슬픔, 수치감 등을 남의 입장에서 인식하여 그것을 자제하는 능력이다. 이 같은 EQ의 능력이 증가되어야 훗날 훌륭한 지도자가 될 수 있다고 한다. 주입식 교육을 통한 지적능력의 증가가 성숙한 지도력을 보장하지는 않는다. 지능지수가 높아서 좋은 직장을 얻는다 하더라도, 그 직장에서 진급하는 것은 정서지수의 높낮이에 주로 달렸다고 할 수 있다. 한국의 가정교육은 어린이의 감정을 객관화시키는 정서적 공감능력을 키우기보다는 자기 중심적인 주지능력을 더 키우려고 한다. '공부 열심히 해서 너 혼자 일등해라.' 라는 요구가 건전한 EQ 성장을 저해하는 것이다. 공감능력이 퇴화된 머리 좋은 사람이 한 나라의 지도자가 될 때 엄청난 비극이 생길 수 있음을 주목해야 한다.

그런데 이 같은 한국가정교육의 현주소는 따지고 보면, 오늘의 한국 학교 교육의 현실과 결코 무관하지 않다. 우리의 교육적 현주소는 어떤가? 타인에 얽매이고 타인이 지시하는 방법, 특히 가정에서는 부모의 일방적인 주도로 교육이 되어지는 성향이 강하다. 이런 특성은 21세기가 필요로 하는 인간을 만들기가 힘들다. 이와 같은 틀을 벗기 위하여 자기주도학습을 통하여 창의적이고 자기주도적인 사고를 할 수 있는 가정의 분위기가 필요하다.

(3) 한국 학교교육의 문제점

공교육 12년간의 실제적 목적은 일류대학 입학에 있다. 초등학교에서부터 고등학교까지 다니는 목적은 일류대학에 들어가는 데 있다. 왜 일류대학이 그토록 중요한가.

아마도 한국처럼 특정 일류대학이 한국 사회, 경제, 정치, 문화의 각 영역에 걸쳐 엄청난 지배력을 발휘하는 나라는 이 지구상에 없는 듯하다. 입법, 사법, 행정부 고위층에 서울대학 출신이 차지하는 비율이 다른 나라 경우와 비교해 보면 충분히 알 수 있다. 공적 부분 이외도 마찬가지다. 대기업, 문화단체 등에도 서울 대학 지배율은 괄목할 만하다. 한국사회 계층화에 특정 대학이 담당하는 몫이 이토록 크기 때문에 한국의 학교와 가정은 일정하게 서울대 입학을 계층적 상승이동의 주요 계기로 인식하고 있다. 한마디로 한국사회는 학벌사회이지 능력사회가 아니다.

바로 이 같은 학벌사회는 대학입시경쟁을 더욱 부추긴다. 대학입시경쟁이 격화될수록 인격교육과 재능교육은 외면당하기 마련이다. 왜냐하면 입시위주의 교육은 불가피하게 주입식 교육을 부추기기 때문이다. 이는 주지주의적 암기교육을 강조하기 마련이다. 학생의 숨은 재능은 계발될 겨를이 없다. 그의 창조적 발상은 표출된 길이 없다. 엄청난 입시 스트레스를 받아가며 매일매일 암기하는 일, 그것도 영어 · 수학 · 국어 등에 자기 취미 여하를 불문하고 암기로 공략하는 일에 전력을 투구해야 한다. 입시는 학생 당사자에게는 사활의 문제처럼 여겨진다. 이 같은 학교분위기는 처음부터 재능교육이나 창조적 교육과는 거리가 멀다.

이런 주입식교육은 교육자중심 교육이기도 하다. 교육자중심 교육은 학습자의 창조능력을 인정하는 데 인색하기 쉽다. 학습자는 교육자극에 따라 반응하는 객체로 인식되고 있다. 일종의 빈병이나 백지로 인식되기도 한다. 빈병의 내용이나 백지의 공간은 교육자의 지시에 따라 채워지는 것으로 본다. 이 같은 주입식 교육은 권위주의 사회나 전체주의 사회에서 적합한 것이다. 아직도 한국의 학교교육이 일제시대의 주입식 교육에서 완전히 벗어나지 못하고 있기 때문에 하루빨리 자기주도학습을 통한 학습자중심 교육으로 전환하여 학습자의 타고난 재능을 발굴하고 그것을 키우는 인격·재능교육을 실시해야 한다.

5·31 교육개혁이 갖는 획기적 전환은 바로 이 같은 학습자중심 교육과 탈주입식 교육을 강조한 데서 확인된다. 특히 학습자가 언제, 어디서나, 자기가 원하는 것을 배울 수 있는 평생학습사회 구현이라는 개혁비전은 정보통신시대의 원격교육과 인격·재능교육을 모두 강조한 것으로 본다. 이제는 프로쿠루테스의 철침대 교육은 극복되어야 한다.

얼마 전 노벨 물리학상을 받은 일본의 쓰구바 대학 총장이 한국을 방문하여 한국 교육현실에 적절한 평가를 했었다. 그는 일본이 지금 미국에 견주어 소프트웨어 산업에 뒤떨어지는 까닭은 일본교육이 인간의 판단적 힘(judicial power)를 기르는 데 치중한 나머지 인간의 창의적 힘(creative power)를 등한시했다고 지적했다. 이것은 한국 교육 현실에도 맞는 말이다. 학생이 스스로 진리를 발견할 수 있도록 창조 적 선택을 하게끔 해야 한다. 일방적으로 교육자 중심으로 주입시키 는 것은 안 된다고 했다.

이런 자유로운 교육을 통해 학습자는 자기의 천부적 재능을 더욱 키워 갈 수 있다. 이런 분위기 속에서 모차르트도, 뉴턴도, 에디슨도, 스필버그도 나올 수 있는 것이다. 물론 오마에 겐이치 씨처럼 자녀를 학교에서 중퇴시켜야 한다는 뜻은 아니다. 한국의 학교교육이 근본적 으로 개혁되어 인성교육과 재능교육이 일찍부터 시작되어야 함을 강 조할 따름이다. 결국 21세기 정보화시대에서는 질 높은 정보를 생산 하고 그것을 쌍 방향으로 효율적으로 유통시키는 국가와 사회가 일류 국가와 일류사회로 나아갈 수 있다. 부가가치 높은 소프트웨어를 생 산해 낼 수 있는 인물을 많이 길러 내는 국가가 경쟁력을 갖게 될 것이 다. 국가의 경쟁력은 21세기에 필요한 인물을 얼마나 많이 만들어 내 느냐에 있다. 21세기를 주도하는 사람의 특성은 자기주도적이고 자생 적인 사고를 하는 행동적 특성을 갖는다. 이를 위한 학습방법에서는 타인지향적이고 타인에 의해서 지시되는 방법이 아닌 스스로 학습하 고 스스로 성장하며 자생적인 사고를 개발할 수 있는 가능성을 열어 놓는 자기주도학습이 한국사회에 정착될 필요가 있다(한완상, 1995).

인재교육이란 무엇인가에 대한 질문은 긴 역사를 갖고 있지만 현 시점에서 오늘 우리는 인재교육에 대한 초점을 사회구조가 요구하는 창의력에 그 중요성을 두어야 하는 것은 당연한 논리다. 이런 접근에 필요한 것이 자기주도학습이다.

2. 인재교육에서 창의력의 위치

1) 인재교육의 개념

대부분의 인재교육 담당 교육가는 인재를 뛰어난 능력으로 인하여
훌륭한 성취를 할 것으로 보이는 사람으로 판별된 아동으로 본다. 그
준거는 다음의 것 등을 들고 있다.

- 일반 지능
- 특수 학문 적성
- 창의적 또는 생산적 사고
- 지도력
- 시각적 공연 예술
- 정신운동 능력

미국 국립 인재교육 연구소 소장 Renzulli는 평균 이상의 능력, 창
의성, 과제 집착력이 주요 특성이라는 것을 확인하였다. 이에 따라 인
재성은 이 세 요소가 상호 작용하여 나타나는 것으로 정의하였다
(Renzulli, 1978).

Feldhusen(1992)는 재능은 "적성 또는 지능, 학습된 기능, 지식, 동
기 – 적성 – 경향성 등의 복합체로서, 한 개인으로 하여금 직업인으로
서, 전문가로서, 예술가로서, 사업가로서 성공하게 이끄는 것"으로 정
의하였고 인재성은 "지능, 적성, 재능, 기능, 전문성, 동기, 창의성의

복합체로서 한 개인으로 하여금 문화와 시대가 가치 있게 생각하는 각 분야에서의 생산적인 수행을 하도록 이끄는 것"으로 정의하였다.

지금까지의 대부분 인재성의 핵심 개념 속에는 창의성을 포함하고 있다. 특히 21세기의 자생적이고 개인의 개성이 극대화되는 우리가 생존하고 있는 사회에서는 인재교육의 창의성이 더욱 강조될 필요가 있다. 이와 같은 인재의 창의성 교육을 위해서는 자기주도학습이 강조되어야 한다.

2) 교수-학습 방법 차원

인재교육의 교수-학습방법에서 강조하는 신기성은 창의성의 강조를 의미한다. 이는 보통 아동에게 좀 더 높은 사고와 창의적 처리를 요구하는 내용을 부과함으로써 새로운 창의적 경험을 하도록 하는 것이다. 새로운 것을 창출해 내는 능력은 신기성에 해당된다. 새롭고 독특하고 비상한 아이디어를 만드는 능력이다. 이런 창의성은 다양한 접근 모형에서 보인다.

첫째는 심화학습 모형에서의 창의성에 대한 중요성이다. Renzulli (1985)의 3부 심화 모형(Enrichment Triad Model)과 Feldhusen의 3단계 심화 모형(3 Stage Enrichment Model)의 심화 학습 모형에서 창의력에 대한 관심은 핵심 개념이다. Renzulli의 3부 심화 모형에서 1부 심화는 학생이 관심을 가지고 있는 분야의 주제와 관계된 다양한 학습 경험이나 활동을 제공한다. 2부 심화에서는 1부 심화 활동의 결과 학생이 자신의 관심 분야를 선택하여 좀 더 심화된 활동을 하는 단계다. 이 단계에서는 고급 탐구 능력이나 연구 능력을 기를 수 있는 학습 경험의 제공과 비판적 사고력, 문제 해결력, 탐구 능력, 창의적 사고력 등의 신장을 강조하고, 개별 활동이나 소집단 창의적 활동이 주로 활용된다. 그래서 이 수업 모형은 인재교육에서 다양한 특성을 가진 학습자가 창의적 활동에 참여할 수 있도록 하여야 한다는 점을 강조하고 있다.

둘째는 자율적, 자기주도적 탐구를 강조하는 수업 모형에서의 창의성에 대한 중요성이다. 시사점을 줄 수 있는 수업 모형으로는 Treffinger(1982)의 자기주도적 학습모형, Betts(1991)의 자율학습모형 등이 있다.

자기주도적 학습모형의 첫 단계에서는 교사가 학습자에게 몇 개의 학습활동을 제시하여 선택하게 하고, 두 번째 단계에서는 학습자 스스로가 창의적 학습 활동을 생각하여 학습할 수 있도록 도와주고, 마지막 단계에서는 학습자 스스로 학습활동을 창안하여 활동하도록 하고 각 개인의 창의적 역할을 강조하고 있다.

셋째는 인지적, 정의적, 감각 운동 영역의 통합을 강조하는 수업모형에서의 창의성 강조다. Williams(1970)의 인지적 정의적 교수 학습 모형은 학생 스스로 문제 상황 속에서 탐구하고 창의적 사고를 하고 발견하는 것이 중요하다는 것을 지적한다.

넷째는 고급 사고력, 창의적 문제 해결력을 강조하는 모형이다. 인재교육 프로그램 개발에서 중요한 것은 고급 사고력과 창의적 문제 해결력을 신장시키는 것이다. Bloom(1974)의 교육 목표 분류학형 모형에서 제시한 것과 같이 평재의 교육에서 기본적인 지식의 획득이나 이해, 적용 등과 같은 목표가 상대적으로 강조되는 데 비하여 인재 교육에서는 분석, 종합, 평가 등과 같은 고급 사고능력의 신장이 더욱 강조되고 있다.

인재교육을 위한 개념모형에 대한 지금까지의 논의를 보면 인재교육의 특성을 반영한 교수-학습방법은 주로 창의성 신장기법을 통한 창의적 문제해결 과정을 강조하고 있다. 이 방법은 서로 관련이 없는 요소를 연결하여 새로운 창의적 아이디어를 얻는 방법으로 창의적 사고 기법으로 많이 활용되고 있다. 그래서 인재교육에서는 창의적 상상력과 브레인스토밍이 문제해결에서 고정된 방식의 사고가 아닌 개방적이고 상상적·확산적 방식 그리고 자기주도적 사고가 중요하다는 점을 강조하고 있으며, 아울러 인재 교육 프로그램에서도 창의력과 상상력을 개발시켜야 한다는 것을 말해 준다.

3. 창의력의 본질 · 접근방법 · 측정의 한계

1) 정 의

심리학자와 교육학자는 확산적 사고라고 창의력을 종종 사용하고 있다. 실제 창의력 개념과 확산적 사고의 개념은 매우 비슷하기 때문에 거의 동일시하여 사용될 수 있다.

인간의 사고를 크게 수직적 사고와 수평적 사고의 두 가지로 구분한다. 그러나 수평적 사고와 수직적 사고가 서로 대칭되는 개념으로 설명되고 있지만, 어느 하나의 사고유형이 다른 유형을 대체한다는 뜻으로 해석하는 것은 위험하다. 수평적 사고는 아이디어의 타당성보다는 더 많은 아이디어의 생성가능성에 관심을 둔다(Amabile, 1983). 또 수평적 사고는 주어진 문제를 다른 관점에서 재 표상하는 과정이며, 비논리적, 비계열적, 예언 불가능, 비관습적인 것이 그 특징이다(Gilhooly, 1988). 또 수평적 사고와 Guilford가 주장한 확산적(擴散的) 사고를 혼돈하는 경우가 있다. 그러나 수평적 사고는 확산적 사고에서처럼 단순히 주어진 문제를 해결하는 다양한 대안을 많이 찾아내는 데 관심을 가지는 것이 아니라 주어진 문제를 보는 시각의 변화, 즉 더 넓고 올바른 관점에서 지각할 수 있는 능력에 관심이 있다. 따라서 수평적 사고의 최종 결과는 다양한 대안에 대한 통찰력이지, 단순히 다양한 해결방법(대안) 그 자체가 아니다. 여기에서 수평적 사고는 창의적 사고를 하기 위한 기초 능력으로 매우 중요한 역할을 한다(전영기, 이영만, 1994).

결국 창의력은 다양하게 정의되고 있으나, 결국 그 개념 속에는 '만들어 냄', '새로움', '독창성' 그리고 보람 있음의 복합적 의미를 갖는다(정범모, 2001). '만들어 냄' 의 의미는 어떤 특별한 것을 만들어 내는 것은 물론 문제를 해결한다는 것을 가리킨다. '독창성' 은 새로움과 그 맥을 함께하고 있으나 창의성에서의 독창성을 강조한다. 이 주제에 대한 심리학적인 통합을 보면 독창성은 창의력의 가장 중점적인 특성으로 불리고 있다. '보람 있음' 은 그 새롭게 만든 것이 '보람 있는' 것이라야 한다는 조건이다. 흔히 발명 · 발견 · 창작의 보람을 그 실용적인 가치로 따지는 경향이 있다.

'새로움'은 남이 생각한 것이 아니라 새로운 생각, 새로운 사안이라야 한다. 아주 새로운 것일수록 더 창의적인 것인 셈이다. 아무도 모르고 아무도 생각하지 못한 것이야말로 전인미답(全人未踏)의 문제, 방법, 해답을 찾아내야 할 경우일수록 더 비상한 창의력이 필요하다. 역사에 빛나는 학문, 예술, 기술의 거장(巨匠)은 대개 그런 전인미답의 경지를 개척한 사람인 셈이다. 그러나 창의력이 이런 학문, 예술, 기술이나 그런 거장에게만 해당되는 것은 아니다. 창의력은 일상적인 실무의 경우에도 그리고 보통 사람이나 어린아이의 경우에도 작고 큰 여러 '새로운' 문제상황에서 발휘될 수 있는 능력이다.

'보람 있음'은 그 새롭게 만든 것이 '보람 있는' 것이라야 한다는 조건이다. 흔히 발명, 발견, 창작의 보람을 그 실용적인 가치로 따지는 경향이 있다. 실용적·수단적 가치는 물론 중요하나 거의 대부분의 경우 발견, 발명, 창작자 자신이 찾는 보람은 그런 실용적인 보람이기 이전에 진·선·미의 보람을 요구한다는 사실이다.

2) 창의력 측정의 한계

지금까지 창의력 하면 주로 심리학자의 관심사로 국한되어 있거나, 좁게는 심리측정학자에 의해서 연구되는 가운데서 그 모습을 찾으려는 노력을 하고 있었다. 그래서 창의력 하면 몇 가지 제한된 개념을 통해서 이해하려고 하는 큰 우를 범하고 있는 것도 사실이다. 이렇게 된 이유 중 하나는 창의력에 대한 개념 이해의 난해성 때문에 더욱 그런 듯하다.

창의력에 대한 다양한 접근을 생각하면서, 현재 우리가 하고 있는 창의성 측정의 한계를 생각해 보고자 한다. 창의력에 대한 심리학자의 중요한 관심사는 인간의 비가시적 심리적 특성인 창의력 구인을 가시화하고 양화하고자 하는 일이다. 이런 과정을 통하여 측정학은 인간의 내면적인 심리 세계를 양화하는 데 일부분 성공했다고 생각한다.

그러나 측정과 양화의 지표가 인간의 심리 구인에 대한 국부적이고 피상적이며 그 본질에서 벗어난 정보인 경우가 비일비재하다는 점을 지적해야 한다. 과연 우리가 창의적인 실체에 관한 접근을 지금까지 측정학자가 시도한 심리측정에서 얼마나 진실하게 정보를 양화시켰느냐 하는 반성은 21세기의 심리측정 이론에서 다루어야 할 중요한 과제다. 창의성이라는 관점에서 지금까지 측정학자가 창의성 측정에서 얼마나 협소하고 국부적인 정보를 창의력이라고 했는지 생각해야만 한다.

인간이 갖는 창의성 본질의 대부분은 지금까지 심리측정학자가 자아도취적으로 열을 내서 만든 지필검사에 의해서는 측정될 수 없는 면이 너무나 많다는 사실을 우리는 간과해 왔다. 이에 대한 반성이 전제될 때 우리는 창의성의 본질에 좀 더 접근할 수 있을 것이다.

지능검사나 각종 성적고사와 같은 것으로는 측정할 수 없는 훨씬 고등한 지적 능력인데도 불구하고 '길포드식'의 현재의 측정방법에 안주한 결과는 창의력의 다양한 접근에서 볼 수 있듯이, 엄청난 정보의 손실을 가져오고 있다는 사실을 심리측정 학자는 간과하고 있다. 이는 Guildford 자신도 현재의 측정방법은 수렴적 사고의 틀을 벗어날 수는 있으나 인간이 가지고 있는 창의성의 본질을 포괄적으로 측정하지 못함을 인정하고 있다.

또 보통 사람을 대상으로 하는 이런 개념화와 이런 방법으로는 천재적 거장의 창의적 활동과 성취를 설명할 수가 없고, 정신분석학적 접근이 너무 동떨어진 거장의 창의적 활동의 성취를 지나치게 사례적인 방법으로 연구했다면, 심리측정론은 너무 그 반대를 취했다는 비판을 받을 수 있다.

우리는 이제부터라도 단순한 심리측정학적 사고와 집필고사에서 벗어나 다원적이고 다방법접근을 통한 창의력 실체에 대한 접근의 노력이 필요하다.

3) 창의성과 지능

창의성과 지능은 다르다. 그러나 창의적인 인물은 평균 이상의, 대개는 120 이상의 IQ를 소유하고 있다. 즉, 너무 지능이 낮으면 창의력은 발휘되기 어렵다는 말이다. 창의력은 통상적인 지능검사나 각종 성적고사와 같은 것으로는 측정할 수 없는 고등한 지적 능력이다. Guildford의 분류에 따른다면, 보통의 지능검사나 성적고사에서 요구되는 능력은 수렴적 사고지만, 창의력엔 그 이상으로 없는 답을 찾는 확산적사고의 능력이 필요하다고 한다.

다음으로 IQ 120 이상에서는 지능의 높·낮음과 창의력의 높·낮음과는 거의 관계가 없다. 즉, IQ 120 이하에서는 지능과 창의력 사이에 높은 상관관계가 있지만, 그 이상에서는 상관관계가 없거나 아주

약하다는 것이다. 예컨대 IQ 120 정도의 평균 근처의 지능 범위에서는 그 상관이 .33이었지만, IQ 130 이상의 범위에서는 그 상관이 -.08로 상관이 없음을 드러냈다. 결국 높은 창의력은 지능 이상의 것, 지능과는 다른 것을 요구하고 있다는 말이다.

지능은 실제적 문제해결력, 언어능력, 지적인 균형과 통합, 목적 지향성과 그 달성, 맥락적 지능(과거의 경험을 살리고 처해 있는 환경을 이해하는 능력), 유창한 사고 등으로 규정했다.

창의력은 관습탈피의 능력, 통합적 사고, 심미적 감각과 상상력, 결정능력과 신축성, 비전 있는 통찰력, 성취동기 등으로 규정했다.

지능, 창의력에 관한 이런 분석은 창의력에는 관습 탈피, 심미적 상상력, 성취동기 등 다분히 정의적 요인이 많이 포함되어 있다는 것이다.

4) 창의적인 인물

창의적인 대표적 인물이라 하면, 우리는 인류역사에 빛나는 위대한 인물인 칸트, 뉴턴, 다윈, 아인슈타인, 셰익스피어, 괴테, 바흐, 모차르트, 베토벤, 피카소, 카네기, 정주영, 손기정, 타이거 우즈 등등을 생각하게 된다.

이들이 비상한 성취를 이룩하기까지엔 남이 하지 못했던 수많은 생각과 연구의 세월이 있었을 것이다. 이런 관점에서 정신분석학자인 Ludwig은 1,000명이 넘는 각 방면의 유명인사의 전기물을 10년간 수집, 분석해서 '창의력과 정신병과의 관계'를 연구하면서 이들의 생애를 여러 가지로 분석했다(정범모, 2001).

(1) 공헌의 보편성

중요한 기준은 위대한 인물이 이룬 사상, 발견, 창작, 업적이 여러 세대, 여러 시대를 걸쳐 여러 사람, 여러 곳, 여러 나라에 의해서 보편적인 관심, 가치, 이상을 지니고 있고 보편적인 적용이 가능한 것이어야 한다는 점이다. 베토벤의 교향곡은 시공을 초월해서 호소력이 있다.

(2) 새 방향의 설정

창의적 사람은 한 시대, 한 사회에 새로운 사상, 새로운 풍조, 새로운 이론, 새로운 문제, 새로운 기술 등을 제공하였다. 아인슈타인 이후의 우주도 그 이전의 우주와 달라졌다.

(3) 다른 '동료'에게 주는 영향

창의적 사람은 자기 영역의 현재 그리고 미래의 동료에게 또는 사회 전반의 사람의 사고방식, 행동방식에 큰 영향을 준다. 다윈의 진화론은 당시, 지금 그리고 미래의 생물학자에게 지대한 영향을 주었다.

(4) 독창성

위대한 성취에는 거의 반드시 독창성이 포함되어 있다. 독창성은 종래에 해 오던 관례에서 벗어나는 힘이다. 그것은 과학, 사상, 음악, 미술, 문학 거의 모든 분야에서 큰 성취의 원동력이다. 위대한 운동선수도 독창성이 필요하다. 농구선수 마이클 조단도 농구를 그냥 잘한 것이 아니다. 그는 많은 '새로운' 슛 기술을 독창해 냈다.

(5) 다재다능

그들은 대개 한 영역에서 크게 성취를 못했더라도 여러 다른 영역에서 성취를 이루었을 정도로 다양한 문화영역에 관심과 재능이 있는 사람인 경우가 많다. 그리고 그중에서 실제로 한 영역 이상 여러 영역에서 이름을 날린 인물도 많다. 르네상스 때에도 다 빈치는 화가이자 과학자, 발명가였고, 단원 김홍도는 시(詩) · 서(書) · 화(畵)에 다재다능했고 음악에서도 일류였다.

(6) 다산성

학자면 많은 책을 써 내고, 음악가면 많은 작곡을, 예술가면 많은 회화를 생산해 낸다. 음악가 스트라빈스키는 이론적 작곡 30개, 교향곡 34개, 합창곡 17개, 성악곡 25개, 피아노곡 15개, 기악곡 20개를 작곡했다. 피카소는 2만 개가 넘는 그림을 그려냈다. 발명가 에디슨은 20년간 1,093개의 특허를 냈는데, 이것은 거의 일주일에 하나씩의 특허를 딴 것이다. 물론 질에서 문제는 있었다.

(7) 전문기량

위대한 성취자는 자기 문화영역의 활동에 남보다 월등한 전문기량을 갖춘 사람이다. 과학, 철학, 음악, 미술, 정치, 경영 등 제각기 영역에 필수적인 능력을 구비한 사람이다. 그런 능력은 앞에 인용한 Gardner의 '다원적 지능'에 포함된 능력 – 음악적, 수리 · 논리적, 언어적, 공간적, 인간관계적, 내성적 능력 – 의 한둘이 고도로 발달된 능력이다.

이렇게 위대한 성취자는 보다 넓은 관점에서 볼 때 인간활동의 모든 영역에서 그 나름대로 모두 창의력의 인물임을 알 수 있다. 장차 창의력 연구는 단순히 과학이나 예술을 넘어서 인간활동의 모든 영역에 적용되는 능력이라는 관점에서, 또 고도의 '위인' 만이 아닌 보통의 '범인' 에게도 적용 가능한 능력이라는 관점에서 진행되어야 할 것이다.

5) 창의력에 대한 접근 방법

(1) 천부론

창의력의 한 관점은 창조적 천재의 독특한 능력은 하늘이 내린 것이라는 해석이다. '천부' 의 부(賦)의 훈은 '준' 또는 '타고난' 이라는 뜻이다. 창의력과 관계가 깊은 '영감(靈感)' 이라는 말도 그렇다.

그 한 예로 모차르트를 생각해 볼 수 있다. 천부의 천재로 자주 인용되는 것이 모차르트의 경우다. 영화 〈아마데우스〉에서도 잘 묘사되어 있다시피, 모차르트가 일단 마음먹고 들어앉으면 악상(樂想)이 '저절로' 흘러나오고 모차르트는 그것을 그저 그대로 악보로 적어 내기만 하면 명곡이 창작된다.

(2) 정신분석학적 견해

Freud는 그의 의식 – 무의식의 이론으로써 창의적 활동을 설명하려 한다. 정신분석적 이론에서는 창의적 아이디어가 일차적 사고과정 속에서 현실과 기존 체제에 비추어서는 불합리 · 비논리 · 비현실로 보이는 생각이 자유분방하게 교차하고 결합하는 사이에 잉태된다고 본다. 그 예를 Poincare(포앙카레)에서 찾아보면, Poincare는 그가 '푹시안' 함수라고 이름 지은 그런 함수는 존재하지 않는다는 것을 증명하려고 15일 동안이나 애를 썼다. 어느 날 저녁, 그는 평소에 마시지 않던 블랙커피를 마신 후 비몽사몽한 상태였다. 수많은 아이디어가 서로 부지런히 충돌하다가, 결국 어떤 몇 짝의 아이디어가 안정된 조합으로 서로 맞물리는 것을 느꼈다. 그 다음 날 아침에 그는(처음 생각과는 반대로) 다차원 기하학에 연유하는 푹시안 함수라는 존재를 증명할 수 있었고, 그 결과를 한두 시간 걸려 그저 써 내기만 하면 되었다. Poincare는 이런 아이디어를 돌출하게 할 때 도대체 머릿속에서 무슨 일이 일어나고 있는 것인지 자문자답한다.

이렇게 Poincare의 예를 보면, 창의력과 무의식적 정신과정의 관계를 여실하게 묘사하고 있다고 볼 수 있다.

(3) 심리측정론적 입장

주로 20세기의 과학적 심리학의 주류에서는 창의력에 관한 연구는 거의 없었다. 이런 경향에는 창의력을 둘러싼 신비주의적인 해석의 탓도 있었을 것이다. 이런 추세에 한 전환점의 근거가 된 것이 1950년 Guilford의 미국심리학회 회장 취임 연설일 것이다.

Guildford는 창의력을 구성하는 몇 가지 기본 능력을 지필검사 방법으로 측정할 수 있을 것이라는 심리측정론적 견해를 밝힌다. 우선 창의적인 사람은 그만큼 더 문제에 대한 '민감성'이 있을 것이라고 추리한다. 이런저런 상황에서 다른 사람은 보지 못하는 문제, 느끼지 못하는 문제를 찾아낸다. 진화론은 모든 생물이 지금 그대로의 모습으로 옛날 하느님이 만들어 낸 것이라는 통설에 의문을 품은 데에서 시작했다.

또 창의적인 사람은 아이디어 산출에 '유창성'이 있을 것이라고 전제한다. 즉, 어떤 문제에 봉착해서 필요할 때엔 많은 아이디어가 물 흐르듯 줄줄 이어져 나온다는 것이다. 창의적인 사람은 또한 '독창성'이 있을 것이라고 가정한다. 독창성은 창의력과 거의 동의어며, 창의력의 정의에서 자연적으로 추리될 수 있는 능력이다. 그리고 '유연성'이 있다고 설정한다. 즉, 한 문제를 여러 각도에서 다양한 접근으로 시도할 줄 아는 능력을 말한다.

후에 Guildford는 이런 능력을 '확산적 사고'라고 부르고, 한 고정되어 있는 기존의 답을 찾아 조여 들어가는 '수렴적 사고'와 대조시켰다.

Guildford의 제안에 따라 Torrance가 연구, 제작한 '창의적 사고 검사'는, 다른 연구자가 만든 검사도 많지만 아마도 연구와 실무에서 가장 널리 사용된 검사일 것이다. 한국에서도 Guildford의 제안에 따라 연구, 제작한 창의력 검사가 있다. Torrance의 창의력 검사는 위에 언급한 민감성, 유창성, 독창성, 유연성 이외에 또 하나 정밀성을 포함해서, 다섯 가지 능력을 측정해 내는 비교적 간단한 몇 개의 검사로 구성되어 있다.

Guildford의 견해는 많은 창의력 개발 프로그램의 연구 · 제작 ·

실시를 크게 자극했다. 그중 가장 대표적인 것, 그리고 그 후의 많은 창의력 프로그램의 표본이 된 것은 Osborn의 '브레인 스토밍(brain storming)' 방법일 것이다. Osborn은 우선 사고는 두 가지, '판단적' 사고와 '창의적' 사고가 있다고 전제한다. 판단적 사고는 분석하고 비교하고 선택하고 결판 짓는 사고고, 창의적 사고는 새로운 아이디어를 상상하고 통찰하고 투시하고 생각해 내는 사고다. 그는 사람은 누구나 창의적 사고의 능력을 가지고 태어난다고 주장한다.

(4) 인지론적 해석

창의력에 관한 인지론적 해석은, 창의적인 문제해결은 그저 보통의 문제해결 과정에서 작용하는 여러 인지작용의 계속적 누적이 이루어 내는 새로운 문제해결에 불과하다는 것이다. 이런 해석의 대표자로는 아마도 Weisberg를 들 수 있을 것이다. 그는 진화론의 Darwin의 경우를 꽤 자세하게 예로 든다.

Darwin이 창조한 진화론은 후세에 여러 학문에 많은 영향을 준 탁월한 창의적인 발견임에 틀림없다. 그리고 Darwin의 이야기는 자주 비약적인 창의적 통찰력의 예로 인용된다.

Darwin은 15개월이나 연구에 몰두하던 차에, 어느 날 Malthus의 저서 『인구론』을 읽고 있다가 "한 상황에서는 생존에 유리한 변이(變異)는 보존되고 불리한 것은 멸종될 것"이라는 생각이 갑자기 번개처럼 떠올랐다. 그 결과가 새로운 종의 형성일 것이다. 그래서 마침내 그는 연구에 필요한 한 이론을 얻게 되었다.

Darwin의 이 표현이 갑작스러운 계시 같은 창조적 비약을 말하는 것 같지만, Darwin은 에딘버러 대학교와 캠브리지 대학교에 다니면서 많은 학자를 만났다. 1831년부터 Darwin은 5년간 남미 해안의 생물탐사 항해 여행을 했다.

결론적으로 Darwin의 '갑자기' 떠오른 생각은 실은 계시적인 비약적 통찰이 아니라, 긴 세월 많은 사람의 많은 아이디어를 섭렵하면서 여러 번 가설을 세우고 또 여러 번 재수정하곤 했던 긴 재수정·재조정·재구성 과정의 마지막 단계였을 뿐이라고 Weisberg는 분석한다.

(5) 사회체제론적 접근

창의력에 관한 체제론적 주장의 대표 주자인 Csikszentmihalyi는 "창의력은 사람의 머릿속에서 일어나는 것이 아니고, 사람의 생각과 사회문화적 맥락과의 상호작용 속에서 일어나는 것이다."라고 말한다. 사회체제 이론은 창의력을 세 요인인 '영역(營域, domain)', '장(場, field)', '개인(個人, person)' 각각 세 정점에 둔 삼각형 모형의 체제로 개념화하고 있는 셈이다.

① 영역

영역이란 한 문화영역을 말한다. 예컨대 물리학도 한 영역이고, 음악도 한 영역이다. 창의자는 그런 어떤 문화영역에 접함으로써만 출현할 수 있다. 앞에서도 언급한 것처럼 여러 영역의 문화는 그 자체가 인류의 창의적 소산이 누적된 것이다.

예컨대 한 영역이 여러 문화영역 중에서 어떤 비중으로 중요하고 귀하게 여겨지고 있느냐도 창의자 출현에 관계가 있다. 물리학, 과학을 별로 그렇게 중요하게 여기지 않는 사회에서 물리학의 창의자는 출현하기 어렵다.

② 장

'장' 이란 창의 후보자의 활동 주변의 사람, 특히 개인의 새로운 아이디어나 소산이 정말 창의적이고 보람 있는 것인지 아닌지를 평가해서 그것을 그 영역 속으로 영입하느냐 마느냐를 판단, 결정하는 사람이다.

매년 엄청나게 쏟아져 나오는 무수한 소설, 그림, 음악, 논문 중 어느 것이 인정되고 살아남으며, 어느 것이 버려지고 망각 속으로 사라질 것인가는 이들 수문장의 '장' 이 판단해서 결정한다.

③ 개인

개인은 창의적 소산을 내는 당사자다. 개인의 특성이 창의적 활동과 소산에 관계가 있다는 것은 명백하다. 아무리 영역이 '환영' 해도 또는 아무리 장의 수문장이 지지적이라 해도 개인이 '움직이지' 않으면 아무런 창의적 생산도 있을 수 없다. 위에서 논의한 창의력에 관한 천부론, 정신분석론, 심리측정론, 인지론은 다 이 '개인' 요인에 초점을 둔 논의다.

세 요인을 결합해 보면 창의력은 적절한 특성을 지닌 한 개인이 물리학, 음악, 기업 등의 한 문화영역의 지식·규칙·방법으로써 새로운 아이디어나 소산을 생산하고, 그 생산이 '장' 의 수문장에 의해서 영역에 영입해도 될 만한 새로운 것으로 인정되기에 이를 때에 비로소 출현한다.

이 결론은 한 사회에서 정말 창의력의 출현을 바란다면 어떻게 해야 할 것인가라는 문제에 중요하고 심각한 시사를 던진다. 창의력은 아주 다면적인 측면, 여러 면모를 가지고 있는 정신과정이다. 그래서 이런 여러 가지 이론적 접근이 있을 수밖에 없을 것이다.

4. 창의적 인간의 모습

1) 성격적 특징

창의적인 사람은 보통 사람보다 예컨대 호기심과 상상력이 많고, 동기와 정력과 지구력이 강하고 독립성과 자율성과 자신감이 크며 약간은 비관례적이고 반항적이라는 말을 우리는 자주 말하기도 하고 듣기도 한다(정범모, 2001).

(1) 예술적 창의성과 성격

일반적으로 예술가의 성격적 특징으로는 환상, 상상의 개방성, 충동성과 불안, 정의적 민감성, 추진력과 야망, 규범에 대한 반항, 독립성, 적개심, 초연한 태도, 따뜻함의 부족 그리고 내향성 등을 들고 있다.

예술가는 비예술가보다 새로운 경험을 하는 것을 즐기고 자주 환상에 빠지는 것과 상상하기를 좋아한다. 예술가는 자제력이 약간 부족하고 충동적인 편이고, 질서나 규칙에 별로 관심이 없는 편이다. 창의적인 예술가는 일반적으로 내향적인 성격을 지닌다. 예술적인 창작에 몰두하려면 자연히 남과 떨어져 혼자 보내는 시간이 많아야 하기 때문일 것이다.

(2) 과학적 창의성과 성격

과학영역에서 창의적인 과학자의 성격적인 특징으로는 경험의 개방성과 사고의 유연성, 추진력, 야망 및 성취동기, 적개심 및 자신감, 자율, 내향성 및 독립성 등을 들고 있다.

다시 말해서 개인적인 특성으로서는 저명한 창의적인 과학자는 덜 창의적인 과학자보다 새로운 경험에 더 개방적이고 호기심이 높다. 이것은 창의적인 예술가의 경우와 같다. 변화와 새로운 것을 선호한다. 저명한 과학자는 일반적으로 더 정력적이고 활동적이며 높은 성취동기와 야망을 가지고 있다. 이것도 예술가의 경우와 같이 남에 대해서 초연하고 비사교적인 자율적, 독립적인 경향이다. 말하자면 성취동기가 높다는 것이다. 과학자에게도 그들은 자율성, 독립성 때문에 약간은 기존규범에 반항적이고 비관례적인 경향도 띤다.

이렇게 보면 예술가의 충동성과 무질서성 그리고 정서적 병증 경향과 민감성을 제외하고는 창의적 예술가와 창의적 과학자는 비슷한 성격특성을 공유하는 셈이다. 특히 경험에 대한 개방성, 자율성과 독립성과 비사회성, 그리고 추진력과 높은 성취기준은 공통된 특징이다.

2) 어린아이 같음

창의자의 가장 두드러진 성격특성은 '어린아이 같음' 이다. 그들의

'어린아이 같음'은 창의자의 필수적인 특징인 호기심, 내재적 동기, 개방성 등을 종합하는 특성이다.

행동의 내재적 동기도 근본적으로 어린아이의 특성이다. 어린아이에게 대부분의 할 일은 호기심의 추구고, 그 추구 활동이 아이에게는 그 자체로서 황홀이고 회열인 것은 놀이에 몰두하고 열중해 있는 아동의 모습을 보면 언제나 완연하다.

창의적 인물은 남달리 어린아이처럼 가벼운 유머와 농담을 즐기고 허물 없는 장난도 좋아한다. 때로는 어린아이처럼 무책임하고, 뽐내기 좋아하고, 어떤 일에는 어린아이처럼 무식하고 불합리하다. 그들에게는 어른이면서도 어린아이와 같은 미성숙의 성격 측면이 많다. 창의적 인물은 거의 다 그 자신을 어린아이처럼 생각도 하고 행동도 했다. 모차르트는 영화 〈아마데우스〉에서 보듯이, 좋으면 어린아이처럼 깔깔대고 웃는 순진한 아이 같다. 우리가 자주 보는 아인슈타인의 사진은 '늙은 동안(童顔)'이다. 아마도 창의적 인물에 가장 근사한 상징은 어린아이의 행동일 것이다.

5. 성장의 과정

창의적 특성을 드러나게 하는 성장의 과정을 정리함으로써 창의성에 직·간접적으로 작용하는 변인을 생각할 수 있다(정범모, 2001).

1) 가정과 부모의 역할

부모는 창의자 출현의 출발점에서 몇 가지 결정적인 영향을 준다. 우선 부모가 어떤 문화활동에 흥미를 가지고 있어서 그 활동을 자주 하게 되면 부모는 아이에게 그 활동의 '모델 인사'가 된다. Darwin 의 할아버지도 생물학자였다. 바이올린의 장영주는 부모가 모두 음악가다.

창의자의 부모는 거의 반드시 아이에게 높은 성취동기를 심어 준다. 음악이면 음악, 과학이면 과학, 그림이면 그림에서 출중한 인물이 되어야 한다고 높은 성취기준을 제시한다.

2) 어린시절에 시작

여러 영역의 많은 출중한 성취자는 그 영역의 활동을 대개 아주 어려서부터 시작했다. 특히 음악, 미술, 스포츠 영역에서 그렇다. 피카소는 말을 할 줄 알기 전에 그림부터 그렸고, 근래에 골프 황제 타이거 우즈는 3세 때 극성스러운 아버지를 따라 골프를 배우기 시작했다. 이렇게 일찍이 어려서 시작하게 된 데에도 부모의 영향이 컸음은 물론이다.

그러나 학자의 경우 그의 전문적인 연수는 대개 대학 시절에 시작한다. 빨라야 고등학교에서부터다. 여러 나라의 교육체제 자체가 그렇게 할 수밖에 없게 되어 있다. 그러나 대학시절의 전문적 관심의 씨앗은 이미 어릴 때에 뿌려져 있는 경우가 대부분이다.

3) 엄청난 연수 시간량

탁월한 성취를 이룬 인물은 예외 없이 엄청난 양의 시간을 학습과 연구, 훈련과 연습을 하는 데 보낸다. 기실 그것은 따지고 보면 엄청난 훈련 시간량이다. 에디슨은 배터리 발견에 이르기까지 6만 개의 물질을 테스트했다고 한다.

여러 문화 영역이 탁월한 성취자의 경우, 그 발달단계를 초기(初期), 중기(中期), 대성기(大成期)로 나눌 때, 그들의 연수(학습과 연습)시간이 대충 초기에는 하루 한두 시간, 중기에는 하루 서너 시간, 그리고 대성기에는 거의 모든 시간을 그의 영역의 활동에 경주한다. 이것은 실은 합치면 엄청난 시간량이다.

4) 높은 내재적 동기와 자율성

높은 성취를 가진 인물은 세월이 흘러가면서 스스로 자신의 일을 찾아간다. 심지어 그 일을 막고 못하게 하더라도 막무가내로 또는 몰래 숨어서라도 하는 정도가 되어야 한다.

이런 관점에서는 앞에서도 밝혔듯이, 근래에 한국의 교육정책처럼 국가의 경제발전을 위해서 '창의력'을 계발하는 '인재학교'를 서둘러 만드는 서투른 수단주의적 사고를 하는 그 발상 자체가 창의성 출현을 저해하고 있는 것이다.

5) 교 사

(1) 초기 교사

발달의 초기는 대개 4~10세 정도의 유년기다. 초기 교사의 역할은 음악이면 음악, 수학이면 수학의 활동이 재미있다는 것을 아이에게 만끽하게 하며 계속 내재적 동기와 흥미 그리고 그 활동 영역의 기초적인 지식과 기능을 길러 주는 일이다. 음악은 음정, 리듬, 멜로디를 잡고, 악보를 읽으며, 그것에 따라 대충 비슷하게 연주할 줄만 알면 된다. 그것이 재미있고 즐거운 일이라고 느낄 수 있게 가르치는 것이 더 중요하다.

(2) 중기교사

중기는 대략 10~15세의 중등학교 시절이다. 이때의 교사는 좀 더 전문적인 기량을 가지고 있는 인물로서, 예능의 경우에는 동네보다는 좀 더 넓은 지역에서 유능하고 꽤 이름이 나 있는 교사다. 중·고등학교의 교사가 중기교사가 될 수도 있지만, 인근에서 저명한 예술가나 코치일 수도 있다. 학문영역에서는 고교교사나 대학교수인 경우가 많다.

(3) 대성기 교사

대성기의 교사는 도리어 스승 또는 사부라고 부르는 것이 마땅하다. 대성기는 예능 영역에서는 대략 20세 전후고, 학문의 경우에는 대학, 대부분은 대학원 시절의 25~30세 전후, 또 그 훨씬 후가 될 수도 있다. 대성기에 이른 창의의 후보자는 그 스승을 나라 안에서 제일 명성이 높은 예술가, 음악가, 학자에서 구하고 그를 찾아간다. 나라 안에 그런 스승이 없으면 국제적으로 당대의 제 일인자를 찾아가기도 한다. 창의의 야망자는 대성기 교사로서는 가능한 한 당대의 최고봉자를 찾아가려고 한다.

6. 창의적 풍토

창의자가 나오지 못하는 것은 창의 후보자가 없어서가 아니라 그런 창의력 증진에 필요한 풍토가 없는 탓이 더 큰 것으로 보인다. 창의력 연구의 대부분이 그 초점을 창의자 자신의 능력, 특성, 창의의 과정에 맞추어 진행되었다. 이런 상황에서 언급한 Garder와 Csikszentmihalyi의 연구는 창의자 '개인(individual)'과 그의 '문화영역(domain)'과 그가 활동하는 직접 주변인 '장(場, field)'의 세 요인의 삼각구도적인 '사회체제(社會體制, social systems)' 접근을 시도했다는 점에서 참신함을 느끼게 한다(정범모, 2001).

1) 문화풍토

(1) 문화기반

첫째, 한 사회에서 뜻있는 창의가 출현하려면 우선 문화일반의 기본적인 '인프라'가 조성되어 있어야 한다. 한 사회의 그런 문화기반의 고저는 그 사회가 산출할 수 있는 창의 · 창조의 고저와 관계된다. 즉, 문화기반이 초보적이면 거기에서 산출되는 창의도 초보적인 것일 수밖에 없다. 그래서 야심적인 창의 후보자는 좀 더 문화기반이 높은 다른 도시, 다른 센터, 다른 나라로 옮겨 가려 한다.

(2) 능동적 지향

창의의 출현에는 삼라만상에 대한 사람들의 능동적 지향이 장려되고 용납되는 사회풍토가 필요하다.

(3) 부동의 자유

나는 그렇게 생각하지 않는다고 동의하지 않을 수 있는 자유가 허용되어야 한다. 이 자유를 담은 정치체제가 자유민주주의 체제인 것은 더 말할 나위가 없다. 또한 부동의의 자유는 비단 종교나 정권에 대한 부동의만 아니라, 독재사회건 민주사회건 거의 모든 사회에 내재해 있는 동조주의, 사회 일반에 통용되고 유행되고 있는 사상, 상식, 행동양식을 따르기를 은연중 강요하는 동조주의에 동의하지 않을 자유도 포함한다.

(4) 다양성

창의는 다양한 배경의, 다양한 사람의, 다양한 아이디어의 교차 지대에서 그 싹을 잘 틔우고 자라난다. 다양성의 뜻은 어떤 성취에 따르는 '출세'에 대한 사회적 평가의 다원성이다. 특히 한국처럼 관변적 또는 권력적 출세의 사다리만 지나치게 추구되는 상황이 아니라, 과학적 성취, 예술적 성취, 기술 · 기능적 성취에 따른 사다리도 동등하게 또는 그 이상으로 추구되고 응당한 사회적 인정과 대우를 받게 되는 것을 말한다.

2) 영역 풍토

한 사회에서 한 문화 영역이 현재 어떤 상태에 있느냐는 그 영역에서의 창의자 출현에 깊은 관계를 갖는다.

(1) 사회적 비중

창의적 성취자의 출현에 가장 결정적인 중요성을 지니는 것이 한 문화 영역이 그 사회에서 자치하고 있는 사회적 평가의 비중일 것이다. 즉, 예컨대 물리학계를 다른 영역에 비해서 얼마나 사람들이 귀하게 여기고, 상대적으로 비중이 큰 정신적 · 물질적 대우가 수반하는 영역으로 평가하고 있느냐라는 문제다.

(2) 성취수준

한 사회의 한 문화영역이 어느 정도 높은 성취수준에 도달해 있느냐는 그 영역의 창의자 출현에 밀접하게 관계된다. 어떤 영역에서 창의를 이루려면 우선 그 영역의 첨단적 업적까지는 알고 난 연후에야 새것의 창조가 가능한데, 그런 첨단적인 업적 성취에 접할 기회도 없고 배울 기회도 없다면 창의는 그 출발점에도 서지 못하는 셈이다.

(3) 고봉의 출현

고봉의 출현은 창의 후보자에게 감동을 주고 영감을 주면서 그 영역으로 인재를 이끈다. 골프의 박세리 때문에 많은 소녀·소년 골퍼가 태어났고, 투수 박찬호 때문에도 많은 투수 지망생이 생겨났고, 바이올리니스트 장영주 때문에 많은 바이올린 지망생도 생겨났다. 더구나 이미 입문한 소녀·소년에게 이들은 높은 성취수준의 가능성을 보여 주면서 강한 성취의욕도 고취한다.

3) 교육풍토

(1) 호기심, 상상, 탐색의 자극

호기심 없이는 창의력은 발동하지 않는다. 호기심에는 감수성도 포함되고, 회의와 비관례성도 포함된다. 호기심, 상상, 탐색의욕은 인간이 아이에게 생득적으로 풍부하게 주어진 자연적인 자산이다. 그러나 문제는 대부분의 가정과 학교와 사회에서 아동이 자라나면서 받는 사회화 과정과 교육의 과정이 아동의 생득적인 호기심, 상상력, 탐색의욕을 막고 누르고 꺾어 버리는 역할을 하는 데에 있다.

(2) 성취의욕과 육성

창의의 성취 자체가 높은 봉우리고 그 높이에는 지속적인 동기와 의지 없이는 오를 수 없다. 한편으로 보면 창의자의 길은 여러 가지로 고난의 길이다. 많은 양의 연수·연습을 해야 하고, 그 많은 시간 연구에 집중적으로 몰두해야 하고, 그 많은 시간 고민도 하고, 때로는 오해와 박해도 받아야 한다. 그것을 감당해 낼 수 있는 것은 높은 불굴의 성취의욕뿐이다.

창의자의 높은 성취동기는 여러 고난을 이겨 내는 힘이 될 뿐 아니라, 스스로 달성해야 할 높은 표준과 장기적인 목적을 세우고 목표 지향적인 삶을 계획하는 데에도 힘이 된다. 또 어떤 외부적 압력보다는 자기향상의 동기를 형성한다.

(3) 내재적 동기의 형성

일 자체의 재미와 멋과 보람에 반해 있는 내재적 동기가 지구적인 창의적 노력과 생산의 원동력이 된다. 어떤 활동에 대한 강한 내재적 동기가 어떻게 형성되느냐, 따라서 그것을 어떻게 형성할 수 있느냐가 중요한 문제가 된다. 원칙적으로 말해서 인간의 욕구구조의 어떤 욕구에 직접 만족을 주는 활동엔 내재적인 동기가 형성되게 마련이다.

7. 인재교육에 대한 새로운 인식의 필요

1) 한국에서의 인재교육 태동

'이 법은 교육기본법 제12조, 제19조 규정에 따라 재능이 뛰어난 사람을 조기에 발굴하여 타고난 잠재력을 개발할 수 있도록 능력과 소질에 맞는 교육을 실시함으로써 개인의 자아실현을 도모

하고 국가사회발전에 기여함을 목적으로 한다.' (인재교육진흥
법 제1조 목적)

'인재교육진흥법 제1조 목적'에 보면 이제 한국에서도 인재교육
을 구체적으로 시행하려는 의도를 엿볼 수 있다(송인섭, 2002). 개인의
자아실현을 통한 성장을 도모하고 국가사회 발전에 기여함을 목적으
로 한다는 인재교육의 기본전제와 큰 차이가 없어 우리 모두는 환영
할 만한 출발점이라고 볼 수 있다. 그러나 인재교육은 생각과 이상과
의지만으로 되는 것이 아니고 합리적이고 타당한 실제가 있어야만 한
다. 앞으로 단순히 법적인 차원에서의 목적 제시가 아니고 한 개인의
자아실현을 이루고 그 자아실현을 통하여 한국사회에 봉사하는 인재
를 교육하는 실제가 이루어지는 구체적인 노력이 필요하다.

> 인재라 함은 재능이 뛰어난 사람으로서 타고난 잠재력을 개
> 발하기 위하여 특별한 교육을 필요로 하는 자를 말한다. 그리
> 고 인재교육이라 함은 인재를 대상으로 각 개인의 능력과 소질
> 에 맞는 교육 내용과 방법으로 실시하는 교육을 말한다(인재교
> 육진흥법 제2조 정의).
> 고등학교 과정 이하의 학교 밖에 취학한 자 중에서 다음 각
> 호의 1의 사항에 대하여 뛰어나거나 잠재력이 우수한 사람 중
> 인재판별기준에 의거 판별된 사람을 인재교육대상자로 선정한
> 다. 1.일반 지능, 2. 특수학문 적성, 3. 창의적 사고능력, 4. 예술
> 적 재능, 5. 신체적 재능, 6. 기타 특별한 재능(인재교육진흥법
> 제5조 인재교육대상자의 선정)

인재교육의 출발은 인재에 대한 개념화에서부터다. 인재교육진흥

법에 나타난 인재교육대상자는 '지도력' 등의 개념이 빠지기는 했으나, 미국 국무성의 인재의 개념과 큰 차이가 없고 최근의 인재교육에 관한 논의에서 일반적으로 받아들여지고 있는 개념과 상당히 접근되어 있다고 볼 수 있다. 특히 신체적 재능, 기타 특별한 재능의 항목을 인재의 개념 속에 포함시킨 것은 단선적인 개념에서 복합적인 특성화 개념으로의 진일보라고 할 수 있다. 아직 일반지능, 특수학문적성, 창의적 사고 능력 등등의 단순한 나열보다는 제시된 개념이 어떤 내적 타당성을 갖는지에 대한 논의는 숙제로 남아 있는 듯하다. 특히 인재교육에서 창의성이 갖는 의미를 충분히 인식하여 창의력을 극대화하기 위한 인재교육이 한국사회에 정착하기를 바란다.

> 인재학교, 인재학급, 인재교육원의 설립, 설치기준 및 운영 방법 등에 관한 사항은 대통령령으로 한다(인재교육진흥법 제9조 인재교육기관의 설립, 설치기준 등).

인재교육기관은 인재학교, 학급, 인재교육원 등으로 구분하고 있다. 우선 우리가 주목할 것은 인재학교와 인재학급의 개념이다. 인재만을 위한 인재학교의 형태와 일반학교에서 인재학급을 운영한다는 뜻으로 해석이 가능하다. 인간특성의 영역에 따라 인재학교를 통한 교육과 특별한 인재학급을 운영하에 인재교육을 할 수도 있다.

예체능 같은 특수한 분야는 인재학교를 통해서 교육이 가능하고 인문사회 분야는 일반학교에서 교육을 받으며 그 개인의 적성에 따라 특별한 인재학급을 통하여 교육을 받는 형태의 인재교육의 실시는 바람직한 방향이라고 볼 수 있다. 그러나 자칫 인재학급은 형식적이고 명목적 의미에서 인재 학급화할 수 있다. 그래서 일선 학교에서 인재 학급을 운영하려고 하면 그 구체적 시행 계획과 전체 수업시간 중에 인재교육과 관련된 학점을 어떻게 배정할지를 인재이론과 관련하여 구체화해야 한다. 현재 진행되고 있는 한국인재교육의 문제점 중 하나는 주로 과학분야에 치중하고 여타영역은 거의 관심 밖으로 밀려나 있는 느낌을 갖는다.

> 인재학교에는 초, 중등교육법 제26조 제1항의 규정에 의해 학년제를 적용하지 아니하고 학칙 등이 정하는 바에 따라 무학년제를 정할 수 있다(인재교육진흥법 시행령(안) 제45조 무학년제의 채택).
> 인재학교의 학기는 학칙이 정한 바에 따라 2학기 내지 4학기로 운영할 수 있다(인재교육진흥법 시행령(안) 제47조 학기).

시행령 제45조와 제47조에는 무학년제의 채택과 학기의 유연성을 제시하고 있다. 이는 인재교육을 성공적으로 하기 위하여 아주 필요한 부분이라고 볼 수 있다. 특히 무학년제는 인재아동의 조숙성 정도와 개인의 특성에 따라 틀에 짜인 학년을 초월한 학급형태의 제도로 인재교육에서는 권장해야 할 사항이고, 학기제의 유연성은 인재교과의 특성에 따라 교과이수시간을 개방적으로 한다는 의미에서 그 가치가 있다고 볼 수 있다. 이 둘은 실제인재교육이 시행될 때 이론이 아닌 학교현장에서 구체적이고 실제적인 준거에 의해서 시행되어야 한다.

이를 구체화하기 위해서는 교육과정의 유연한 대처가 필요하다. 인재교육을 위한 교수−학습의 하위개념은 인재학생의 필요에 응하기 위한 교육내용의 조절방법을 속진, 심화, 정교 그리고 신기성 등이다. 이 중 특히 강조되는 방법이 속진학습과 심화학습이다. 특히 신기성이 강조되는 교육이 시행되기를 바란다.

인재교육에 관련된 다양한 집단의 요구와 국가적인 차원의 필요성에 따라 한국에서도 이제는 인재교육이 정착되는 계기가 된 것으로 보인다. '인재교육진흥법' 이 일단 법제화된 것은 인재교육에 관심 있는 학자, 교사, 학부모 그리고 한국사회에 큰 의미를 부여하는 일대전환이라고 볼 수 있다. 하나의 법이 마련된 후 그것이 현실화되기까지는 많은 시간이 요구되는 것은 일반적 관례다. 특히 교육에 관련된 법이 학급현장, 실제교수학습에 적용되고 실제화되기까지는 오랜 시간이 요구된다. 그러나 우리는 긍정적인 생각을 가지고 인재교육진흥법에 언급된 하나하나의 사항이 한국교육의 새로운 패러다임 형성으로 작용하기를 우리 모두는 기대할 필요가 있다.

2) 지력사회의 도래

21세기는 고차원적인 사고력과 창의력이 요구되는 사회다. 지금까지 사회가 제도와 자본은 최우선으로 중시하였다면 이제는 무엇보다 우수한 두뇌를 가진 생산적이고 창조적인 인간이 요구되는 시대가 도래하고 있다. 역사의 흐름에 인간의 역할이 그 어느 때보다 강조되는 시점에 인재 교육에 대한 논의는 "역사는 스스로 진보하지 않는다. 오직 인간만이 진보시킬 수 있을 뿐이다."라고 역사의 필연, 그 결정론에 반기를 든 이 시대의 사상가 칼 먼 경의 사색이 상기되는 오늘의 시점에 우리에게 관심을 갖게 한다. 그러나 우리의 현실은 외형적 움직

임은 그럴듯하게 무엇인가가 되고 있는 듯하나 그 내면을 보면
이론적, 경험적으로 전혀 준비가 안 된 상태라 해도 과언이 아
닐 정도로 그 방향 감각을 상실하고 있는 듯하다 (송인섭,
1995).

이런 사회에 주도되는 교육방향은 창의적이고 자율적인 인간상이
다. 이를 위해서 첫째, 창의력을 갖춘 전문가를 길러 내는 교육이 필
요하다. 다음에 오는 세기가 지력 중심의 전문가 사회가 된다면 이 사
회를 이끌어 갈 능력을 갖춘 인력을 양성하는 일이 교육의 목표가 된
다. 전문가 중심의 지력 사회는 성격상 다양한 전문 분야가 독자적인
원리에 따라 번창하는 기능주의 사회를 말한다. 이런 사회의 주역은
다양한 부문에서 창의력을 발휘하는 사람이다. 이들은 각 분야에서
사회구성원, 즉 수요자와 사회 각 부문의 필요를 발견하고 이를 해결
하는 능력을 갖춘 그런 사람이다. 당연한 일이지만 이들은 설계사요
디자이너며 문제를 찾아내는 문제발굴자며 해결사다.

둘째, 교육방법이 바뀌어야 한다. 다양한 부문의 전문가를 길러 내
려면 전통적인 교육방법으로는 안 된다. 주입식 교육은 스스로 생각
하고 해답을 찾는 창의력 배양교육으로 전환되어야 하고 암기 위주에
서 창의력 사고 위주로 전환되어야 한다. 감각, 논리, 정보기술, 다양
성 등이 단순한 암기능력보다 훨씬 중요해진다. 모든 피교육자를 각
각의 개성이나 소질과는 관계없이 획일적으로 만드는 교육이 아니라
각자가 보유한 소질과 능력에 따라 다양한 재능을 계발할 수 있는 교
육이 되어야 한다. 직업의 성격에 따라 교육방법도 달라져야 한다.

셋째, 사람의 역할이 획일화되지 않고 다양성과 창의성이 요구되

는 것이 21세기에 기대되는 인간의 역할모습이다. 이는 인간의 능력에 따른 역할이 의미를 갖는 사회를 말한다. 이런 사회구조와 인간상을 염두에 두고 논의될 인재교육이 창의력 개념의 강조다.

끝으로 이 같은 창의적 사고력은 인간의 발상이나 창조 충동을 통제하에 이루어지기가 어렵다. 즉, 표준화된 하드웨어 생산과는 달리 창의적 동기를 요구하기 때문이다. 이런 시대에는 특히 탈표준화가 요청되면서 동질화보다 개성의 차이를 존중하는 창의적 교육이 이루어져야 된다.

한 꼬마의 아름다운 삶

10세 때 대학에 입학해 9년 동안 학부와 대학원 석 · 박사 과정을 마친 올해 19세 소년이 아칸소 대학교에서 물리학 박사학위를 취득했다. 화제의 주인공은 존 카터로 4세 때 이미 읽고 쓰는 것을 익혔으며, 9세 때 대학 기초수학과정을 모두 이수했다. 카터의 부모는 카터가 10세가 되는 해에 핵 물리학자 그레그 베일에게 보내 배우도록 했으며 초등학교 4학년 나이에 대학생이 된 카터는 학교당국으로부터 정상적인 나이의 학생에 비해 훨씬 더 우수한 학생으로 인정받았다. 카터는 미주리 주 네오쇼에 있는 크라우더 칼리지에서 올 여름학기부터 교수로 일할 예정이다(『중앙일보』 5월 15일).

존 카터의 삶의 성장 과정을 보고 우리는 무엇을 느끼고 있나? 무엇을 생각해야 하는가? '10세에 대학입학' 그리고 '19세에 물리학 박사 취득' 일반적인 나이의 학습과정과 비교해 볼 때 이는 가능한 것인가? 19세에 박사학위라니? 조숙한 존의 모습을 볼 수 있다. 여기에 한 삶을 통하여 인재교육의 한 모습을 볼 수 있다. '9세 때 기초 수학과 정을 모두 이수' 한 것 또한 일반적인 교육현장에서 볼 수 있는 일인 가? 쉽게 접할 수 있는 일련의 교육과정이라기보다는 조숙성과 자생 성의 특징을 볼 수 있다. '10세에 그레그 베릴에게 보내 배우도록' 하 는 특별한 교육환경 제공을 의미한다. '19세에 대학교수 임용계획' 은 자신의 자아실현과 자기가 속한 집단에 기여가 아닌가?

　한 꼬마의 학습과 성장과정을 보면서 우리는 많은 생각을 하게 한 다. 우리 스스로에게 질문을 해 보자. 우리도 종종 어디에 특별한 능 력이 있다는 인재의 출현에 대해서 듣고 또 들은 경험이 있다. 잠깐의 관심을 보이고 뒤에는 특별한 의미가 없었다는 식으로 지나간 뉴스 정도로 우리의 뇌리를 스쳐간 많은 한국적 사건과 비교해 볼 필요가 있다.

　지금까지 많은 한국의 인재 교육학도는 다양한 보도를 통해 인재 교육의 현실적 요구를 듣고 보았을 때 아무도 이들에게 특별한 관심 이나 지속적인 도움을 줄 생각은 하지 않았다. 많은 인재 아동 대부분 이 과거에 신동이었다는 사실 외에 특별한 점이 없는 보통 사람으로 성장한 결과를 낳고 있는 것이 우리의 역사가 아닌가 한다. 많은 경우 기본 인재 교육마저 받지 못한 아이도 많다.

　한 아이가 갖는 인재성은 유전적 특성도 있지만, 교육적 환경에 따 라 지속적으로 변한다. Terman 교수는 1920년경에 IQ 135 이상의 11세인 인재 1,500명을 35년간 추적 연구하였다. 그 결과 지능 자체 가 한 사람의 성공을 보장할 수 없었고, 교육환경이 어떠하냐에 따라 성취를 하거나 실패할 수 있음을 연구결과에서 보여 주었다. 러시아

학자 바바에바는 타고난 인재의 25%는 아예 발굴되지도 못한 채 사라진다고 주장한 바 있다. 인재는 또래의 보통 아동과는 학습특성이 매우 다르다. 따라서 보편적인 교육내용과 교육방법으로는 학교생활에 잘 적응할 수 없다.

특히 21세기는 국민의 지식 정보창출능력이 국가의 존립까지 결정하는 정보화시대다. 인재의 가능성을 사장시키지만 않아도 우리의 정보창출능력은 수십 배로 증가할 수 있다. 이런 시점에 창의력에 초점을 둔 인재교육이 그 자리를 찾아야 한다(송인섭, 2002).

이 같은 인재교육에서의 창의력 교육은 자기주도학습에 근거하고 있다. 학교 현장에서 사용되는 자기주도학습이란 타인의 조력 여부와 관계없이 개별 학습자가 주도권을 가지는 학습과정으로서 학습자는 학습목표를 설정하고, 학습자원을 확인하며, 중요한 학습전략을 선택하고, 학습결과를 평가하는 일련의 작업을 수행하는 것을 의미한다. 이런 자기주도학습은 한국 교육의 패러다임을 바꿀 수 있는 교육접근방법이라고 볼 수 있다. 자기주도적 학습을 통해 개인 학습자는 21세기에 요구하는 한 개인의 성장과정에 필요한 자생적 사고를 촉진시킬뿐만 아니라 창의성 생산성을 극대화시킬 수 있을 것이다.

저자의
주요 업적 목록

SPSS 분석방법을 포함한 통계학의 이해. 학지사.

교육과정 및 교육평가. 공저, 양서원.

내가 만들어 가는 행복. 상조사.

내가 있는 나. 상조사.

당신의 가치를 존중하는 삶. 상조사.

생산적인 삶을 위하여. 상조사.

신뢰도－일반화가능도 중심으로. 학지사.

심리학 개론. 공저, 양서원.

심리학의 이해. 공저, 학지사.

연구 방법론. 상조사.

영재교육의 이론과 방법. 6인 공저.

인간심리와 자아개념. 저서, 양서원.

인간의 자아개념 탐구. 학지사.

자아의 발견. 상조사.

종합 인지 능력 검사. 공저, 학지사.

축소 개정판 통계학의 이해. 학지사.

통계학의 기초. 학지사.

현대 교육심리학의 쟁점과 전망. 황정규 편, 16인 공저, 교육과학사 외 25여 권

❖ 국내 학술지에 발표된 논문

21세기를 위한 준비 한국의 표준화된 지능검사의 문제와 전망, 한교육 평가
　　　연구회 학술대회, 한국교육학회, 한국교육평가연구회.

고등학생의 자기조절학습 모형의 구조 분석(1인과 공동연구). 교육심리연구,
　　　제13권 제3호, pp. 71-92.

교육기대 변량원의 탐색과 확인, 한국교육, 제13권 제2호.

길포드(Guilford) 지능 요인의 재개념화에 대한 측정학적 타당성 연구(1인
　　　과 공동연구). 교육심리연구, 제13권 제3호, pp. 207-229.

대인관계성향 검사의 타당화 연구. 교육심리연구, 제13권 제1호, pp. 447-467.

대학환경 척도의 타당화를 위한 분석연구, 숙명여자대학교 논문집, 제29집.

목표지향성 · 자기조절학습 · 학습성취와의 관계연구(1인과 공동연구). 교육
　　　심리연구, 제14권 제2호, pp. 29-59.

영재교육과 창의성. 영재와 영재교육, 제2권 제1호, pp. 5-24.

위계적 지능구조 모형의 적합도 검증에 관한연구(2인과 공동연구). 교육심리
　　　연구, 제16권 제3호, pp. 93-121.

유아지능의 분화에 대한 탐색적 연구, 교육심리연구, 제11권 제3호, 205-224.
　　　한국교육심리학회.

의학교육입문검사 개발 및 시행에 관한 연구, 교육인적자원부(11인과 공동
　　　연구).

의학교육입문검사의 의미와 구조에 대한 연구. 연세의학교육, 제4권 제0호,
　　　연세대학교 의과대학 의학교육학과(ISSN 1229-501).

일반화 가능도를 통한 자아개념 진단검사의 타당화 연구. 교육심리연구, 제11

권 제2호. 한국교육심리학회.

자아 개념의 교육심리학적 의미, 교육심리연구, 교육심리연구회 제15대 신임 회장 취임강연, 한국교육학회 교육심리연구회

자아개념 구조에 대한 발달적 경향에 관한 연구, 교육학연구, 제27권, 제1호. 한국교육학회.

자아개념 위계구조의 재조명. 한국교육심리학회, 제14권 제4호, pp. 73-103.

자아개념검사의 중다특성 중다방법 연구(1인과 공동연구). 교육평가연구, 제 13권 제1호, pp. 213-238.

자아개념의 발달경향 분석. 교육심리연구, 제11권 제1호 한국교육심리학회.

정보화사회에서의 영재교육과 창의력. 한국창의력교육학회.

정의적 영역의 개념 · 평가모형. 교육과정 평가도구 개발연구. 한국교원대학교 교육연구원.

종합적성검사 타당도 분석. 교육평가연구, 제16권 제1호. 한국교육평가학회.

지능의 위계구조 분석, 교육심리연구, 제12권 제2호, pp. 219-268.

직업과 학과선택을위한적성검사,대학생활연구, 제10집, 전국대학교 학생생활 연구소장협의회.

직업인성검사에 대한 신뢰도 추정에 관한 연구, 교육평가연구, 제16권 제1호. 한국교육평가학회 외 170여 편

직업적성의 의미와 구조에 대한 연구, 교육심리연구, 제11권 제3호, 69-100, 한국교육심리학회.

창의성 개념 정립을 위한 탐색적 연구-암시적 이론을 중심으로(1인과 공동 연구). 교육심리연구, 제13권 제3호, pp. 93-118.

창의성의 체제모델에서 분야와 영역가의 양방향성에 대한 시계열분석(1인 과 공동연구). 교육심리연구, 제16권 제2호, pp. 176-201.

표준화 자아개념 진단검사. 한국심리적성연구소.

한국 표준화 검사의 문제와 발전방향, 2002년도 춘계학술세미나 발표논문 집, 한국교육평가학회.

한국 표준화 검사의 문제와 발전 방향, 교육평가연구, 제15권 제2호(ISSN 1226-3540).

한국대학의 교수-학습방법의 실태와 문제점 탐색(공동연구), 한국대학교 육협의회(문교부 학술조성비).

A Synthesis Model Which covers the basic essentials of Macro-Evaluation, 교육학연구, 제21권 제1호. 한국교육학회.

Is Unevenness of Intelligence Universal?: Findings in Korean Children(1인과 공동연구). 교육심리연구, 제15권 제3호, pp. 89-103.

Searching for an alternative way to identify young creative minds: A behavior-based observation approach(1인과 공동연구). 교육심리연구, 제15권 제3호, pp. 353-374.

The Dimensionality and Relationships between Home Environment, Self-Concept and Academic Achievement, Unpublished Ph. D. Thesis, University of New England.

The Higher Order Structure of Self-Concept, 교육학연구, 제22권 제11호. 한국교육학회.

The Structure of Academic Self-concept:Achievement, Ability and Classroom Self-Concept, 교육학연구, 제26권 제1호. 한국교육학회.

❖ 수상 경력

1996. 10. 18   한국 교육학회 학술상 수상(수상저서: 인간심리와 자아개념)
2000. 4. 29   한국 교육심리학회 공로상
2001. 5. 12   숙명여대 외부연구비 수탁실적 우수교수 선정
2002. 8. 8   문화관광부 우수학술도서 선정(선정도서: 신뢰도)
2003. 1. 2   숙명여대 교수업적평가 우수교수 선정
2006. 1. 2   숙명여대 교수업적평가 우수교수 선정
2006. 6. 7   한국평가학회 공로상

참고문헌

강철규(1995). 지력사회의 도래와 창의력 교육. 21세기와 우수인력. 인재 교육심포지엄. 한국인재연구소.

권대봉(2001). 성인교육방법론. 학지사

김경화(2001). 자기조정학습전략 훈련의 효과 분석. 박사학위논문. 경성대학교 대학원.

김기옥(2006). 공부 잘하고 싶으면 학원부터 그만둬라. 한스미디어.

김동일(2005). 학습전략 프로그램. 학지사

김만권, 이기학(2003). 자기조절학습전략 프로그램이 학업성취와 심리적 특성에 미치는 효과. 한국심리학회지: 상담 및 심리치료, 15(3), 491-504.

김순혜 외(2006). 4주간의 공부혁명. 중앙출판사.

김아영 외(2005). 수학성취 수준별 집단의 성취도와 학습전략 사용 및 변화에 대한 자기조절학습 훈련 프로그램의 효과. 교육심리연구, 19(3), 677-698.

김영상(1992). 교과특성, 학업성취, 성, 지능에 따른 자기조정학습의 이용. 고려대학교 대학원 석사학위논문.

김영채(1992). 학습전략 개발을 위한 훈련프로그램. 대학생활연구, 10.

김은영, 박승호(2006). 수학성취 수준별 집단의 성취도와 학습전략 사용 및 변화에 대한 자기조절학습 훈련 프로그램의 효과. 교육심리연구, 19(3), 677-698

김인곤(1999). Knowles의 자기주도학습 효과분석. 고려대학교교육대학원 석사학위논문

김주훈(1996). 인재를 위한 학습프로그램 개발 및 지도. 심포지엄 자료집. 한국교육개발원.

김호경(1996). 전체성적 및 과목별 성적 수준에 따른 자기조절학습 전략 사용의 차이. 가톨릭대학교 대학원 석사학위논문.

문병상(1993). 자기조정된 학습전략 훈련이 아동의 자기효능감과 학업성취에 미치는 효과. 경북대학교 대학원 석사학위논문.

박경숙(1996). 인재교육 운영의 실제: 속진제 중심으로. 심포지엄 자료집. 한국교육개발원.

박승호(1995). 초인지, 초동기, 의지통제와 자기조절학습과의 관계. 교육심리연구, 9(2), 57-90.

박승호 외(2000). 초인지 읽기전략이 5~6학년 아동의 독해에 미치는 영향에 관한 연구. 교육심리연구, 14(1), 71-86.

박영태, 현정숙(2002). 자기주도학습력의 이해. 동아대학교 출판부.

송인섭(1994). 자율학습 능력 신장 지도 방안. 수업 방법의 이론과 실제. 서울특별시교육연구원. 행정 간행물 등록 번호 73100-81132-9416.

송인섭(1995). 자아의 발견. 상조사.

송인섭(1995). 당신의 가치를 존중하는 삶. 상조사.

송인섭(1995). 내가 있는 나. 상조사.

송인섭(1995). 자존심이 있는 삶. 상조사.

송인섭(1995). 성숙한 자아 의식을 향하여. 상조사.

송인섭(1995). 내가 만들어 가는 행복. 상조사.

송인섭(1995). 생산적인 삶을 위하여. 상조사.

송인섭(1995). 인재교육과 수월성. 교수신문, 7월 31일

송인섭(1997). 인재교육에 대한 새로운 인식. 한국교육학회 소식, 제33권 제2호.

송인섭(1997). 정보산업사회와 인재교육. 국제학술대회자료집. GEIK한국인
　　재연구원.

송인섭(1999). 고등학생의 자기조절학습 모형의 구조 분석. 교육심리연구,
　　13(3), pp. 71-92. (1인과 공동연구)

송인섭, 박성윤(2000). 목표지향성, 자기조절학습, 학업성취와의 관계 연구.
　　교육심리연구, 14(2), 29-64.

송인섭, 정미경(1999). 고등학생의 자기조절학습 모형의 구조분석. 교육심리
　　연구, 13(3), 71-91.

송인섭(2002). 기조강연: 인재교육의 새 지평. 제1회 국제인재교육학회 학
　　술대회.

신종호 외 역(2006). 교육심리학. 학지사.

양명희(2000). 자기조절학습의 모형탐색과 타당화 연구. 서울대학교 대학원
　　박사학위 논문.

양명희, 황정규(2002). LISREL을 이용한 자기조절학습의 개념화 연구. 교육
　　심리연구, 16(2), 259-290.

이옥주(2002). 불안 및 동기에 따른 정보처리 학습기술의 피드백이 학업성
　　취에 미치는 효과. 고려대학교 대학원 박사학위논문.

이은정(2003). 요약하기가 이해 점검 정확성에 미치는 효과. 국민대학교 대
　　학원 석사학위논문.

정미경(1999). 자기조절학습과 학업성취의 관계에 관한 구조 모형 검증. 숙
　　명여자대학교 대학원 박사학위논문.

정미경(2002). 자기조절학습 훈련이 초등 아동의 읽기 및 쓰기 교육에 미치
　　는 효과, 교육심리연구, 16(1), 183-203.

정미경(2003). 중학생의 자기조절학습 검사개발. 교육학연구, 41(4), 157-182.

정범모(2001). 창의력: 그 심리 · 인물 · 사회. 교육과학사.

조석희 외(1996). 인재교육의 이론과 실제 – 교사용 연수자료. 한국교육개발원.

정소영(2001). 자기조절 학습 훈련 후 학업성취 수준에 따른 자기조절 학습 전략 사용의 변화. 이화여자대학교 대학원 석사학위논문.

차갑부(1997). 성인교육방법론. 양서원.

한국인재연구원(1996). 인재교육 소개 책자.

한완상(1995). 21세기와 인재교육, 21세기와 우수인력, 인재교육 심포지엄, 한국인재교육연구소.

허경철(1991). Bandurad의 자아효능감 발달이론과 자주성 함양을 위한 교수 – 학습방법. 한국교육, 18. 한국교육개발원.

현정숙, 박영태(1997). 아동의 자기주도적 학습능력에 영향을 미치는 관련 변인 분석. 동아대학교 동아교육논총, 제23집, 95-118

Amabile, T. M. (1983). *The society psychology of creativity.* New York. Springe-Berlag.

Atkinson, J. (1964). *An introduction to motivation. Princeton,* NJ: Van Nostrand.

Bandura, A. (1982). Self-efficacy mechanism in human agency. *American Psychologist, 37,* 122-147.

Bandura, A. (1997). Self-efficacy: Toward a unifying theory of behavioral change. *Psychological Review, 84* (2), 191-215.

Bloom, B. S. (1956). Texanomy of Educational Objectives, Handbook I: Cognitive Domain, New York: Longmass Green.

Brookfield, S. D. (1985). *Self-directed learning: From theory to Practice.* San Francisco, CA: Jossey Bass.

Collins, J. (1982). Self-efficacy and ability in achievement behavior. Paper presented at the annual meeting of the American

Educational Research Association, New York.

Corno, L. (1986). The metacognitive control components of self-regulated learning. *Contemporary Educational Psychology, 11,* 333-346.

Dave, R. H. (1963). The identification and measurement of environment process variables that are related to educational achievement. Unpublished doctoral dissertation, University of Chicago.

Feldhusen, J. F. (1992). *Talent identification and development in education Sarasota.* FL: Center for Creative Learning.

Gagne, F. (1993). Definitions of Giftedness. In Heller, K., & Passow, H., Monks, *International handbook on research and developmentof giftedness and talent.* Oxford: Pergramon Press.

Gardner, H. (1983). *Frames of mind.* New York: Basic.

Garrison, D. R. (1997). Self-directed learning: Toward a comprehensive model. *Adult Education Quarterly, 48* (1), 18-33.

Gibbons, M. (2002). *The Self-Directed Learning Handbook.* San Francisco, CA: Jossey-Bass.

Guilford, J. P. (1982). The Structure of Intelligent in Maker, C. J. *Teaching model in Education of the Gifted.* London: AspenSystem Cooperation.

Hill, K., & Wigfield, A. (1984). Test anxiety: A major educational problem and what can be done about it. *The Elementary School Journal, 85,* 105-126.

Karabeck, S., & Knapp, J. (1988). Help seeking and the need for academic assistance. *Journal of Educational Psychology, 80,* 406-408.

Knowles, M. S. (1975). *Self-Directed Learning: A Guide for Leaners and Teachers.* NY: Association Press.

Latham, G. P., & Locke, E. A. (1991). Self-regulation through goal setting. *Organizational Behavior and Human Decision Processes, 50,* 212-247.

Long, H. B. (1992). *Philosophical, psychological and practical justification or studying self-determination in learning.* In Long & Association, Self-Directed Learning.

Morgan, M. (1986). Self-Monitoring and goal setting in private study. *Contemporary Educational Psychology,* 255-278.

Paris, S. G., & Newman, R. S. (1990). Developmental aspects of self-regulated learning. *Educational Psychologist, 25*(1), 87-102.

Pintrich, P. R. (1989). The dynamic interplay of student motivation and cognition in the college classroom. In C. Ames & M. L. Mahr (Eds.). *Advances in motivation and achievement: Motivation enhancing environment* (Vol. 6, pp. 117-160). Greenwich, CT: JAI Press.

Pintrich, P. R., & De Groot, E. V. (1990). Motivational and self-regulated learning components of classroom academic performance. *Journal of Educational Psychology, 82* (1), 33-40.

Pintrich, P. R., & Garcia, T. (1991). Student goal orientation and self regulation in the college classroom. Journal of Advances in motivation and achievement. *Vol. 7,* 371-402.

Renzulli, J., & Reis, S. (1991), The schoolwide enrichment model: A comprehensive plan for the development of creative productivity. InN. Colangelo (Ed.). *Handbook of gifted education.* MA: Allyn & Bacon.

Schunk, D. H. (1983). Self-efficacy Perspective on achievement behavior. *Educational Psychologist, 19* (1), 48-58.

Schunk, D. (1985). Participation in goal setting: Effects on self-efficacy and skills of learning disabled children. *Journal of Special Education, 19*, 307-317.

Shaughnessy, J. J. (1981). Memory monitoring accuracy and modification of rehearsal strategies. *Journal of Verbal Learning and Verbal Behavior. 20*, 216-230.

Sink, C. A. (1991). *Self-regulated learning and academic performance in middle school children.*

Spear, G. E., & Mocker, D. W. (1982). *Lifelong Learning: Formal, informal and self-directed learning.* Kansas City: Center for Resource Development Education. University of Missouri at Kansas City.

Tannenbaum, A. J. (1986), Giftedness: A psychological approach. In R. J. Sternbag (Ed.). *The nature of creativity* (pp. 99-121). New York: Cambridge University Press.

Wolf, R. M. (1964). *The identification and measurement of environment process variables that are related to intelligence.* Unpublished doctoral dissertation, University of Chicago.

Zimmerman, B. J. (1986). Becoming a self-regulated learner: Which are the key subprocesses? *Contemporary Educational Psychology, 11*, 307-313.

Zimmerman, B. J. (1989). A Social-cognitive view of self-regulated academic learning. *Journal of Educational Psychology, 81*, 329-339.

Zimmerman, B. J. (1990). Self-regulated learning and academic achievement: An overview. *Educational Psychologist, 25*(1), 3-17.

Zimmerman, B. J., & Martinez-Pones, M. (1986). Development of a structured interview for assessing student use of self-regulated learning strategies. *American Educational Research Journal, 23*(4), 614-628.

Zimmerman, B. J., & Martinez-Pones, M. (1990). Student difference in Self-Regulated Learning: Relating grades, sex, and giftedness to self-efficacy and strategies use. *Journal of Educational Psychology, 82*(1), 51-59

찾아보기

내 용

저자 소개

송 인 섭

호주 New England 대학교 대학원 철학박사
고려대학교 대학원 교육학과 석사
공주사범대학교 교육학과 학사

〈경력〉
한국행동과학연구소 연구원
AERA(American Educational Research Association)의 논문심사위원 및 편집
　위원 역임
Toronto, Alberta, British Columbia 대학교 등에서 연구 및 강연
California Santa Barbara 대학교 교환교수(Fulbright Awards)
Illinois, Purdue, Columbia, Connecticut 대학교에서 연구 및 논문 발표
미국 Columbia 대학교 TC 연구교수
숙명여자대학교 학생생활상담소 소장 역임
한국교육심리연구회 회장 역임
한국교육평가학회장 역임
숙명여자대학교 사회 · 교육과학연구소 소장 역임
숙명여자대학교 문과대학장 역임
자기주도학습연구소 고문
한국영재교육학회장
숙명여자대학교 교육심리학과 교수

현장적용을 위한 자기주도학습

2006년 12월 5일 1판 1쇄 발행
2014년 2월 20일 1판 8쇄 발행

지은이 • 송 인 섭
펴낸이 • 김 진 환
펴낸곳 • (주)**학지사**

   121-837 서울시 마포구 서교동 352-29 마인드월드빌딩 5층

대표전화 • 02) 330-5114   팩스 • 02) 324-2345

등록번호 • 제313-2006-000265호

홈페이지 • http://www.hakjisa.co.kr
커뮤니티 • http://cafe.naver.com/hakjisa

ISBN 978-89-5891-391-7 93370

정가 12,000원

저자와의 협약으로 인지는 생략합니다.
파본은 구입처에서 교환하여 드립니다.

이 책을 무단으로 전재하거나 복제할 경우 저작권법에 따라 처벌을 받게 됩니다.

인터넷 학술논문원문서비스 **뉴논문** www.newnonmun.com

※ EBS 특집 다큐에서 검증된 우등생의 학습비법 관련 자료는
   학지사 홈페이지 자료실에서 다운받으실 수 있습니다.

스스로 공부하는 습관을 길러주는 장미디어 자기주도학습관

자기주도학습연구소

홈페이지 : www.jmstudy.com / 전화번호 : 564-6655
주   소 : 서울시 강남구 논현동 192-19

장미디어 **자기주도학습연구소**(Institute of Self-Directed Learing, JISL)는 현재의 타인 지향적이고 지시적인 교육환경에서 21세기에 요구하는 인간특성인 자생적이고 창의적이며 미래지향적인 사고를 배양시키는 교육환경에 대한 연구와 실천을 통하여 한국의 교육패러다임을 변화시키기 위하여 2006년 9월 1일 설립되었습니다.

연구소는 수십 명의 교수진과 실무연구원으로 구성되어 있으며, 자기주도학습의 이론과 실제 그리고 현장적용을 위한 다양한 문제를 해결하여 미래 한국사회에 필요한 새로운 인재를 양성하는 데 한 역할을 하고자 합니다.

한국교육의 문제는 공교육이 아닌 사교육 시장에 원인을 찾는 사람이 많습니다. 사교육 시장이라 하면 타인 지향적이고 타인에게서 주어진 지식을 단순히 접수하는 방법입니다. 최근 급격한 교육패러다임의 변화는 기존의 교육전달자 중심의 지식주입형 암기 교육에서 탈피하여 토론식 학습과 비판적 사고를 바탕으로 창의적 사고능력 향상을 꾀하는 교육수용자 중심의 교육으로의 변화가 강력히 요구되고 있습니다.

이러한 당면과제의 해결을 모색하고자 자기주도학습을 사업모토로 하고 있는 교육전문업체 (주) 장미디어 인터렉티브와 교육계의 저명한 교육학자가 주축이 되어 자기주도학습연구소를 설립하였습니다. 자기주도학습에 관한 연구, 개발, 자료의 발간, 정보공유사업, 선진 교육정책의 도입, 연구 및 보급 등을 주요 사업으로 하고 있으며, 향후 연구에서의 자율성과 전문성 향상에 힘써 전문적인 연구기관의 역할을 수행할 것입니다.